中南大学"双一流"建设文科战略先导专项经费资助

财政部、发改委节能减排综合示范项目

《低碳经济背景下工业生态园资源价值流转分析及优化研究》

（项目编号：[2013D]0012-1）

湖南省自然科学基金青年项目

《流程制造企业循环经济"物质流——价值流"生成机理与管理标准研究》（项目编号：2017JJ3399）

工业生态园资源价值流转分析研究

周志方　李世辉　金友良　肖序　马爱纯　／著

中国社会科学出版社

图书在版编目（CIP）数据

工业生态园资源价值流转分析研究/周志方等著. —北京：
中国社会科学出版社，2018.5
（中南大学哲学社会科学学术专著文库）
ISBN 978 - 7 - 5203 - 2430 - 4

Ⅰ.①工…　Ⅱ.①周…　Ⅲ.①工业园区—资源价值—
研究—中国　Ⅳ.①F424

中国版本图书馆 CIP 数据核字(2018)第 085945 号

出 版 人	赵剑英
责任编辑	郭晓鸿
特约编辑	席建海
责任校对	周　昊
责任印制	戴　宽

出　　版	中国社会科学出版社
社　　址	北京鼓楼西大街甲 158 号
邮　　编	100720
网　　址	http://www.csspw.cn
发 行 部	010 - 84083685
门 市 部	010 - 84029450
经　　销	新华书店及其他书店

印　　刷	北京明恒达印务有限公司
装　　订	廊坊市广阳区广增装订厂
版　　次	2018 年 5 月第 1 版
印　　次	2018 年 5 月第 1 次印刷

开　　本	710×1000　1/16
印　　张	25.5
插　　页	2
字　　数	309 千字
定　　价	108.00 元

凡购买中国社会科学出版社图书，如有质量问题请与本社营销中心联系调换
电话：010 - 84083683

《中南大学哲学社会科学学术成果文库》和《中南大学哲学社会科学博士论文精品丛书》出版说明

在新世纪，中南大学哲学社会科学坚持"基础为本，应用为先，重视交叉，突出特色"的精优发展理念，涌现了一批又一批优秀学术成果和优秀人才。为进一步促进学校哲学社会科学一流学科的建设，充分发挥哲学社会科学优秀学术成果和优秀人才的示范带动作用，校哲学社会科学繁荣发展领导小组决定自 2017 年开始，设立《中南大学哲学社会科学学术成果文库》和《中南大学哲学社会科学博士论文精品丛书》，每年评审一次。入选成果经个人申报、二级学院推荐、校学术委员会同行专家严格评审，一定程度上体现了当前学校哲学社会科学学者的学术能力和学术水平。"散是满天星，聚是一团火"，统一组织出版的目的在于进一步提升中南大学哲学社会科学的学术影响及学术声誉。

中南大学科学研究部

2017 年 9 月

序　言

　　工业生态园开展循环经济的核心是资源/能源的循环流动，目标是实现资源/能源节约、经济价值增值与环境负荷降低三赢。从循环经济角度出发，资源流动有助于价值之循环流转与增值，促进工业生态园循环经济发展，实现可持续发展目标。然而，现行资源或物质流分析等工具方法难以对工业生态园资源输入、消耗、输出及回收全流程中的不同资源价值类型进行有效核算、反映、评价、控制与优化，无法满足工业生态园可持续发展的根本需求。针对其不足，本书以物质流路线为依据，跟踪、描绘园区企业资源的价值流动，采用集成创新的理论满足发展评价及优化之需要。通过资源价值流转核算，构建循环经济工业园资源价值流转评价、分析与优化体系，探索工业生态园循环经济发展的优化路径。同时以湖南若干典型工业生态园作为案例研究对象，对资源价值流转分析和循环经济建设的发展与优化提出建议。本书对我国工业生态园建设、循环经济发展与可持续发展战略规划具有重要的理论意义和实践价值。

　　本书研究内容主要包括五大部分：（1）理论框架篇。通过对传统物质流及价值流分析方法的拓展和延伸，构建了一套基于循环经济的工业生态园区资源价值流分析的理论与方法框架体系，总结了可持续发展模式下我国工业生态园区资源价值流转的现状、运用的基本理论以及相关研究进展。（2）企业整体篇。通过描绘园区企业的资源流转路线，对企业资源价值输入与输出进行核算，再汇总描绘园区企业的资源价值输入与输出情况，同时立足于循环经济理念对工业生态园企业资源价值流进行系统的剖析与评价。（3）园区整体篇。建立了适合我国国情的工业生态园资源价值流转理论分析框架，构建了园区资源价值流转应用体系。（4）政策保障篇。针对当前我国工业生态园的循环经济及节能减排政策保障体系存在的诸多问题，提出了园区（产业）经济政策、技术支撑与标准、法律法规、政策保障执行与监管四个方面的政策保障体系。（5）案例研究篇。以国家级宁乡经济技术开发区为对象，通过对园区及园区内典型企业资源价值流转过程及结果的系统分析与评价，为园区物质流转、价值循环及可持续发展提供决策与优化支持。

本书创新点有四个方面：（1）园区资源价值流转体系的构建具有前沿性。本书融合自然科学之资源流转原理、物质流分析与经济管理之价值（成本）核算理论，以工业生态园资源流转路线为基础，描绘园区资源的价值流动，与现行工业生态园循环经济理论与方法相比，在概念结构、资源价值流转模式、数据集成处理、产业资源价值流转延伸与优化等方面有较大创新。（2）园区资源价值流转的价值类型界定、核算模型与方法体系具有特色性。通过资源流转价值类型界定，可追踪和反馈工业生态园内部物质流动的资源价值分配、增值过程及外部环境损害价值状态；通过资源流转价值概念之边界扩展，可弥补企业资源价值全流程计算与分析之不足，实现工业生态园现行管理系统与循环经济管理决策全过程的有效对接；通过内部资源价值损失——

外部环境损害价值核算的融合，可掌握工业生态园内部资源流转及环境管理现状。（3）工业生态园资源价值流转评价框架和应用流程具有创新性。一方面，构建以内部资源价值损失核算和外部环境损害价值核算为核心的循环经济价值流转计算方程式；另一方面，以企业组织结构和产业关联特征为切入点，构筑循环经济背景下园区资源价值流转分析、评价以及优化体系；通过应用示例，为工业生态园资源价值链网理论方法的应用提供指导。（4）园区资源价值流转的实践应用具有新颖性。以我国中部地区最具循环经济发展潜力的典型工业生态园——宁乡经济技术开发区作为案例研究对象，其不仅体现了发展中大国的产业特征，更符合我国现阶段的发展逻辑与现实。

资源价值流转分析是对循环经济学、生态经济学、资源科学、环境管理学、工业生态学、工程流程学及环境会计学等多学科的研究断层及不足进行知识嫁接、理论融合和集成创新而形成的一种新的理论体系与方法，丰富了现有循环经济、物质流及价值流分析等理论与方法，有助于评价工业生态园区的生态链优劣和环境效益，为物质流路线的决策优化提供指导。限于作者学识和水平，本书仍存在不足，如未能深入研究工业生态园资源价值流转信息的数据库结构设计问题，特别是 ERP 系统对接；未能对国内约束条件限制下的工业生态园资源价值流转优化的支撑体系与激励机制进行探讨，恳请各位专家、学者和广大读者不吝指正！

目　　录

第二篇　企业整体

第三篇　园区整体

第四篇 政策保障

第五篇 案例研究

第一篇　理论框架

第 1 章　引论

1.1　研究背景与意义

1.1.1　研究背景

百年来，工业文明的发展带来了全球气候变暖、能源与资源消耗加剧、环境恶化等一系列问题。政府间气候变化专门委员会（IPCC）最新研究发现，在1906—2005年的100年里，全球地表平均温度升高了0.74℃，预计到21世纪末仍将上升1.1—6.4℃。届时全球平均海平面将上升14—44厘米。政府间气候变化专门委员会（IPCC）研究表明，20世纪中期后开始的地球气温的提升，大部分是由于大量使用煤、石油、天然气等燃料以及工业发展所导致的往大气中排放的二氧化碳等温室气体急剧增加而产生的。因此，联合国环境规划署将2016年世界环境日的主题定为"改善环境质量，推动绿色发展"。

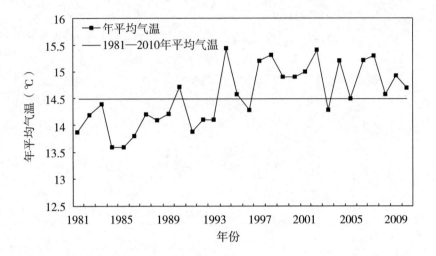

图 1-1　1981—2009 年全球年平均气温变化情况

　　习近平总书记在 2015 年巴黎世界气候大会上指出：应对全球气候变化，任何一国都无法置身事外，当今中国积极推动经济与环境协同发展，把应对全球气候变暖的事项作为一项长期事业，坚定不移地主张同时减轻和适应气候变暖，综合利用法规、政策、市场、科技等各种方法，切实贯彻六大新发展理念，利用创新利器与全方位政策支持，促进产业升级，推广环保型能源与设施，构建绿色生态文明。

　　20 世纪 70 年代末以来，我国发展中心转向经济建设，经济取得了突飞猛进的成果，人民生活也富裕起来。但是，我国一直以来都走粗放型发展路线，耗费大量的资源、能源，与世界上其他国家相比，消耗量巨大、利用率低，产生废弃物的比例大、数量多，且对可回收废弃物的回收水平低，统计数据表明，我国每年有巨额的可回收废弃物得不到回收处置，这既不利于经济发展，也大大破坏了环境。这种高能耗低产出的发展方式，不仅不利于经济的持续稳健发展，也不利于改善国家的综合环境，更是对自然环境造成了巨大的损害。

　　目前，我国正处在传统线性粗放型经济模式向循环经济模式的变轨过程之中，首先应该进行改进的就是工业体系。工业园区的建设作为我国产业优化改进的重要措施之一，其节能减排和可持续发展极为重要。然而，目前大多数工业生态园内的企业关联性和企业间协作不强，对整体资源消耗与环境效率不重视，能源浪费严重，废弃物排放和处理力度不够，也很少考虑到企业间的废弃物相互利用。因此，工业园的循环经济发展不能简单照搬发达国家模式，而需从促进企业自身发展入手，在加强产业集中度和企业间协作力度的基础上，有机融合资源的物质流动和价值流转，通过资源流转延伸、扩展与优化，左右双边扩展至产业间横向耦合与资源共享，前后双向延伸至输入端的资源减量化及输出端的废弃物再资源化，构建工业生态园循环经济理论分析框架和应用流程，通过工业生态园产业结构调整与优化升级，实现工业生态园的可持续发展目标。

1.1.2　研究意义

本书的研究意义主要有以下四点：

（1）本书以物质流路线为依据，跟踪、描绘园区企业资源的价值流动，采用集成创新的理论与方法来满足发展评价及优化之需要。与现行工业生态园的循环经济理论和方法相比，它在概念结构、资源价值流转模式、数据集成处理、产业资源价值流转延伸与优化等方面有较大创新。

（2）通过资源价值流转核算，构建循环经济工业园资源价值流转评价、分析与优化体系，探索循环经济工业生态园发展优化路径，其原理与方法可普遍应用于其他产业或工业生态园的资源流转分析、经济可行性决策、过程动态价值控制。

（3）本书以我国中部地区具有循环经济和循环经济发展潜力的典

型工业生态园——宁乡经济技术开发区作为案例研究对象，在国内外具有一定的新颖性；其不仅体现了发展中大国的产业特征，更符合我国现阶段的发展现实，此研究成果对园区产业调整优化、循环经济发展路径及循环经济可持续发展兼具理论与实践价值。

（4）通过对工业生态园区资源价值流转分析和循环经济建设中所需的政策保障体系、技术标准和支撑体系的建设，以及对未来发展和优化提出建议，从而不断将技术、文化、政策等与工业生态园区资源价值流转相结合，形成工业生态园区资源价值流转的整体分析框架，可以对我国工业生态园建设过程中存在的不足进行更好的了解，进而提出有针对性的解决措施。

1.2　研究目的、思路与方法

1.2.1　研究目的

以下是本书的四个核心研究目标：

（1）通过国内外典型工业园的案例剖析，分析工业生态园企业内及企业间的资源流转特征，从而构建一套工业生态园资源价值流转评价分析及优化控制体系，为工业生态园产业调整与升级、现有企业的优化提升、园区管理及评价体系提供数据及信息支持。

（2）以园区企业资源价值流转、物质流分析及上述之理论为基础，构筑园区理论分析框架和应用流程，明晰工业生态园企业循环经济发展路径和资源循环流转模式，从而为园区资源环境管理及物质流转路线优化提供决策支持。

（3）以园区的资源消耗、环境保护以及经济效益三方面相互协调为基础，园区企业资源价值流转分析体系构建为重点，探索可在全国推广的以园区为载体的产业低碳化、集聚化发展模式。

（4）通过对国内外典型工业生态园区建设和发展经验的总结，提出适应工业生态园区发展，促进循环经济资源价值流转的政策和法律法规体系、技术标准和支撑体系、产业经济政策体系等保障体系。

1.2.2　研究思路与方法

本书研究的主要思路：

（1）首先，收集国内外工业生态园的相关案例、文献及资料，通过对我国典型工业生态园的现状进行分析和评价，指出其存在的优缺点；选取若干个较具代表性的案例，深入剖析资源的物质流程及循环路线，进而归纳出本书研究的需求目标。

（2）在可持续发展理念指导下，以物质流分析为基础，借鉴循环经济与工业生态理论中物质流分析、工业代谢分析的原理和方法，描绘和追踪资源价值流转脉络，分析产业网状流转生成机理，并进一步形成工业生态园企业的资源价值流转评价与分析体系，为工业生态园循环经济管理提供数据及信息支持。

（3）针对工业生态园的资源流转特征及产业特征，在明晰园区企业管理及评价体系的基础上，构建其独特的园区产业调整路径与优化模式，从而为工业生态园企业循环经济的应用模式提供依据。在此基础上，应用"资源流内部损失—废弃物外部损害"双维度评价方法、总产值/产业附加值分析方法，对产业节点之"入口""消耗与循环""出口"三环节的资源效率、经济效率、环境效率进行定量分析，从而为园区资源环境管理决策、控制和考核等提供决策支持。

（4）最后，应用资源价值流转分析原理，对典型工业生态园企业的资源价值流转评价与优化进行实证研究，归纳园区企业循环经济体系构建的效果，提出工业生态园企业循环经济的应用模式，以实证本书理论方法的科学性、操作性。

本书研究的主要技术方法如下：

（1）文献归纳、案例研究与现场调研相结合的方法。梳理国内外工业生态园发展的理论研究和实践成果，前往工业园区进行实地调研，从制造流程里取得工序流程图、物资投入产出表、成本核算表、废弃物排放表、产成品统计表、本期财报等信息资料，并对其进行整理，建成研究分析所必需的信息数据库。

（2）基于物质流分析的资源价值流转分析方法。该方法以逐步结转模式为基础，吸收物质流分析手法，以每一产业节点的资源物量流动计算资源流价值，其流转按主要资源（元素）含量划分，分别形成资源有效与弃置物价值流。

（3）"内部资源价值损失—外部资源价值损害"二维分析模型。其以外部环境损害价值与内部资源废弃物价值的联动分析为核心，确定工业生态园企业节点资源的有效利用与废弃损失状态，诊断改善潜力之处；通过评价资源在产业输入、消耗、输出及回收再利用环节的效率，为工业生态园发展及优化提供评价依据。

（4）总产值、产业附加值分析方法。该方法将利税、系统成本等构成产业增加值的组成部分，通过对产业节点资源效率、循环利用效率和环境效率的分析，构筑层级指标体系，并以因素替代方法予以分析；同时以此为基础，从每个产业节点的"资源输入""资源消耗与循环""资源或产品输出（含废弃物）"三个端口分别设立指标方程式，形成优化分析模型，挖掘出工业生态园资源价值流转优化的关键点，促进园区产业优化升级。

除上述四种方法外，还包括资源价值流转的综合指标体系评价方法、基于资源价值流转方式的决策优化分析方法等。

1.3　基本构架与主攻关键

1.3.1　基本构架

本书基本框架分五大篇。

第一篇：理论框架——基于循环经济的工业生态园区资源价值流分析的理论与方法体系研究。

（1）基于循环经济的工业生态园区资源价值流分析的国内外现状及比较研究。综合国内外工业生态园循环经济及循环经济理论及实践的发展趋势和变化规律，分析资源价值流转所提出的国际及国内背景，总结在可持续发展模式下我国工业生态园层面实施资源价值流转分析的现状，分析对国家循环经济开展以及可持续发展战略的影响，探讨资源价值流转分析的紧要性和必要性，彰显其研究价值。

（2）基于循环经济的工业生态园区资源价值流分析的基本理论框架研究。该部分包含两大内容：一是工业生态园区资源价值流分析的理论基础及理论结构研究。在对已有研究成果进行梳理的基础上，从资源价值流转分析的基本逻辑及渊源出发，界定资源价值流转分析的内涵及其特征；剖析资源价值流转，分析系统内部各组成要素之间的相互联系，确立其概念结构与理论框架；从基本假设、基本原则、基本目标、基本对象等多个角度明确其理论基础、本质、准则及指南，制订依据、内容体系、学科归属与定位等。二是工业生态园区资源价值流分析的方法体系研究。主要是通过将资源耗损与废弃物排放的外部环境破坏价值和企业内弃置物价值的组合，构成企业内部价值流损耗和弃置物排放所造成的外部环境破坏的二维剖析系统。

（3）基于循环经济的工业生态园区资源价值流分析与物质流分析的系统对接研究。该部分包含四大内容：一是循环经济物质流分析的基本概念、理论框架及方法体系研究；二是循环经济物质流分析与价值流分析的相互作用机理研究；三是资源价值流转分析的概念框架与结构转换研究；四是资源价值流转分析的核算系统对接与报告体系设计研究。内容包括资源价值流转分析的数据结构与信息基础、处理流程与核算系统、信息披露模式与报告体系等。

第二篇：企业整体——循环经济背景下工业生态园区企业资源价值流转分析框架研究。

（1）基于循环经济的工业生态企业资源价值流转核算体系研究。以物质流分析为基础，描绘园区企业的资源流转路线，借鉴会计及经济核算方法，据以对企业资源价值输入与输出（涵盖 CO_2 等废弃物）进行核算。然后，依据资源价值流转情况，汇总描绘园区企业的资源价值输入与输出情况。

（2）立足于循环经济的工业生态园企业资源价值流的评估和剖析系统研究。以园区的资源消耗、环境保护以及经济效益三方面相互协调为基础，应用"资源流内部损失—废弃物外部损害"双维度评价方法、总产值/产业附加值分析方法，对产业节点之"入口""消耗与循环""出口"三环节的资源效率、经济效率、环境效率进行定量评价分析，为企业产业调整与升级、优化提升、企业管理及评价体系提供数据及信息支持；同时，构建基于循环经济的工业生态园区企业资源价值链评价指标体系，从技术角度出发构建资源价值流转的技术评价指标体系，以投入产出分析和多层次线性模型为基础，评价不同企业资源价值流转的技术效果和效益。

第三篇：园区整体——循环经济背景下工业生态园区资源价值流转分析框架研究。

本篇基于工业共生构建园区资源价值流转链条，对工业生态园的资源价值流进行核算和评价，从而达到优化园区资源价值流，提升园区经济效益和环境效益的目的。

（1）基于循环经济的工业生态园资源价值流转核算研究。以供应链上的单个企业为物量中心，借鉴成本逐步结转方法，跟踪各企业资源实物数量变化，给出资源流整个过程的物资数量和价值数据的核算。在第二产业共生的每个制造过程中，同时追踪最终产品和废弃物在各个企业的移动轨迹，再依据企业层面的资源价值流转情况，汇总描绘工业生态园的资源价值输入与输出情况。

（2）基于循环经济的工业生态园资源价值流的评价分析研究。以园区的资源消耗、环境保护以及经济效益三方面相互协调为基础，应用"资源流内部损失—废弃物外部损害"双维度评价方法、总产值/产业附加值分析方法，对产业节点之"入口""消耗与循环""出口"三环节的资源效率、经济效率、环境效率进行定量评价分析，为工业生态园产业调整与升级、现有企业的优化提升、新企业准入及旧企业淘汰机制构建、园区管理及评价体系提供数据及信息支持；同时，构建低碳经济背景下工业生态园区资源价值链评价指标体系，评价园区整体资源价值流的环境效益。

（3）基于循环经济的工业生态园区资源价值链决策与优化研究。以园区企业资源价值流评价为基础，通过识别园区内部废弃物成本和外部环境损害价值，寻找园区循环经济改造的关键点和优化园区资源价值流的循环经济发展新路径，并对发展新路径进行评估，最终确定优化园区资源价值流的路径，以提升园区经济效益和环境效益。

第四篇：政策保障——基于循环经济的工业生态园区资源价值流转分析的政策保障体系、发展规划优化研究。

基于循环经济的工业生态园区资源价值流转分析的相关政策、法律法规体系研究。为顺利保障工业生态园资源价值流转分析及节能减排效果的实现，园区主管部门及相关政府机构应有相应的政策优惠保障机制。其相关保障机制和制度主要包括：进一步完善经济政策体系，包括工业生态园的财税支持、优惠政策；完善技术支撑和技术标准体系，积极参与工业生态园国际环保管理标准的制定；建立各法律法规和文化教育保障机制等。基于上述的政策保障体系，对工业生态园区的未来发展规划进行优化。工业生态园区循环经济相关法律法规和政策体系构建主要从组织机制、激励机制、评估机制和保障机制四个方面进行构建。

第五篇：案例研究——基于循环经济的生态工业生态园案例研究。

基于循环经济的生态工业生态园案例研究。以湖南宁乡经济开发区为对象，选取园区内的天宁热电厂和建材厂作为典型企业进行资源价值流转分析案例研究，并基于工业共生网络的园区资源价值流核算与诊断方法对园区物质集成价值流和能源集成价值流进行深入剖析，随后再对其分析结果进行评价，最后据此进一步提出宁乡经济开发区资源价值流决策与优化措施。

1.3.2 主攻关键点

（1）在基本理论框架的指导下，借鉴循环经济与工业生态理论中的物质流分析、循环经济中的碳流分析、工业代谢分析原理和方法，对工业生态园企业资源与能源的物质流分析的基本原理及方法进行研究。

（2）搜集、归纳相关文献，对国内外工业园现状进行比较分析，对国内工业生态园价值流分析等先进方法进行经验总结，对工业园资源物质流动与价值循环的变化规律，并对一般工业生态园资源价值流转的生成机理与优化模型等内容进行深入研究，初步构建工业生态园的资源价值流转分析理论体系，涵盖资源价值流分析的基本理论框架、资源价值流分析与物质流分析的系统对接两部分。

（3）资源价值流转分析体系的计算与分析模式构筑以及在优化决策中的应用问题。其关键点在于应用模式中的计算与分析原理，应用具体方法，功能定位，工艺流程路线向物质流、资源价值流的转换，核算系统的框架设计，循环经济开展前后的比较评价，最优资源流转路径的决策问题等。

（4）资源价值流转分析方法的应用领域扩展问题。将工业企业内部扩展到工业，需要多学科的交叉融合，其研究口径、方法均需协同创新。因循环经济、生态经济以及环境管理等单一学科无法解决这一难题，故需对相关学科进行集成创新，为企业内部以及循环经济发展提供一种更科学、更合理的评价分析方法，以推动其高效、持续发展。

本书以我国中部地区最具循环经济和循环经济发展潜力的循环经济工业基地（工业园）作为研究对象，依据物质流路线，跟踪、描绘园区企业资源的价值流动,通过工业生态园资源价值流转核算、评价、分析与优化体系,探索工业生态园低碳、绿色、循环发展优化路径。针对工业生态园发展优化路径,本书分两个层面展开:第一层面,从园区企业自身发展着手,通过企业内部资源价值流分析核算和诊断,通过对内部各车间(或物量中心)挖潜减少废物(物料损失)和资源消耗,以达到提升环境绩效的目的。同时通过减少材料、系统和物流成本以达到提升经济效益的目的。第二个层面,是从园区整体层面考虑,园区内企业与企业之间,通过分享物质流动和数量的信息,通过企业间协调改善活动来提高资源生产率,通过对园区内资源流转的物质流和价值流进行追踪描述,为园区资源环境管理及物质流路线优化提供数据依据,从而提高工业生态园区内各企业的竞争实力。

1.4　结论

1.4.1　主要观点与创新点

通过深入研究与分析,本书得出如下结论与观点。

(1)资源价值流转分析是对生态经济学、资源科学、环境管理学、工业生态学、工程流程学、环境会计学等多学科的研究断层及不足进行知识嫁接、理论融合和集成创新而形成的一种新的理论体系与方法,它有机融合资源的物质流分析和价值流分析,以物质流分析为基础,从价值、物量两个角度对企业和园区内部资源流成本和外部环境损害做出评价，诊断评估损失并进行物质流路线的决策优化，克服了诸如工业生态学、工程流程学等学科仅关注物质流动的缺陷。

（2）构建了一套基于循环经济的工业生态园区资源价值流分析的理论与方法框架体系，对资源价值流分析方法在理论和实践应用上进行拓展和延伸。这一框架体系的构建包括两个方面，一是理论框架的构建，从基本逻辑及渊源出发，界定工业生态园区资源价值流转分析的内涵及其特征。从基本假设、基本原则、基本目标、基本对象等多个角度明确其理论基础、本质、准则及指南制定依据、内容体系、学科归属与定位等。二是方法体系框架的构建，本书构建了一个用于园区和（或）企业资源价值流转核算、分析、决策优化等的方法工具库。

（3）设计了工业生态园区资源物质流分析与价值流分析的系统对接体系，较为清晰地挖掘园区资源价值流分析与物质流系统对接的关键点，构建园区资源价值流分析的系统对接与设计思路：①首先，在基本概念结构对接的基础上，通过信息与数据基础的扩展，满足资源价值流分析系统的数据需求；②其次，在物质流分析核算程序与方法的基础上，尤其是运用成本核算技术，构建自身独特的资源价值流转核算模型与方法体系；③再次，应用相关技术模型，对核算结果和数据（信息披露与报告）进行评价与分析，以此作为决策优化依据。资源价值流转分析的信息披露与报告模式主要有资源价值流转图、资源流转价值（成本）结果表或分析表、特定对象的资源流转价值（成本）报告以及相关情况说明书四类。

（4）建立了园区企业资源流转的分析体系，包括园区企业资源价值流转核算的基本模型与方法体系、综合评价指标体系以及园区企业资源价值流转决策优化模式。该分析体系是从数额和价格两个角度来计算企业制造流程中的物资输入、耗费、弃置等流动及库存信息，追溯所输入的物资在企业制造流程中的流转路径，同时依据资源流的走向区分产成品物资成本和弃置物损耗成本，给出物资的数量与成本损耗的比例，找出损耗成本发生的具体工序，针对该工序进行改良，从而达到节省物资、减轻污染、减少成本费用的目标，形成经济发展和环境保护的双赢局面。

（5）建立了适合我国国情的工业生态园资源价值流转理论分析框架和应用流程。基于工业共生的企业成本效益分配机制，探讨基于工业共生的企业循环经济价值流分析的基本计算单元，构建以资源价值流转核算和外部环境损害价值核算为核心的循环经济价值流转计算方程式。从工业企业组织结构和产业关联特征出发，推演资源流转价值的基本核算构架和计算方法体系。以确立 AHP 和资源流转方程式对园区生态效率等进行评价的综合评价指标体系。以企业组织层面及低碳供应链管理的成本控制为基础，构建工业生态园循环经济价值流转分析及优化体系。通过应用示例，进一步指导了工业生态园资源价值链网理论方法的具体应用，并能为其他工业生态园区提供良好的指导意义，为后续具体应用指南和规范打下坚实基础。

（6）构建了典型企业及基于共生网络的综合类园区资源价值流分析的应用指南及规范体系。以火力发电、典型化工企业、汽车制造企业及典型园区作为研究对象，跟踪、记录了资源生产流程中的物质流动和价值流动，运用资源价值流理论，通过资源的投入、转化、增值的运行机理，揭示了资源流转过程中资源有效利用价值和废弃物损失价值，以及废弃物对外部的损害价值，绘制了各生产环节、企业及园区的资源价值流图，对各环节、企业及园区整体层面的废弃物损失进行了计算与分析、评价、优化决策，提出了相应改善措施，并对所采取的措施进行了经济效益、环境效果的评估，对改善前后的经济及环境效果进行了比较分析。以湖南省宁乡经济开发区为研究案例，将典型园区资源价值流分析的应用指南及规范体系运用于宁乡经济开发区的以青岛啤酒、扬翔饲料等为主体的食品制造产业链；以天宁热电、天宁建材为主体的再生材料产业链；以协力液压、蓝田再生为主体的固体废弃物再制造产业链。对宁乡经济开发区物质集成、能源集成、水集成的价值流进行了计算及诊断，提出了优化措施，对集成前后的经济及环境效果进行了评估，提出了资源价值流整体优化战略。

（7）系统构建了园区（产业）经济政策、技术支撑与标准、法律法规、政策保障执行与监管等政策保障体系。在产业政策方面，提出了以奖代补、设置专项资金、政府绿色采购等财政补贴政策；从增值税、消费税、资源税、企业所得税等税收项目入手设计合理的税收优惠政策，并借鉴国际经验，开征必要的节能减排税等新税种；从政策性银行、商业银行、资本市场、专项基金等角度设计工业生态园区融资渠道；在技术支撑和技术标准体系方面，针对重点行业如火电行业、化工行业、建材行业等工业生态园区内的典型行业建设包含减量化技术、资源化技术、再利用技术、再制造技术、系统化技术等重点建设领域的技术支撑体系；从资源节约子体系、能源节约子体系、清洁生产子体系、温室气体管理子体系和资源综合利用子体系这几个方面针对重点行业建设相应的技术标准体系；在法律法规及政策保障和监管方面，从产业与园区相关法律法规保障建设、园区产业文化教育保障体系建设、园区产业政策执行及监管保障体系建设这三个角度入手，完善园区产业政策保障执行与监管体系的建设。

1.4.2 未来展望

生态工业园作为一种新型的工业发展模式，是未来工业发展的必经之路，将为社会可持续发展开辟一条新路径。国内外政府和学术界均致力于对工业生态园的不断研究与探索，不管是从分析方法、政策保障方面，还是技术、教育等方面，都将促进其运行机制的不断成熟与完善。本书从工业生态园的实际情况入手，通过对相关典型企业和园区的实地剖析，着力于构建规范的工业生态园资源价值流转分析的理论与方法体系、标准（通用）分析框架、应用指南与规范体系以及相关政策保障体系，为工业生态园的可持续发展提供政策保障；另外，设计了工业生态园政策保障体系，为相关政府部门及我国工业生态园的建设和发展提供一些可行性指导和建议，使工业生态园真正实现循环经济并最终起到促进环境保护和社会可持续发展的作用。

由于时间仓促，同时受限于笔者的学术水准及精力，本书并未能对循环经济背景下工业生态园资源价值流转分析过程的动态控制等做进一步的深入研究。在未来研究中，我们将致力于实现以下目标：

（1）将企业和园区现在面临的资源（能源）约束、环境保护问题进行系统分类，应用资源价值流转分析方法进行核算、评价分析，并提出有效改善措施。通过应用资源价值流转分析的最新研究成果，在现有标准、政策的基础上进一步完善园区生态、环保方面的准入与淘汰机制。

（2）进一步推动循环经济产业转型升级。工业生态园区内产业发展转型升级要从以下几个方面入手：优化产业结构和布局、增强创新驱动能力、加强人才体系建设、提高信息化水平。未来的发展首先应着眼于管理水平的提高，通过引进高层次科技人才、高素质管理人才、高技能实用人才和高水平创业团队，提高园区和企业运作的信息化和现代化水平，利用信息科技手段拓展传统产业链、提升增值水平。同时要鼓励经济技术开发区内大中型企业和中等规模以上高新技术企业建设企业研发机构,增强企业自主创新能力。资源价值流转分析作为一种系统集成的创新方法体系,能够在园区(产业)转型升级中大有可为。

(3)进一步加强对资源价值流理论分析框架、应用流程进行优化。通过对我国园区及企业的广泛应用,以期形成一系列地方或国家标准,指导园区和企业的绿色、低碳、循环发展;同时,在工业生态园现有基础上继续推进工业生态园资源价值链网向更深层次发展,通过资源的循环利用,加快重点高能耗行业的园区循环经济改造,在园区培育集聚一批资源节约型企业,引导和带动园区循环经济发展。

(4)进一步加强国内外交流合作。一方面,多途径、多层次地积极开展国际合作,把工业生态园区建设作为全国循环产业国际交流合作的实验平台、交流平台和示范平台。另一方面,积极研究探讨和学习国外工业生态园物质循环、价值流转分析的相关经验,加强国际合作,通过举办国际论坛、参加国际会展等方式,与国外进行园区资源价值流转分析方面的交流和合作。

第2章 资源价值流转分析的提出

2.1 环境变迁：可持续发展的现实需求

2.1.1 生态文明与绿色发展

从数千年的农业文明到新中国工业文明的曙光，再到改革开放快速工业化，中国已经成为世界第二大经济体和最具活力的经济体之一。随之而来，快速工业化的弊端逐渐显现，质量差、效率低、高投入、高能耗、不平衡、不协调、不可持续。2005 年，中国政府率先提出"生态文明"这一全新理念，并不断赋予其新的内涵。2007 年 10月，中共第十七次代表大会把生态文明纳入全面建设小康社会体系，成为一项长期坚持的任务。2009 年 9 月，党的十七届四中全会将生态文明提高到与经济等其他四项并重的地位，成为我国现代化建设不可缺少的一环。2012 年 11 月，党的十八次代表大会第一次将其归入五位一体总布局，党对生态文明日益重视可见一斑。2015 年，党的十八届五中全会提出五大发展理念，绿色发展作为其中一项至关重要，它表现了中国共产党对中国特色社会主义道路的进一步探索，引领我们实现国家、社会与人的全面发展。中国于 20 世纪 90 年代中期就发布了关于环境与人类发展的白皮书，其中明确了我国当前与未来要坚持走的道路就是可持续发展之路。走可持续发展之路，就不能再如以往一般滥用资源破坏环境，必须建立一种可持续增长的发展模式。循环经济就是一种符合可持续发展理念的经济增长模式，其核心是通过资源的高效、循环利用来发展经济，循环经济的实施，可以通过物质的闭路循环，来实现资源的减量化、再循环、再利用以及废物的资源化，达到经济增长和环境保护的"双赢"。生态文明既关系民生福祉，也关系民族未来。人类有史以来都生活在自然环境中，人类的生产、生活实践必须在自然环境中进行，未来也是如此。"既要金山银山，更要绿水青山"，我们既要坚持经济建设，同时要优化资源的使用方式、保护生态环境，在自然界的承载能力之内生存发展，让大自然能够更好地休养生息，为后人留下足够的生存领域。我们要想使中华民族可持续发展，就必须坚持生态文明事业。从某种意义上讲，绿色发展观是第二代可持续发展观，通过绿色创新促进相关科学技术的发展，从而带动环保产业发展，使得经济发展从高消耗、高污染的粗放型向高效绿色环保的集约型转变，使得经济发展不再走边发展边污染的老路。

　　站在人类永续发展的角度，绿色发展是对第二产业的一次深远的变革，使得人类从与自然的对立面转换成双方友好和谐相处、共同发展，这是科学发展的表现。21 世纪以来，我国城镇化速度加快，随之而来的是对环境资源的消耗急剧增长，这迫使我国必须重视转变经济发展方式的问题。仅就一级能源这一点，我国的消费就远远高于大部分国家，而且消耗速度也居于世界前列。其中，单单煤炭的消费比重在十年间就急剧上升了20%，占世界总消耗量将近一半。除此之外，我国各种矿产的消费在21世纪后也涨势迅猛。尤其是铁矿石，主要依赖于从国外进口。总体来说，转变经济发展方式、走绿色发展道路对中国的长远发展来说迫在眉睫，这不是一个选择，而是必然。循环经济作为其核心组成模块，资源的高效循环利用是中国未来发展模式的必然选择。"十三五"规划建议明确指出，推行企业循环式生产、产业循环式组合、园区循环式改造是实施循环发展引领计划的重点。可见，国家和政府正在从宏观层面大力推行循环经济的战略规划。

2.1.2 "两型社会"建设的现实需求

资源节约型社会和环境友好型社会不是中国最早提出的，但是把两者并列，把建设"两型社会"作为经济社会发展的战略目标，却是比较新的。"两型社会"是在党的第十六届五中全会上明确提出来的，是从我国国情出发而做出的一项重大决策。与发达国家相比，中国的资源利用效率比较低。据统计，中国的 GDP 占全球4%，而煤、铁、铝等资源的消耗占世界的30%以上。近年来，我国经济的高速发展给环境与资源带来很大压力。加快建设资源节约—环境友好型社会，将有助于解决经济发展和环境保护之间的矛盾，推动我国经济社会又好又快地发展。

资源节约型社会包含很多方面，比如相关理念、主要内容、法律制度、体制机制等。建设一个资源集约的社会，就一定要加快优化整个经济发展的体制机制、改进产权机制、全力推动制度创新、科技创新等全面创新，坚持走可持续发展道路，站在长远发展的立场上制定发展规划，做好相关的法律制度制定和宣传教育工作。同样地，环境友好型社会也是一个复杂系统，主要包括相关的科学技术、所开发的产品、以此为核心的企业、一整套的相关产业以及相关的学校和社区等基础配套机构。具体包含：对环境友好的制造与使用方式；对环境不造成污染或污染很轻的科技、生产技术与产成品；不会损害环境和人们安全健康的一系列开发实践；不超过环境承载力的发展方式；将环境破坏小和资源消耗低相结合的产业体系；注重循环经济的绿色产业；充分普及的保护环境、热爱环境的思想观念。和前者比较，环境友好型社会更为注重制造过程与使用过程对环境造成的破坏。

2006 年 3 月，全国人大在会议上一致同意要将资源节约当作我国发展建设的基本国策之一，要坚持绿色发展，爱护我们赖以生存的自然环境，构造资源损耗低、生态环境良好的社会，从而促使人与自然界协调发展。2007 年 12 月，国务院将长株潭地区作为建设"两型社会"的整体改革试验点。2010 年，中国共产党第十七届五中全会指出将坚持循环经济、建设"两型社会"、加快生态文明建设当作"十二五"期间的关键事业。自 2008 年始，湖南省政府一直致力于提高自主创新能力，促进经济发展方式转变，加强能源资源节约和生态环境保护，积极推进长株潭城市群"两型社会"综合配套改革试验区建设。到 2012 年，长株潭城市群"两型社会"的建设已取得实质性进展。2012 年《福布斯》中文版发布的 2011 年中国中部 6 省商业城市排行榜显示，在前 16 名城市中，湖南有 5 城市上榜，长沙超过武汉位列中部之首。

2011 年 4 月，湖南省政府正式批复《长株潭城市群环境同治规划（2009—2020 年）》，为长株潭城市群协同开展环境保护工作、率先建设"两型社会"提供依据。发展循环经济是实现全省经济产业转型发展、建设"两型社会"和实现"一带一路"倡议地位的重要抓手和基本路径。目前全省在重点领域、重点行业有 6 个园区、5 家企业列入国家循环经济试点示范，24 家单位列入省级循环经济试点示范，已形成了多方位、多层次的试点体系。汨罗工业园、永兴工业园循环经济发展模式成为全国循环经济典型案例。

2.2　国内外工业生态园发展与经验总结

2.2.1　国外工业生态园的发展状况和经验总结

自 20 世纪 90 年代以来，循环经济下工业生态园区开始成为世界工业园区发展领域的主题。如今，工业生态园区项目在世界各地不断涌现，并取得了较为丰富的成果和经验。其中，以德国、日本、美国、英国等发达国家的工业园区发展迅速，积累了丰富的发展经验，已经形成各自的特色。

2.2.1.1　德国工业生态园的发展状况和经验总结

（1）德国工业生态园的发展历程与现状。

德国是一个高度发达的工业化国家，其重工业发达，汽车和机械制造、化工、电气等部门是支柱产业，自 20 世纪 70 年代以来改造老工业区，发展循环经济，在推动工业生态园建设方面取得了显著成就。

德国在改造建设工业密集区的同时逐步推进循环经济，工业生态园区在生产过程中产生废弃物的处理由末端处理到减量化、无害化、资源化层层深入，其工业生态园区发展轨迹与循环经济发展趋同。早在 1996 年制定了《循环经济和废弃物管理法》，试图解决垃圾的减量和再利用问题，这是世界上第一部关于循环经济的国家级法律，它把废弃物处理提高到发展循环经济的高度，并建立了与之相配套的法律体系。该法要求生产者的责任从产品的设计和生产开始，到运输、销售，最后到产品的生命终结，对废物处理必须贯彻始终。从 1999 年开始，德国根据多个行业的不同情况，制定了各个行业发展循环经济的法规，比如《废弃电池条例》《废旧汽车管理条例》《废木料处理办法》等。

德国工业生态园从垃圾问题入手发展循环经济，主要利用高科技技术来减少废弃物排放以及进行废弃物资源化处理。例如，主要包含化工产业 Leuna 工业园区，在它一个多世纪的化工制造期间，以及"二战"时由于园区遭受战争破坏而造成化学物质泄漏，由此严重污染破坏了园区和周围地区的土壤和地下水环境，园区周围大片地区都没有植物生长，这片地区生活的人群都必须去远离园区一百里外的地带取水。两德合二为一后，德国政府除了输入大量资金拆除园区里落后且污染严重的化工厂，还通过先进的环境治理技术阻绝污染源，对内部的土壤与地下水进行根本的治理。十几年来不断地治理，虽然内部的水源仍不能直接饮取，但园区内已有植物生长。

（2）德国工业生态园经验总结。

在德国工业生态园发展过程中，政策法规发挥了非常重要的作用。其经验总结归纳如下。

第一，有健全的法律法规作为指导。

法律是德国成功推动工业生态园区循环经济发展的重要手段，在严格执法的基础上，形成了一套完善的富有特色的管理体系（见

表2-1）。德国通过注重废弃物的处置、约束消费市场和消费行为，来引导和要求工商业开展废弃物循环利用和处置、走了一条由消费促生产、由社会到企业的循环经济道路。市场经济下，通过生产—消费的物质能量循环和对产品消费的监管，转化为企业的责任，转化为企业改善市场竞争力的自觉行为，这无疑是一条更为有效的发展路径。

德国在发展工业生态园的过程中，通过颁布法律法规、出台相关的经济政策、宣传教育等方式对园区、企业和个人的经济活动进行规制。通过奖惩分明的方式引导公众从事有益于生态环境的活动，大大地激发了园区、企业和个人进行绿色生产和绿色消费的自觉性。

表2-1　　　　　　　　德国废弃物管理法律体系

时间	内容
1972 年	《废弃物处理法》
1984 年	《废弃物管理法》
1986 年	成立德国联邦环境保护部和各州环保局
1990 年	《包装废弃物的处理法令》
1991 年	《包装品条例》
1994 年	制定《循环经济与废物管理法》
1996 年	实施《循环经济与废物管理法》
2000 年	《可再生能源法》
2001 年	《废弃电池条例》《废旧汽车管理条例》
2002 年	《废弃木材处置条例》
2004 年	《可再生能源修订法》
2005 年	《垃圾堆放评估条例》，《包装条例》第三修正案
2006 年	《包装条例》第四修正案，《废车条例》第一修正案
2007 年	《包装条例》第五修正案

第二，征收生态税。

以减少能源损耗、提高能源使用效率，支持可再生能源的推广，维护生态环境，增加就业岗位为目的，德国从 20 世纪末开始生态税的变革。主要是以燃油费为基础按照一定比例征收生态税。它的主要目的是以收取生态税为手段，将使用传统能源对环境产生的破坏造成的损失内部化，也就是通过征税的方式将环境治理的支出包含在消费者购进能源时付出的代价之中。政府同时把生态税所得的大部分用作增加职工的养老金额，进而减轻企业的养老金负担，达到雇用成本下降、就业岗位增多的目的。除此以外，征收生态税还能起到减少能源消费和温室气体排放的作用。

第三，构建碳排放权交易机制。

对于碳排放相关企业的选取，德国针对全国所有的设施生产过程中排放到空气中的二氧化碳进行调研，根据国际协议与环境法律法规的规定，所有企业在申请排放权指标的时候都一定要采取科学的方法确定企业内设施的碳排放情形并如实汇报。如果实施排放数量超过相关标准，企业要在与环保部门协商一致的前提下，通过检查审核才能够获得一定数额的排放权，同时允许其进行碳排放交易。环保部门对所有设施的碳排放情形要进行严格审核。

德国政府还制定了十分严格的申请审批步骤，依据这方面的法律制度，在获得碳排放权和碳交易的过程中，相关企业需要缴纳开户费用、交易费用等一系列费用，如违反相关规定，还需要缴纳罚金。环保部分收取的费用大部分用来支持部门内相关工作的顺利开展，其余所得由政府用于可再生能源事业。

第四，创新环保科技体制机制。

科学技术是一把双刃剑，它在改善我们生活的同时，也给环境带来了巨大的威胁。但只要利用得当，科学技术将成为保护环境的利器。德国在利用科技保护环境方面取得了巨大成就。

在大量治理环境污染有效地改善环境后，德国政府为了避免环境再度遭到破坏，利用先进的科学技术建立起来一套有效的环境监控系统。它利用卫星、飞机等空中监控系统与地面及水底的监控系统相结合，形成一套海陆空相结合的覆盖整个国家的环境监控网络，从而达到能够对国内各个地区气候、空气、土壤、水体等环境状况实时监控的目的。例如，为了监控企业的污染物排放，政府在企业污染物排放口端安装了传感器和录像设备，所有人都能够利用电子设施查询相关数据，进行污染物排放的监督。污染严重的鲁尔位于北威州，州内一共设置了七十多个空气监控机构，监控所得实时公示。生态监控网络有效地保证了德国生态环境免遭再次破坏和污染，国家内部、大州之间均进行严格监督。

2.2.1.2　日本工业生态园的发展状况和经验总结

（1）日本工业生态园的发展历程与现状。

日本从1997年开始把规划和建设工业生态园作为绿色发展的重要一环。其工业园区的发展历程经过了三个阶段。

表 2-2　　　日本的产业结构调整与工业生态园发展模式

阶段 项目	第一阶段 （1945—1973 年）	第二阶段 （1973—1990 年）	第三阶段 （1990 年至今）
产业结构	重化工业	尖端技术（基础）研究、工业应用和先进制造业（汽车、电子、信息）	创新产业集群、循环经济、低碳经济

续 表

阶段 项目	第一阶段 （1945—1973 年）	第二阶段 （1973—1990 年）	第三阶段 （1990 年至今）
园区发展模式	传统工业生态园	高新技术科技园、电子产业园（硅岛）、IT 产业园、创意产业园	工业生态园、产业新城
园区特点	劳动密集型 资本密集型	技术密集型	知识密集型

第一阶段，1945—1973 年期间，日本开始集中发展钢铁、化工、汽车和机械等出口导向型的资本密集工业，生产且以重化工业部门技术为主，约占 85%。这一阶段的日本工业园以高科技工业园为主。

第二阶段，20 世纪 70 年代，能源和资源的约束迫使日本大力发展技术密集型产业，并把粗放的资本密集型重化工业向东亚其他国家转移。20 世纪 80 年代，随着日本产业结构由资本密集型向技术密集型产业的大幅调整以及知识密集型产业的兴起，日本开始把发展高新技术园区、扶持高新技术作为增强经济实力的重要选择。在筑波科学城的基础上，日本先后又建立了大分、松溪、长冈、熊本等 14 个规模大、产业新、起点高的高新技术密集区。

第三阶段，20 世纪 90 年代至今的近 30 年间，日本的产业结构正在朝低能耗、低污染、高产出的方向发展。在此背景下，日本的工业园发展模式也从高新技术园区向第三代的工业生态园区质变。日本的工业生态园建设始于 1997 年，采用的是"官产学企"一体化的园区管理和运营模式。截至 2011 年年底，日本共批准建设了

26 个工业生态园区，涉及 60 多个静脉产业设施，具有明显地域性和空间分布特征。

日本明白要想走永续发展的道路，生态园区是关键的一环，它将生态园区建设推向全国，相关项目达到三十项左右，在亚洲排到第一位。日本工业生态园的建设以资源循环型为目标，对废物的排放进行严格控制。他们采取"官产学企"的综合生产管控方式和以"静脉"产业为重点的循环经济发展模式。大部分工业生态园都是以废物再生利用为主，回收、循环利用废弃物多达几十种。日本建造的几十个生态园，最具有代表性和借鉴意义的园区中就有藤泽工业生态园、北九州工业生态园等。

第一，EBARA 公司——藤泽工业生态园。

20 世纪早期，EBARA 公司于日本国内设立，主要经营业务包含高新技术设施与产品以及环境有关的设施的制造。它所生产的产品包含高精度的泵机、涡轮设备、污染物处理设备等。由于环保部门决定将环境治理从末端治理转向源头，减少污染物的排放，EBARA 为了适应这个变化采取对策，将生产过程中污染物的零排放当作其重要目的。EBARA 把它拥有的 35 公顷的藤泽地区改建为一个完整的工业生态园。生态园由 EBARA 全部投资并且由其单独进行管理，园区部分业务是和外部实力较强的科研机构进行合作的，但是科研机构主要给出技术方面的信息数据，整体上的计划管控由 EBARA 管理层全权负责。生态园采用总公司研发的先进环保技术，使得其生产的设施在运转的过程中可以通过全方面地循环再利用废弃物，达到整个系统污染物零排放的效果，这个系统包含了工厂区、商业区、住宅区等在内，是一个整体的零排放体系。为了达到污染物排放数量为零，生态园内设计了企业层面和区域层面的共生和交换系统。

第二，北九州工业生态园。

20世纪90年代后期，日本正式建造北九州工业生态园，它是以废弃物回收、再生利用为构建模式，并且是做得最好的一个工业生态园，其充分利用工业城市积累的人才和技术、工业基础设施及企业、研究机构、政府所构建的网络，将"产业振兴"和"环境保护"有机结合起来。把废弃物当作其他产品生产所需的原材料回收循环利用，从而尽量减少废弃物的排放，促进循环经济发展。该生态园将当前的响滩区域作为核心，主要进行废弃家用电器、汽车、瓶状塑料包装物的循环利用。这片区域集中了许多产业和学术相结合的进行废弃物处置和循环利用的科研机构，它们借助城市的第二产业基建，进行通力合作，站在整个区域和城市的立场上考虑问题，推动环境联合企业的真正实现，推动地区环保事业的进步。

当前日本工业生态园是以静脉产业为循环经济发展模式的主导产业，其园区内所回收、循环利用的废弃物量大面广，多达几十种，而且其中相当大的部分是在环保法规规定的范围内的，强有力的法律法规推动了日本工业生态园的迅猛发展。

（2）日本工业生态园经验总结。

日本的工业生态园建设是日本走可持续发展道路的重要一环，也是日本推动产业创新的重要区域。它的发展与推广是一个循序渐进、由点及面的过程。产业园初期主要重视基本研究以及科技方面的创新，后来逐渐转变为基本研究和实际运用同时进行。主要的经验如下所示：

第一，大力发展静脉产业。

"静脉产业"一词起源于日本，日本将科学处置和循环使用弃置物品、将弃置物转化为资源的产业称作静脉产业。它将制造和消费范围内的弃置物品再次使用起来。研究人员根据对物资流的剖析，把循环经济总体划分成动态产业与静脉产业。前者包括从原材料的开发到制造、流转、使用、弃置流程内的产业，后者包括从弃置物的回收、输送、分解、再次转化为资源以及最后的对环境无害化的整个流程内的产业。

20世纪90年代，日本着力推进静脉产业的推广，制定了各类弃置物的专门的法律法规，以此来使废弃物的回收、输送、分解、再次转化为资源以及最后的对环境无害化有法可依。静脉产业变成了经济社会循环发展的关键点，迅速在全国扩展开来。一般的方式就是建设相关的工业园区，和动态产业园区相联合，形成一个完整的循环体系。

第二，有健全的法律法规作为指导。

日本工业生态园区环境管理法律体系见表2-3。有关法律法规的颁布，对日本工业生态园区内循环产业和弃置物重新资源化起到了重要的指导、规范和支持作用。

第三，工业生态园区具有双重管理机制。

日本工业生态园的建立主要依靠当地自治机构自行管理，国家和地方政府部门起到帮扶和管控作用，企业、科研机构以及其他部门广泛加入，从而生成"官产学企"的综合管控与运行方式。也就是说，生态园的建立资金来源主要是环保部门和经济产业部门，双方共同进行管理。环保部门主要进行弃置物的回收、处置以及设备运营的业务，而经产部门主要在产业发展上提供帮助，比如废金属等弃置物的再次资源化的问题。

表 2 - 3　　　　　日本工业生态园环境管理法律体系

类别	年份	名称	备注
基本法	1993 1997 2000	《环境基本法》 《环境影响评估法》 《推进循环型社会形成基本法》	环境影响评价标志着日本环境管理由末端治理转向污染预防和清洁生产
循环经济	1970 1991 1995 1998 2000	《废弃物处理法》 《资源有效利用促进法》 《容器与包装物再生利用法》 《家电资源再生利用法》 《建筑材料再生利用法》 《食品资源再生利用法》《绿色采购法》	2000 年,《资源有效利用促进法》更名为《关于资源有效利用的法律》
环境保护	1958 1962 1968 1970 1972	《公用水域水质保护法》 《工厂排水限制法》 《煤烟控制法》 《大气污染防止法》《噪声控制法》 《水质污染防治法》 《恶臭防治法》	1970 年,《公用水域水质保护法》与《工厂排水限制法》合并为《水质污染防治法》; 1970 年,第 64 届临时国会制定了 6 部新的公害法

第四,支持和激励公众的广泛参与。

日本环保事业的发展,公众也参与其中,并且参与到其中的每一个环节,形成了一套包括提出议案、过程与末端参与、做出行为在内的全面的社会公众参与体系。日本法律保护公民在环境方面的权益,不管是因受到损害索赔还是对环保事业的知情与监督以及对此提出意见,都包含在法律范围内。尤其是破坏环境对公民造成损害的责任人必须做出赔偿,这提升了公众对环保事业的热情。

2.2.1.3　其他发达国家工业生态园的发展状况和经验总结

（1）英国工业生态园实践。

英国的 NISP 是全世界第一个国家级的生态工业园区以及工业共生项目，它还受到了来自英国中央和地方的全力帮扶。该项目最开始是由一个公司来进行管理运行的，运行成本得到了政府的补贴，补贴主要来自地方政府征收的垃圾处置税收和费用。该公司也负责生态产业项目的推广，包括向别的企业推广弃置物回收再利用项目、绿色能源使用项目等，以此来促进产业共生的迅速推广。通过公司与政府部门及其他相关机构的不懈推广，加入国家产业共生项目的人员迅速增加，加入进来的企业数量也加速上升，已经有几千家企业加入进来。不仅仅包含大型的跨国集团也包含许多积极的中小型企业。NISP 在降低资源能源损耗、减少碳排放量、减少企业制造成本、提高经济效益上做出了很大的成就，因此英国奖励给它六百万英镑作为扶助资金。在该项目的建立和发展过程中，许多高校相关领域的权威专家学者和市场上的中介机构都提供了强大的知识和技术帮助，不管是企业层面发展方案的制定、相关技术的适用还是园区层面上整体体系的建设以及基建的改进，都是在他们的全力帮助下才完成的。除此之外，政府的大力帮扶也不容忽视，它颁布的政策与投入的资金对项目起到了巨大的推动作用。

（2）美国工业生态园实践。

20 世纪 70 年代，由于环保部门的大力推动，美国也开始建设起工业生态园，涵盖可再生能源的研发、废弃物处置和循环利用以及清洁生产等多个方面。到现在为止，美国工业生态园数目大约为二十个，园区包括了工业区、农业区、住宅区，是一个大规模的地方体系。20 世纪 90 年代，美国环保部门决定把费尔菲尔德（Fairfield）、查尔斯角（Cape Charles）、布朗斯维尔（Brownsville）和恰塔努加（Chattanooga）四个地区当作建设试点。它们分别代表着不同类型的工业生态园区。

①马里兰州的费尔菲尔德（Fairfield）工业生态园区和田纳西州的恰塔努加（Chattanooga）工业生态园区是改造型工业生态园区，这类园区对现已存在的工业企业通过适当的技术改造，在区域内进行废物和能量的交换。园区以杜邦公司的尼龙线头回收为核心推行企业零排放改革，不仅减少了污染，而且还带动了环保产业的发展，园区内所有企业都采用可持续生产方式制造可持续性产品，在老工业区发展了新的产业空间。

②弗吉尼亚州的查尔斯角（Cape Charles）工业生态园区属于全新型。园区主要引入坚持绿色生产的企业，同时做好相关基建工作，方便企业之间进行废弃物的传输。

③德克萨斯州的布朗斯维尔（Brownsville）工业生态园区属于虚拟型。它在园区内原来拥有的企业之上，一直添加新的企业来补充完善园区的生态链条，比如引进废热发电站、废弃物回收工厂等，它不需要所有的企业都分布在同一片区域，而是利用计算机软件进行园区企业之间的物资与能源交换。

虽然美国在工业生态园区法律法规制定及政策实施方面的具体措施并非完美，但是美国政府在促进工业生态园发展中在以下四个方面发挥着作用，包括输入和管控环保资源；对环境保护的管理体制机制进行变革；进行相关行动，推动相关科学技术的进步；贯彻落实相关的政策。联邦政府还特地设立了一个特别行动组来为全国范围的生态园区提供科技、财务以及法律政策等各方面的咨询帮助。美国在建立健全相关法律法规的同时，还针对园区建设初期需要大量资金投入而且回流很慢的情况，出巨资设立了专项基金以提供资金方面的援助，并且通过科研的方式对突出的工业园区加强援助力度，还安排专门的人员加入生态园的开发工作，以此对生态园的建设产生拉动作用。同时，政府希望有更多的私人企业和相关机构加入园区的建设、管控和运营上来。美国私人企业和相关机构拥有足够的资金实力和相关经验与热情，政府的拉动与支持使得私人投资对工业生态园项目的投资兴趣大增。

2.2.2　国内工业生态园的发展状况和经验总结

（1）我国工业生态园的发展历程与现状。

我国政府一直高度重视工业生态园区建设工作。我国 1999 年开始建立工业生态园示范区。2001 年 8 月底，我国第一个国家级工业生态园区工程——广西贵港国家生态工业（制糖）园建成，它是由我国环保部门推动建立的，代表了我国工业生态园建立的序幕由此拉开。紧接着，在全国范围内工业生态园区试验点的建立推广开来，所涉行业部门也十分广泛，既包含钢铁、造纸等传统型，也包含高新电子、环境保护等高科技型。

2013 年年初我国政府印发的《循环经济发展战略与近期行动计划》，对 19 个大类行业企业和产业园区提出了发展循环经济的战略规划和保障措施。其中明确要求，分布格局要改进、企业分布要集中成群、产业发展要形成产业链、物资要循环再利用、要实现集约型生产，着力推动建设，引入企业与项目，使其在生态园内集群化，推进原有工业园施行企业和项目间的交换循环利用改建，形成废弃物回收再利用的产业链，各个企业之间紧密结合在一起实现废弃物循环利

用，从而使得园区往生态化转型。到 2017 年年初，我国已经建起 48
个国家工业生态园区示范点，我国工业生态园区建设进入了快速发展
阶段。

按照园区的发展模式，可以将国内工业生态园区发展模式分为行
业型、综合型、静脉型三类。下面就通过介绍这三类生态园来说明我
国在这方面的独特经验。

第一种，行业型工业生态园模式。

行业型生态园内已存有核心的产业链条，核心企业生产过程中生
成的附加品以及弃置物数量较多，许多相关企业就把这些附加生成品
或弃置物作为原料进行加工并赖以为生。生态园区产业链条网络的建
设主要包含两类链条：一类是产成品链条，另一类是废弃物链条。在
这两种链条的建立方面我国已经积累了许多经验。

在产成品链条方面，位于包头以炼铝为中心的生态产业园区利用
引入许多补充完善链条的企业与项目，使得园区以炼铝为核心的产业
链一步步地完成建设，大大减少了原料物资和能源的使用，园区物资
循环利用。位于烟台的高新产业园区的核心业务是汽车和电子制造，
为了完善产业链条大力引进相关企业，已经大致生成了汽车、手机和
电脑三个主要产品群，产业链条形成纵向深度，使得生态园内各个企
业相互补充，形成规模效应。

在废弃物链条上，位于烟台的高新产业园区利用政府政策的指
导、科学技术方面的支撑以及资金方面的资助，凭借强劲的产业与主
要企业，大力引入与培养物资再利用项目，生成物资循环利用的良好
局面；建立绿色可再生、废弃物再利用等十几个绿色产业链，培养了
绿环再生资源、永旭环保等许多家处理废弃物的企业，使企业之间形
成对接，物资废弃物在企业间无阻隔流转，使得废弃物能够循环再利

用。位于无锡的园区引入了赛锡科技（无锡）有限公司，这家公司的核心业务就是以硅片切割液为核心的总体利用、研发与后续处理，引进这家公司为园区里从事周边业务的公司带来十分可观的收益。这种核心产业链条的生态园区的类型拥有这些特点：生态园内的不同企业和项目间拥有紧密的互相依靠、互相牵制的输入输出联系；相匹配的设备基建的建立也都是依据主要核心产业链所实施的；核心企业生产大量的附加产品和废弃物，带动相关产业企业的发展。

第二种，综合型工业生态园模式。

综合型生态园具有许多条生态产业链条，它在副产品与废弃物的交流和梯状循环使用以及共同分享基础设备这些方面，都已经形成一定的规模，只是不同方面发展不同，可以预见良好的生态产业链前景。该类生态园发展的一般特点有：生态园内没有十分明确的主要产业，各个产业之间相互依存，这种关系是比较稳定的，园区内的物资流是一个比较密封的循环体系。

位于苏州的生态园是这种类型的一个典型，它在一开始建设的过程中，就根据绿色协调、循环发展的指导方针，从各个方面各个角度确定了相应的建设要求，脚踏实地进行园区建设，综合施行各种主要的支柱项目，努力钻研建设循环发展的生态园区的新思想、新方式，使得园区生态环境逐步改善。位于苏州的生态园在建设的过程中，坚持把循环发展作为中心思想，提高了经济建设的质量；利用建设循环使用的物资保障系统，提高了物资的使用效率；利用建设人和环境和平共处的良好格局，提高了地区生态文明建设能力，总体实现了地区经济和生态的和谐和可持续发展。对于废弃物循环利用，该生态园出于园区内部主要是精密仪器、电子产品等企业的现状，大力引入弃置物品循环利用的企业，而且顺利引入了本身不产生污染物，还能够处理许多其他产业废弃物的富士施乐产品回收项目，为电子废弃物的回收利用积累了经验。

苏州生态园坚持贯彻落实科学发展观，坚持绿色创新的发展理念，坚持走可持续发展道路，从而更好地进行循环发展的工业生态园的建设工作。它在建设过程中，充分考虑当地产业企业发展的实际状况，从实际出发，科学地制订和落实各个项目目标，竭尽全力地提高物资的使用效率，使得废弃物排放水平降到最低。该园区把循环发展作为核心，把国际公认环境标准作为标准，坚持绿色清洁制造，综合推动典型园区的建设，使得周边环境得到改良，兼顾环境与经济，实现双赢。

第三种，静脉型工业生态园模式。

静脉型生态园是完全在事先周密科学的设计下，在零基础上建设的，而不是对现有工业园区的改造。园区里的各个企业能够相互换取废弃物，通过废弃物的循环利用构建了多条产业链，这些产业链以及污水处置体系是生态园的主要构成部分。生态园是一个开放的整体，各种产业网络是在建设的过程中逐步健全的。这类园区比较典型的有位于广东南海的华南生态园区，园区内形成了关于环保科技的开发、制造、推广等一系列连续的产业链条，主要包含环境技术的相关资讯、环境设施和材料的生产、环保清洁生产、循环利用物资四个主要的业务集群。该生态园坚持可持续发展的思想，利用科学合理的全面设计，使得核心区里面小规模的循环和整个园区五大区域的大规模循环同时实现。它把传统的产业当作基础，主要发展环境相关的产业，把生态工业当作突出点，大力引进和培养相配套的绿色产业、高新产业、新兴产业等，使生态园能够不断可持续发展。

在国内还有一些生态园区的先进经验。

南京经济技术开发区。

20 世纪 90 年代初，南京开始建设经济技术开发区，十年后该园区被国家正式认定为国家级。2009 年，南京市对该园区的资源重新规划整理，把多个工业园区全部纳入南京经济技术开发区，促进该片区域循环产业的发展。使开发区发展空间扩大到 100 平方公里，开发区站在了新一轮发展、"二次创业"的新起点上。2013 年实现规模以上工业总产值 2150 亿元，同比增长 13.1%；外贸出口 60 亿美元，同比增长 9.5%；全社会固定资产投资 240 亿元，同比增长 23.1%，经济发展保持稳中快进、稳中变优的良好态势。该园区转型发展的路径与措施主要有以下几个方面：

第一，要全力施行产业升级的规划，努力建设世界一流水平的光电显示制造基地与国内一流水平的高速物流基地，使得这两大核心产业能够发扬光大。

第二，要全力施行创业创新规划，努力形成高素质高水平人才集聚的高新技术园区。依据市政府关于建设国内创业创新典型的目标，从各方位关注高水平人才与科学技术，使其起到带动作用，加快园区内的创新，推动园区经济增长。努力吸引国内外的顶尖科技创业人才与团队。针对光电显示等领域，全力招揽杰出人才；积极构建新的科技创业园区，为科技创业提供各种政策和基础设施方面的支持；同时加速推动公共科技平台建立，促进优秀项目的产生。

第三，要全力提高园区功能，加速推进先进的临港产业城区。对临港区域进行全方位改进，使其达到成为南京附属城市的目标。把该区域东部地区当作二次创业转型的主要施行区域，主要构建液晶区、科技创业核心区以及全面保税区域，以光电显示、现代物流等产业作为领头羊，加快推动区域的整体开发和基建的建设。与此同时，要在建设保障房的前提下，规划片状的居民区和商业区，推进东部地区的城市化进程。

第四，要努力建设发展保障，加速建设效率极高的产业园的管控体系，参考国内外其他优秀园区先进完善的管控方式，结合自身实际情况，同时组建一批具有高水平思想素质和文化素质、管理水平的管理层，使园区有序运行。

天津经济技术开发区。

位于天津的高新技术开发区在持续学习、创新之中逐渐形成了自己在生态园区和循环发展方面的特点。利用政府和市场的双重作用，努力建设与改进产业生态体系，减少废弃物的排放量，依据我国产业发展现状和前景，它在电子信息、生物制药等领域一步步地生成了产业内以及跨产业的链条。利用推动企业环保制造、节约用水、节约能源等举措，降低了制造流程之中的物资损耗，提升了资源利用效率，减轻了污染。该区域全力推进生态产业园的构建，努力改进产业分布，推动产业共生，在政府全力支持的前提下，大力发挥企业的主体作用，同时其他相关机构与人员也应当积极参与。在废弃物处理上，大力发展静脉产业，尤其是土壤污染修复和废水回收利用这两个方面。在这之中，区域内水体一体化使得区域内的水体实现循环，使得区域水质提升；新土源工程一方面解决了弃置物造成的土壤污染问题，另一方面改进了土壤原本的构成，使得土壤更具有使用价值。这两个项目的成功施行，达到了经济和生态环境两方面获益的良好效果。

（2）我国工业生态园存在的局限。

虽然我国工业生态园在示范区取得了较大的成就，这些成就不仅仅是在经济发展方面还包括在保护环境以及积累珍贵的经验方面，但是在获得这些成就的同时，也有一些阻碍的存在，这些阻碍体现在法律的不完善、资金不到位、技术落后以及资源发展瓶颈等方面，这些问题使得企业的发展受限。

政策缺陷。政府对工业园的建设起着非常重要的作用，主要是对其进行政策上的扶持和引导，目前我国政府对工业生态园区建设的支持主要在宣传和引导层面，这些扶持政策主要包括宏观调控、财务税款方面给予优惠，但是这些政策各有不足，还有待进一步地提升。比如由于国内资源税的税率较低，导致国内的资源价格较低，低价会使企业更不注重资源的节约和循环再利用。此外，增值税的缴纳也不利于企业节约资源，这是因为增值税的本质是对增值额进行交税，而循环再利用的资源的增值相对于其原料成本来说是比较高的，这意味着企业要缴纳更高比例的增值税，因此，也不利于企业节约资源。

定位模糊。这包括四个方面：其一，没有合理的事前规划，导致大量土地资源闲置。其二，没有将环境考虑在内，只注重经济效益。虽然企业对经济和资源的目标很高，但是实际上对于改善环境的作用并不明显。其三，没有将环境和企业的生产特点相融合，从而破坏了自然生态环境。其四，没有对生产流程中的产污、排污过程给予足够的重视，只重视产业链的形成过程。

资金制约。园区的建设以及后续的运营都需要一定的资金支撑，这是运营的基本条件。在园区建设的初步阶段，资金是由政府无偿提供的，这种计划经济的模式使得投资回报达不到预期的目标。在后续的运营过程中如果没有了政府的扶持和资金的继续提供，部分园区就面临着资金短缺的问题，这样的话，企业失去了资金，也就无法对重点项目进行落实，这会使企业的技术开发没有足够的资金支持，挫败企业的积极性，使企业无法扩大规模，取得更好的效益，使资源循环利用的优势丧失。

管理标准体系不科学。当前运行的工业园区示范区是按照固定的标准进行建设和开发的，但是由于当前我国的工业生态园发展地域分布差异大，因此造成不匹配的情况。这主要是指工业园区的标准并不能融合地方的特色，无法满足园区的发展需求。在实际中，园区的建立和后续的运营是按照计划经济体制来管理的。园区缺乏专业科学的理论指导，行政管理效率低下，企业化管理制度不健全，缺乏应有的活力。

2.3　理论研究的局限分析

2.3.1　循环经济研究进展

倡导、发展循环经济是当下社会发展的必经之路。我国 2008 年 8 月 29 日出台的《循环经济促进法》对循环经济做出了如下界定[①]：循环经济（Circular Economy，Cyclic economy，Recycling economy，又称之为物质闭环流动型经济）是指将资源节约和环境保护结合到生产、消费和废物管理等过程中所进行的减量化、再利用和资源化活动的总称。这就是指在整个生产流程中包括投入原材料等资源、生产、产品的消费以及废弃的全过程，都是在人、自然资源和技术的整体内。传统的模式下，资源的消耗是线性增长的，而循环经济模式下则是循环

---

① 《中华人民共和国循环经济促进法》（2008 年 8 月 29 日第十一届全国人民代表大会常务委员会第四次会议通过），http://www.cnaec.com.cn/Work/200706/20081111 - 1.doc。

利用发展的。循环经济的三大基石是"减量化、再利用、资源化",在遵循可持续发展的理念的前提下,将资源的高效循环利用作为核心,将"两低一高":低消耗、低排放和高效率作为特征。使清洁生产、资源循环利用、生态设计和可持续消费等真正结合起来,成为目前国家在各个层面大力推进的新型经济增长范式。企业在微观市场中发挥主体作用,其循环经济发展模式具有基础性的框架作用,这也是众多学者在研究循环经济发展模式时将其作为重点研究的原因。较之于国家对循环经济的重视,国内许多学者在较早之前就对循环经济理论进行了广泛而深刻的研究,经过学者以及专家的不懈努力,他们的研究成果不仅为理论的扩展奠定了基础,更为政府发展循环经济提供了良好的指导。

2.3.1.1　宏观层面

宏观层面上,国内较早研究循环经济的学者吴季松认为,"循环经济"一词最早是由美国经济学家 K. 波尔丁提出的,且进一步阐述了他的循环经济观:循环经济就是在全球人口剧增、资源短缺、环境污染和生态蜕变的严峻形势下,人类重新认识自然界、尊重客观规律、探索经济规律的产物。对循环经济理论研究较为深入的陆钟武通过粗略地估计我国在 21 世纪中叶需要降低的单位 GDP 倍数,探讨了三个层面的循环,较为全面地指出提高大循环的资源效率具有有限性,且需要将中循环(工业生态园)向大循环方面拓展,提出应该对小循环(企业内部物质循环)进行深入探讨的必要性。清华大学环境科学与工程系钱易教授以环境伦理观的理念指出循环经济既是符合科学发展观的经济发展模式,同时又是实现小康生活的必由之路,并认为循环经济并不完全等同于再生利用,更为重要的是减量化。

　　学者段宁通过研究人均 GDP 增长速度和物质利用强度变化速度之间的数量关系，提出和证明了赶不上定理。利用赶不上定理，解决无限增长的经济发展和有限的自然资源之间矛盾的根本方法是利用循环经济。专家牛文元主要是从立法角度研究循环经济理论。他从中国发展的现状出发，提倡推进循环经济的国际比较，通过对比，强调循环经济立法的必要性，并给出了几点建议：①应制定具有中国特色的循环经济法；②处理好循环经济法与其他相关法律的关系；③强化约束机制与激励机制。叶文虎也将焦点凝聚于循环经济相关法律法规的制定、完善与修订等方面。他主要阐述了多种情况下的循环经济，并提出了进一步完善法律法规的必要性和可操作性。此外，他还提出培养企业自立自强的能力，当然，政府对循环经济的企业应当给予适当的优惠和补贴。除此之外，他也进行了循环经济的目标与实现路径、评价指标（体系）、制度建设以及经济学等方面的研究。同济大学经济与管理学院教授诸大建肯定了先前学者对循环经济理论所做出的成果，他提出《循环经济促进法》的出台有很重大的意义，这表明我国已经从起步阶段进一步成熟了。一方面，他认为我们应该将政策进一步地探讨和深化，使《循环经济促进法》确立的基本原则和目标能够得到优化；另一方面，使现在基于"3R"原则——"减量化、再利用、资源化"——的模式能够得到进一步的加强和深化。张天柱从宏观历史层面阐述了我国清洁生产和循环经济的发展过程、必然趋势及其长期曲折、交错推进的过程特征，进一步提出了建立"绿色"市场、进行制度创新为基本内容以发展我国循环经济的建议。国家环保总局政策研究中心周国梅博士认为，我国目前要大力推进循环经济，应该借鉴国际先进经验，建立健全法律和关键制度，选择合适的优先领域，加强循环经济技术支撑体系研究，通过宣传教育提高公众意识，形成"政府引导、企业实践、公众参与"的循环经济发展机制。此外，还有刘华波、李敏、田金方、杨华峰等对宏观层面的循环经济发展模式与评价进行了研究。

2.3.1.2　中观层面

在中观层面上，许多学者将研究焦点凝聚于区域以及产业、行业上。李健将研究视角放在作为中国北方环渤海地区新的经济引擎、国家新的增长极滨海新区——天津滨海区，通过分析天津滨海新区的现状，指出要积极推进循环经济，从先进理念发展到实际的经济运行模式，滨海新区是经济社会建设的关键，从而实现可持续发展。并以生态产业链和水资源循环使用系统——污水生态处理运行模式为例，总结了天津市滨海新区在资源节约型和环境友好型社会建设中的实践经验和模式，为生态产业和循环经济在我国的推广提供了理论依据。学者殷瑞钰对循环经济理论的研究视角有别于其他学者，其不再将焦点聚集在实施循环经济的"3R"原则上，而是强调物质、能量、时间、空间及资金等"五要素"的有机结合，并提出技术、经济及时空因素的集成与协调是推进循环经济的有效手段，且一再说明在我国实现新型工业化的过程中，流程制造业是推进循环经济的重要切入点。肖华茂认为可持续发展能够在实践中得以应用要通过循环经济发展，因此，区域循环经济是重中之重。他分析了区域循环经济发展模式的重要性和意义，提出地区循环经济发展格局的框架，并根据区域特点设计了几种不同的循环经济发展模式，最后还构思了区域循环经济发展模式的实施战略。

同样有许多研究者主要基于工业生态园模式来研究循环经济发展模式、评价与应用体系。自 1994 年美国学者 Lowe 最先提出工业生态园概念后，工业生态园在全球各地遍地开花。其中，丹麦卡伦堡工业生态园堪为全球工业生态园之经典范例。我国较有影响的是 1999 年建立的第一个贵港国家工业生态园区和南海国家生态工业示范园区。张帆、麻林巍、蓝钧、陈世杰、陈景文等研究者针对北京工业开发区的发展现状和特点，提出了一套工业生态园评价指标体系框架及计算评价方法。元炯亮、李强、汤俊芳、钟书华等根据系统化、经济性、可操作性、阶段性等设计原则，各自提出其通用的工业生态园评价框架。除工业生态园外，对于区域（如省域、城市等）及产业循环经济模式及评价体系也研究颇多。南京大学城市与资源学系的钟太洋等研究者以"活动—压力—反应—绩效"为分析框架，构建区域循环经济发展模式与评价体系。东北林业大学于波涛副教授对林业产业循环经济进行了初步研究。河海大学马宗国博士根据山东省实际情况，构建山东省循环经济发展模式与统计指标体系。史宝娟、章波、黄贤金等对城市循环经济发展及评价进行了较深入的研究，并通过实证分析予以验证。此外，还有张坤、于丽英、杜广强、管祥兵、陈文晖、李清如等对区域和城市循环经济发展模式与评价体系进行了相关研究。

2.3.1.3 微观层面

在微观层面上，研究者主要集中于企业内部流程之清洁生产、ISO 14000 环境管理体系等，单独提及企业层面循环经济发展模式与评价体系的文献较少。南开大学经济学院的李健教授对面向循环经济的企业绩效评价体系结构及评价方法进行了初步研究。陈力洁较详细地阐述了基于生态足迹理论的制造企业循环经济发展与绩效评价指标框架。刘霞在《基于循环经济的企业综合能力评价指标体系研究》一文中提出了运营与经济能力、生态效益、社会效益及循环经济特征 4 大子系统，24 个具体指标构建的基于发展循环经济的企业综合能力评价体系。

过去国内外研究文献通过对循环经济的探讨，主要从两个角度、三个层次和两个方面进行了研究。理论研究角度和实际应用角度（包括案例研究）是两个视角。这三个层次是指宏观、中观和微观。其中，关于宏观和中观水平有很多研究，而研究成果却相对较少。两个方面是循环经济发展模式和循环经济发展评估。前者是道路的选择，即主体如何应用或实施循环经济；后者是评估在实施或实施周期性经济措施或计划之后，受试者如何确定或评估所实施的措施或系统程序的有效性。

将资源（从研究过程，主要是外来物质或元素）作为研究对象，并且在很广泛的范围内，从自然资源到家用电器，有非常多的关于循环经济概念和运行模式的研究，定性分析比例较大，定量研究较少。相关评价框架也主要关注于社会宏观层面，而微观层面研究少之又少。值得指出的是，国外的相关研究也有其独到之处，如日本企业循环经济发展评价突出环境效率评价思想，不拘泥于单纯的节能降耗，值得国内企业借鉴①。我国循环经济研究刚起步，研究重点主要集中在对循环经济基本理论、评价体系以及实现方式等方面，研究停留在单元循环和物质循环这一认知层面，缺少对循环经济系统定量性分析和具体案例研究，尤其是对企业循环经济实践与应用的研究亟待深入。

---

① 另外，日本在物质流分析的基础上，从国家资源投入、资源回收利用、资源产出和废物产生几个方面以及废弃物回收数据构建循环经济发展与评价体系。这种方法的有效性已经在一些国家得到证实，特别是在发达国家得到证明，可以为循环经济的发展提供有价值的信息。

在某种意义上，关于企业的循环经济的研究在微观层面上已经处于根基地位，循环经济发展的评估是中、宏观数据来源，国家循环经济发展战略主要是通过企业承诺实现。因此，缺乏微观层面的研究将使中观和宏观层面的研究成为没有基础的空框架。

从研究内容的视角分析，循环经济的研究对象可以分为宏观、中观（区域）和微观层面。从研究和评估方法的角度，分析了主要组成部分的分析方法、模糊综合评价方法、灰色聚类方法和神经网络分析。另外，在能源价值分析、生态足迹、物料流分析、生态效率等方面研究物体的特征或属性更为常见。

从研究的局限性来看，地区性的和国家层面的研究成果较多，微观层面尤其是具体废弃物或实地研究尚不彻底，许多研究也并未深入只是大概的归类总结。另外，根据物流分析，可以实时分析经济中的物质流动，促进资源节约，减少污染排放。但缺乏相应的价值流分析，生态足迹的评估可能只会阻碍问题分析；生态效益评价既经济又环保，但受方法单一性、基础单薄性以及应用局限性的影响。因此，如何整合循环经济的资源物质流与价值流分析，结合信息流为国家、区域及企业提供决策支持是循环经济发展的一个重要方向①。

---

① 此外，关于循环经济评价研究还存在很多值得进一步探讨和商榷的问题。首先，评价体系与评价模型之间存在脱节现象，许多指标难以量化甚至无法量化。研究者并不是基于一套完整的指标体系来构建其评估模型，因此其操作性差，不如指标构建、评估模型和实证研究的研究成果。其次，适用性不强。由于指标体系本身存在的问题，很多都不能实施。再次，研究方法复杂化。很多研究者偏好于采用层次分析法、模糊综合评判方法和灰色关联度等较复杂的数学方法，实用性和实践性大打折扣，没有充分考虑指标体系的实用性、简易性以及应用的广泛性；最后，评价标准不统一。大多数评价标准非常分散，不统一。国际平均值、发达国家标准、自行设定标准皆有之。难以形成点面结合的评价体系，难以准确掌握循环经济发展的整体状况，且其依据是否合适也有待商榷。

2.3.2 MFCA 的理论与实务研究

2.3.2.1 国外研究现状

现有文献中，国外学者并无循环经济会计、循环经济背景下的会计问题研究等专门提法，而是将企业资源利用、环境保护相关的财务会计问题归属于环境会计或社会责任会计的研究范畴。总体而言，国外学者的相关研究成果大抵呈阶段突破和建设体系化的特点，具体发展历程见表 2 - 4。

表 2 - 4　　　　国外学者对现行会计系统的改进和完善

会计研究动态	研究开始时点	主要研究方向	未来研究趋势
资源会计	20 世纪 50 年代	（1）各国石油天然气会计核算规范准则 （2）非金融负债	（1）宏观资源核算 （2）国际会计准则标准制定与完善
社会责任会计	20 世纪 60 年代	（1）范式研究：社会责任会计的框架体系建设 （2）实证研究：企业社会责任信息定量分析	（1）边界界定 （2）逻辑关系 （3）数据收集
环境会计	20 世纪 70 年代（形成初期）	（1）环境成本核算 （2）环境成本资本费用化 （3）环境负债估计和补偿	（1）环境资产确认方法 （2）物料流转会计（MFCA）的扩展研究 （3）微观层面的资源流转成本定量研究
	2000 年（发展期）	（1）环境财务会计 （2）环境管理会计	

通过对不同阶段的相关文献梳理，可以看出国外学者主要以资源（物质或元素）为研究对象，同时涉及较多的循环经济运行模式的定性分析。资源流成本会计的原型，是 21 世纪初德国 Augsburg 大学的贝恩德·瓦格纳教授（Bernd Wagner）研究的"生态效率——材料流动会计"项目。Strobel 和 Redmann（2000）在《流转成本会计——以实际的材料流为基础通过会计方法降低成本并减轻环境压力》中，主要阐述了材料流的成本核算。2003 年，德国联邦环境部和联邦环境局在考虑了物料流转会计的需要的情况下，联合出版了《环境成本管理指南》。

日本在对资源流成本会计的完善方面做出了比较大的贡献。1999 年经济产业省支持"环境保护事业发展与促进"研究项目。物料流转会计是五个工作组之一。日东电工公司（Nitto Dcnko）、田边制药有限公司（Tanabe Sciyaku）、他喜龙株式会社（Takiron）、佳能公司（Canon）进行了两年的项目组试点研究。2002 年 7 月将研究成果整理成《环境管理会计技术工作手册》出版发行，其中第四部分介绍了物料流转会计相关内容，对于环境管理会计的发展产生了促进作用。

2002 年，中岛道靖和国部克彦著有《物质流成本会计——环境管理会计革新的方法》，该书主要包括物料流转会计的基本原理、实践途径和产生的效果，是日本介绍 MFCA 实践应用的入门书。在经过若干年的实证后，日本在 2007 年工业技术环境局、环境政策与环境协调产业推广办公室联合发布了第一份全球 MFCA 指南 *Guide for Material Flow Cost Accounting*（Ver. 1），并向国际推广，2008 年和 2009 年，随后发布修订版。在各国学者，特别是日本学者和企业的推动下，物料流转会计已经逐渐融入 ISO 14000 体系，近两年日本学者已经将其延伸到供应链和地区层面。

　　具体而言，宏观层面上，国外学者侧重于采用物质流分析对经济系统进行输入产出核算和指标评估探讨。中观层面上，国外学者主要对工业生态园进行专项研究，或者从循环产业角度研究社会的物质流循环问题。微观层面上，近年来国外学者多采用 MFCA 进行企业核算，并根据此核算分析得到的结果对生产过程进行改造。作为环境管理会计（MFA）的创新方法，MFCA 的相关研究成果也日益丰富（见表 2 - 5）。

表 2 - 5　　　　　　　　　　　MFCA 文献研究综述

主要研究方向	研究成果
MFCA 的发展	（1）中小企业化、企业间化、标准化、体系化等 （2）还未能与 MFA 中其他方法建立明确联系
方法体系	应用领域聚集于不同产业和地域范围
MFCA 信息披露	生产成本和环境信息使用者效率最大化
案例研究	（1）成本比重 （2）"好管家"效应 （3）资本投入 （4）信息共享等

　　结合表 2 - 4 可知，物料流转会计将是不同企业具体会计和扩张的未来核算的主要方式，将为企业的经营管理带来巨大的经济和环境效益。同时，综合现有的案例文献可以发现，物料流转会计在企业生产过程中的成本核算应用和环境经济效益评估近年来一直是国外研究的主流。这样看来，运用会计评估结果对企业成本进行优化和控制研究，将逐渐成为学者关注的又一重要的领域。

　　目前来看，国外学者尚未建立起与 MFCA 配套的成本优化体系，但有关企业的成本优化方法研究却很丰富。如学者 A. E. Chaib 等人利用回溯调整算法（BSA）建立了能源流的非平滑曲线方程，以对企业的能源成本效率进行优化；学者 C. Dames 通过对电力行业进行案例研究，得出了企业具体的物料选择成本优化方案；学者 Matthew S. 等人通过多目标遗传算法（MOGA），将生命周期成本理论（LCA）与能源模型刻度（CMC）相结合，对多伦多一家企业的能源流转进行了成本优化研究；学者 Francesco Rossi 等人将动态优化模型与非线性成本控制模型相结合，利用情景分析法，对批量生产的企业业务流程进行优化，以降低成本，提高环境效益；学者 M. Di Somma 等人建立起分配式能源系统（DES），以对能源产业链的流程进行优化研究，从而降低了能源成本，提高了能源的使用效率。

2.3.2.2　国内研究现状

自 21 世纪以来，在国家对循环经济日益重视的背景下，国内学者对循环经济理论和实践的研究也逐渐深入，在宏观、中观和微观层面均形成了重要成果，总的来说，循环经济的研究方向主要集中在其发展模式、运行机制和法律制度上。同时，国内学者对资源价值转移的研究并没有比循环经济更具有定量性，但是学者们基于不同的分析视角，不断扩大其应用领域，取得了一定的成果。胡晓等学者通过对不同生物质为原料的燃料乙醇进行物质流分析，得到其价值流信息；研究员卞有生系统阐释了资源价值流转对建设农业生态工程、提高生产力的意义及作用。

其中将循环经济与资源流转会计进行系统结合的有以学者肖序为首的研究团队，他将经济、统计、环境和数据相结合，得出循环经济改变物质流动路径信息的价值，并将其应用于循环经济价值诊断的典型过程，改进决策过程，降低成本，对理论和方法体系中资源价值流量进行控制和绩效评估。近年来，循环经济资源价值流转的研究大抵分为三大模块：①框架的构建，循环经济背景下企业生产过程中的物流、要素流动和价值流动分析等制度建设；基本原则体系的体现；理论基础；二元会计框架；基础知识；代表性的学者主要有肖序、罗西影、刘三红等。②扩展研究，即在资源价值流 LIME 公式优化评估系统、循环系统、成本控制和循环经济综合性企业管理系统等纵向扩展的企业资源价值流计算结果的基础上按照纵向展开，主要代表人物有周志方、郑玲、熊菲等。③实际应用，系统标准适用于企业、企业集团和工业生态园林，理论体系在实践中得到检验和完善，代表性学者包括金友良、谢志明和王敏。

在循环经济的大环境中，随着行业发展的路径一直是中国学者研究的重点，国内相关文献主要侧重于强调建立循环经济管理体系的定性研究意义、构建全面的成本核算与经济效益以及节能减排量化分析的评价模型。近年来，学者们开始从企业集团整合、产业链优化等相关问题入手，从企业集团或产业生态园的角度出发，推动循环经济产业实现发展目标，如山东地区的李玉忠学者，以节约能源、减少污染为尺度，以材料再利用、废水回用、再生能源为指标，建立循环经济发展的基本模式；彭立红等以能源效率和碳排放为视角，构建出以广东企业低碳模式下的循环发展经济。以此为例，通过对相关文献的进一步归纳整理，已有大部分以技术改进和物流优化为研究重点的研究，对企业价值流的研究较少，同时关于环境成本引入的探索相对较少。

回顾国内外文献可知，研究者主要从理论构建和案例应用两个角度对循环经济模式加以探讨，并从宏观、中观和微观三个层面给出了相应的分析结论。其中，就国外研究而言，宏观和中观的成果相对系统全面，微观层面的研究以 MFCA 的引入优化为代表。国内研究者在借鉴国外研究经验（如日本环境效率评价思想）的基础上，对微观层面的成本核算和管理加以本土化创新，建立起循环经济资源价值流转会计体系，完成了由企业生产流程的物质流到价值流的系统对接，并引入环境成本因素，形成双重成本核算体系，从而进一步推广到综合标准体系的效益评估、决策优化和成本控制。目前该体系在一些企业、团体和园区层面已经在推广应用的实践操作上取得成功。

但就目前的研究成果看，仍然存在一定局限：

（1）对于园区循环经济发展模式的相关研究，国内外学者集中使用的评估工具大体为主成分分析法、模糊综合评判法、灰色聚类法、神经网络分析等数学方法，没有一套完整的框架作为基础，导致其在实际应用过程中应用性不高。

（2）对于循环经济发展格局的有关研究对象，国内外学者对其性质的界定主要集中在能源分析、生态足迹、物流分析和生态效率等方面，相对而言，循环经济价值流体系缺乏相关研究。此外，整合国内现有的循环经济价值流有关文献可以发现，其研究的技术路线大多是借鉴国外先进研究成果，且在应用领域还没全面展开，未形成完全适应中国园区企业实际情况的循环经济价值流转会计标准体系。

（3）对于循环经济价值流转分析的具体案例研究，国内学者近几年集中于成本核算和经济社会环境效益评估体系上，对于工业生态园区与园区内企业间的资源价值流转评价分析及决策优化应用方面仍有待研究。

第3章　资源价值流转分析的
理论与方法体系

3.1　学科基础

3.1.1　资源科学

资源流在资源科学的解释下为：在人类活动的作用下，在行业、消费链或不同地区的资源流动、转移和转化。这包括两种情况：一种情况是资源在横向空间上的位移；另一种情况是资源在纵向转化的过程，包括原态、加工、消费、废弃。资源流动理论包括了系统、物质、能量、价值和劳动力等元素，这些内容是在资源—环境—社会/经济—生态复合系统的前提下涵盖的。理论研究就是主要针对内容、性质、组成要素、影响因素以及方法等进行研究。应用研究可以从三个层次展开：第一是国家或者地区层面；第二是工业部门；第三是企业或者家庭。在国外，部门和地区层面的资源的流动已经呈现一定的趋势。

通过资源纵向流动理论推出，初始资源进入企业，其物质形态按照生产过程一步地进行流转，部分流动资源在企业内部循环使用，除少数资源转化为其他的自然物质，多数都转化为新的资源产出模式：产品和废物产出（部分回流）。因此，物质资源的消耗以及价值的转化是以企业作为基础进行的，分析资源流向"纵向"的全过程，不仅可以明确生产过程中资源的变化，而且这对于评估企业内部运作的效率和资源流动的利用效率大有好处，可以为物资流通、能源转换效率和经济效益以及企业资源的有效利用提供依据。因此，资源作为价值的载体，在其物质循环流动的情况下，流通价值是相对的，流动状态和对资源合理利用的分析意义重大。因此，资源价值流的分析无疑需要以企业层面的资源流向为主体的相关理论来构筑分析评价体系，描绘资源流的核算。

3.1.2　资源、环境与生态经济学

经济学是系统研究人类社会的各种经济活动和经济关系，以及如何利用稀缺资源从事各种经济活动的学科。生产者在生产或者分配产品时会使用一定的生产要素，这种生产要素的成本称为经济学成本。经济学成本包括一般会计成本和机会成本性质的隐性成本。由于市场销售活动可以填补微观个体经济活动中的成本，所以在一定程度上，投标和产品的报价会影响机会成本，因此，在定价时往往接近商品和服务的机会成本的市场价格。这种性质的经济成本在资源价值流研究中具有非常重要的应用价值，这不仅可以应用到对非市场商品的环境资源价值的评估，还可以应用到供应商的污染物排放损失转移的核算和企业成本效益环保活动分析等。

资源环境因素扩展到经济学科，产生资源经济学和环境经济学两

个学科。

在某种程度上可以说，这两个学科是相互平行的，但是也具有重点和针对性，是构建资源价值流分析体系的重要理论支撑。资源经济学与资源科学是不同的，尤其在关于资源流转的定义上。资源流动可以被理解为物质流动、人员流动、能量流动、信息流动、流动性质和价值流动六个要素，在除价值流动元素外的其他五个元素在经济含义上的变化体现在价值流动上。本书在此基础上，进一步清除了资源产权、人力资源等的影响，提炼资源流转要素，力求体现资源价值与物质流通的真正内容。另外，在本学科中的价值增值过程，资源总价值和净值模型与此过程有着重要关联。如净值＝产值（总值）－输入值。在企业层面，资源的投入产出中的产值是产品价值和副产品价值，投入价值是资源要素的总投入。这样看的话，在深入考虑了资源与环境的损害成本后，两者的界定和内容较为相似。从本书与资源经济学的相关性来看，资源价值流转分析是以其理论为依据，而在考虑其研究范畴时要从其界定的含义为起点。因此，资源经济学的相关理论也是资源价值流分析理论茁壮成长的"胚胎"。

生态经济学（ecological economics），是从生态要素延伸，研究生态系统和经济系统的复合系统的结构、功能和运动规律的学科，即致力于研究生态经济系统的结构和矛盾运动发展的学科。这门学科主要是以阐明人类的经济行为对自然生态的影响，在此基础上通过研究生态结构的各项功能等规律，实现人类与自然的平衡发展。

3.1.3 资源与环境管理学

环境管理学是在自然科学和社会科学、软科学与硬科学、宏观科学与微观科学相融合后形成的，其旨在平衡环境与发展的关系，是在不断实践的情况下产生的，其实也算是管理学的延伸。这样来看，环境管理学对于协调经济发展与环境，促使二者持续发展并提供解决问题的途径和办法具有重要作用。

环境管理学是人类社会经济行为的主要对象，系统与环境系统的经济行为被视为一个统一的有机整体的内部关系和相互作用。这两个系统的运行不仅密切相关，而且各个子系统的组成部分紧密相关。同时，社会经济行为根植于人类社会发展的体系之中，研究它们之间的关系、功能和影响，有利于从整体上看待人类社会。从经济行为和环境影响的关系来看，在大框架内开发和加工研究，可以避免过去简单追求经济增长、不可持续的发展对环境的破坏。

在环境管理体系中，在按照一定的有规则的组合后产生一系列因素。在各分支机构管理体制协调的基础上，在达到保护环境的基础上，也能对人员的经济行为进行约束和管理。管理各类人员的社会经济行为是十分必要的。要想将现代经济可持续发展作为一项重大发展战略，真正实现经济发展的根本任务，就是要在人民的物质水平普遍提高的基础上，真正实现共同富裕。环境管理作为可持续发展的核心，可以为可持续发展目标提供重要支撑。从而看出，这些研究都是战略性的，如研究经济行为与环境响应的关系以及环境与发展战略等的关系。如果这些问题不能得到妥善处理，那么就会影响到经济、环境以及后代的发展。它把重点放在战略问题研究上，在判断经济行为对环境的影响时，可以从二者结合的角度出发，从全面、整体和长远性的角度上考虑，确保实现人类社会可持续发展的总体目标。而资源价值流转分析与环境管理学的理念一脉相承，正是为了实现可持续发展，故不断出现新的理论工具与实践手段，二者在理论基础与指导理念方面保持高度一致性。

3.1.4 工业生态学与工程流程学

生态工业在联合国工业与发展组织的定义下，是指企业最大限度上发展社会经济，而且还不破坏生态环境。产业生态学理论将传统产业的"资源 — 产品 — 废弃物"模式变成了"资源 — 产品 — 再生资源"模式，即废物循环利用，在这样的情况下，一家企业的废物可能会成为另一家企业的原材料，这样可以最大限度地使用资源，不仅节约资源，而且有利于资源循环利用。可以看出，工业生态学是从根本出发，而不是事后处理，实现了规模治理，达到了治理目的。工业生态学将系统分析作为重要方法，方法多种多样。其中，与本书相关的方法主要有工业代谢分析、物质减量化、生态效率。

由于产业生态学的学科形成历史不长，而且是一个生态、环境、能源、经济、信息技术、系统工程等多学科交叉的综合性学科，目前还在进一步提升中。之前提到的工业代谢分析、基于环境与经济评价的分析方法，如生态效率的协调发展，还处于地方实践领域的试点探索阶段，离最终的成果还有一段距离。

流程工程学作为近年来一门新兴起的学科，着力解决工程科学和技术方面的相关问题，主要研究在制造过程中物质和能量的转换。殷瑞钰院士等在冶金工艺、工程方面是行业的代表。殷院士针对包括产品成本和材料消耗、能源消耗、质量、生产效率、综合竞争力和市场"资源 — 能源可用性"投资效益在内的问题提供综合解决方案，注重制造业等现代冶金工艺的需要，提出环境、生态和谐、可持续发展等重大有前景的命题，在基础科学（如化学反应热力学和动力学等）、科学技术（如"三反"）等基础上，突破局限性，将冶炼过程中存在的不同程度上的制造问题按照规模大小进行讨论，大致概述了如何提高钢铁冶炼的效率和如何改善结构功能，取得了很大进展。

为了实现资源最优化的利用和废弃物的循环利用，可以采用资源价值流的分析工具，借鉴工程学领域的方法，评价循环经济的前景和水平，从而实现优化资金使用和扩大资源流通量的目标，工业生态学与工程流程学是这方面研究的主要理论。

3.1.5 环境会计学

20 世纪 80 年代以来，资本经济活动会计核算作为会计学科的主要研究对象，将其扩展到环境系统，就形成了环境会计学，是会计学的一个分支，由环境成本、环境负债和环境效益组成。这门学科主要适用于衡量企业的环保行为，包括确认、计量、记录和报告。具有企业经济效益和环境责任二者兼有的特点。在环境成本核算的基础上，环境会计已经扩展到环境管理领域，形成了环境管理会计。环境会计是会计学科与环境学科交叉的一门应用学科，也是环境经济学、环境管理学和会计学相结合的学科。因此，环境会计学是一门有自身特色的学科，它不仅包含了会计的基本要素，而且还吸收了其他学科的精华内容。

环境会计与资源价值流分析本质上就存在一定的联系，不仅体现在环境财务会计上，还体现在环境管理会计上，二者在研究对象、基础、研究假设和属性等方面都极度相似，而且二者的目标也是一致的。相比之下，资源价值流分析的视角和方法更加开放，不只研究如何在污染了环境之后进行治理，而且综合考虑了资源、环境与经济成果之间的综合协调关系。虽然环境会计在企业循环经济的发展和应用上还有待改善，但相关原则和方法在理论发展中的地位还是不可动摇的。如价值流分析应以会计货币理论为基础，"价值"这个概念仍然应根据会计学的概念来划分，以价值流程计算和分析为依据，设计参考流转成本核算原则这些都是重要的参考内容。特别是近年来，一种新兴的核算方式在德国和日本实行开来，即物料转移成本核算（MF-CA），这为资源转移成本和价值核算提供了方法。

3.2　资源价值流转分析的理论结构

3.2.1　基本假设及基本原则

基本假设又被称为假设（postulates）、假定（assumptions）、基本假定（fundmental assumptions）等。资源价值流转分析需着重考虑环境与生态资源稀缺性假设、最优良性循环评判假设、资源与环境价值及价值效用假设等方面的问题。

表 3 - 1　　　　　　　　　资源价值流转分析的基本假设

环境与生态资源稀缺性假设	目前能够被利用的资源无法满足人类需要。资源价值流分析正是基于上述前提条件，来研究企业资源消耗（资源输入、生产与加工、输出与循环）、环境负荷与经济绩效的内在逻辑关联，以达到资源节约、环境保护与绩效增长之目的。没有环境与生态资源稀缺性为前提，其研究基础便难以成立
最优良性循环评判假设	在最优的循环路线和数量条件下，企业经济价值最大，资源利用最高且环境损害最小。资源价值流分析以提高资源生产率、减少环境污染物排放、提升经济绩效为主要目标，要求在一定条件约束下尽可能考虑其经济性

续 表

资源与环境价值及价值效用假设	自然资源、环境资源还是生态资源,都是人类发展不可或缺的物质基础,可为人类带来直接或间接的经济利益。资源价值流分析的核心理念就是资源价值流转过程,只有先明确资源与环境价值及价值效用假设,才能确保资源价值流分析理论体系的建立

原则,即说话和行事的基本准绳。在资源价值流分析这一方面,目前仍无确定而又被一致认可的含义。依据资源价值流分析体系的理论基础,大体可以分为一般原则以及特殊原则。资源价值流分析的主要原则见表 3-2。

表 3-2 资源价值流转分析的基本原则

资源效率、环保效果与经济效益统筹协调原则	资源价值流分析不仅仅要对经济价值流动进行核算与监督,更要对资源物质流动与价值循环、环境污染与生态损害进行反映与控制
外部影响内部化原则	资源价值流分析需将企业外部的影响内部化,如外部环境成本内部化。不同于污染输出环节的特征,资源价值流转将需要更详细地将外部影响与产生外部影响的根源点一一对应并内部化
自然与环境资本原则	将外部自然资源与生态环境资本内部化后,企业从单一人造资本价值最大化的目标转变为自然资本与人造资本协调发展下的价值最大化目标
良性循环与和谐统一原则	资源价值流分析以和谐统一为基本原则,客观真实反映企业内部与企业间自然与实物资源的循环流动状况,从而更好地实现资源节约、环境负荷降低与经济效益增加之"三赢"目标

灵活性原则	资源价值流转这一新命题尚无明确的规则可以借鉴，故需遵从一定的灵活性原则，如资源价值流转信息披露的强制性与自愿性相结合的原则，就是灵活性的体现。此外，在企业内部资源管理与资源流转路线优化过程中，其相关评价与决策分析方法的选择和运用也要具有一定的灵活性

3.2.2　基本目标与基本对象

企业（或园区）固有的外部性问题很多，如工厂排放的气体污染物和噪声、电磁辐射对公众健康产生的影响，以及对农作物、森林等造成的危害，同时也对地球气候变暖等产生一定程度的影响。这种外部不经济性会使资源快速耗费掉，降低资源使用效率。在传统的生产方式中，一般企业在进行关乎经济结果的决策时会过于重视资金的使用过程以及投入的材料、人力等成本，从而忽视企业污染环境带来的成本。然而，这些投入都涉及市场价格，也就必然会受市场的约束，而环境资源是不会约束企业的，因此它们的资金、原材料等资源受到市场条件的约束、环境资源市价的约束。企业会为了获得更多的利润而将污染物排放到自然界，因而加大整个社会的成本。

循环经济资源价值分析是一种对循环经济进行决策和控制的活动和方法，它将货币作为基础来分析企业或者园区发生的价值位移，对其进行确认、计量、报告、分析和评价。"任何研究领域的起点都是提出研究界限和确定它的目标"，没有例外。资源价值流分析是为了进行循环经济资源流分析，这是它的起点。

　　资源环境对于传统经济来说是外生的因素，传统经济以追求最大化利润为目标，将资源作为无限多的前提条件，但是这样也会使环境遭到破坏。利用清洁生产技术、污染控制技术、节能降耗技术以及生物技术、生态学原理等来达到经济和环境以及物质流和价值流二者兼并增加的目的，这种方法可以满足决策有用观。

　　企业（或园区）资源价值流分析的首要作用是为国家提供宏观操控的信息，实现其管理和决策的职能，使市场效率更高，消除资源环境的外部性问题，而且对节约资源、促进资源循环利用以及废弃物再利用方面有益，促进"和谐生态"。除此之外，在微观层面还可以为企业加工、使用、消耗和无害化处置方面提供信息支持。在循环经济的条件下，在自然环境和环境系统中一直被传统经济划分成的垃圾，也要转变成内生因素，这使得那些逐利者将其计入生产成本中。这样看来，资源价值流分析是企业资源物流与价值流通管理信息系统的一种整合，它提供了资源流转变化的价值、资源循环路径决策信息系统的优化，体现了目标属性的"决策可用性"。

　　再者，资源价值流会计分析是责任信息系统的实施过程。企业（或园区）是社会经济活动的主体，一切经济活动产生的后果是所有人共同承担的，包括财富和负担；因此，作为经济活动的主体，企业（或园区）在资源转移过程中要对环境负责。这不仅关系到工业能源资源转换"委托与代理"关系，同时这还是能源资源的流通环节，与各个合同的结论与绩效机制有关：事前核算投入要素成本，事中考察违约行为，事后评估结果，据此总结其行为的变化。资源价值流分析体现了循环经济对资源有效利用的价值，"受托责任观"旨在做好废弃资源的环境负荷消减和环境保护工作。

3.2.3 主要内容

将园区循环经济困境作为问题起点，在资源价值流对物质能源流的作用的基础上，提出一种新兴学科——资源价值流分析，这门学科将资源科学、环境管理学、工业生态学、工程流程学和环境会计学结合起来，适用于企业和工业生态园。作为循环经济学研究的一个子学科或新领域，其基本构架及内容架如图 3 - 1 所示。其他学科涵盖不了的一些特殊问题，只有资源价值流分析能够解决，如内部资源流转的损失价值、外部环境损害价值显性化的实现、环境经营效率评价等。这些实质关乎"三高一低"园区（或企业）循环经济动力的具体问题研究，体现出资源价值流分析的应用价值，也是资源价值流分析需要研究的深层问题。

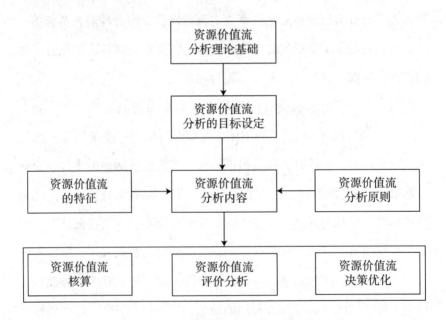

图 3 - 1   园区（企业）资源价值流分析的基本构架及内容

为使园区（或企业）循环经济能实现资源、环境与经济效益三者协调发展，最终完成能源/资源节约、环境负荷消减与经济价值增加的"共赢"目标，资源价值流分析主要研究资源价值流核算、资源价值流评价分析以及资源价值流决策优化。

（1）资源价值流核算。

现行的会计制度对园区（或企业）生产资源的有效使用价值和浪费成本没有明确划分，但园区（或企业）生产的成本和资源损失包含在产品成本中，不能满足循环经济决策和评价的需要。虽然环境会计可以内化企业（或园区）的外部环境，它只是局限于污染输出阶段，不能将外部环境内部化至影响整个园区（或企业）生产过程（原材料采购和运输、生产和废物处理）的具体环节。资源价值核算是基于物质和能量流的园区（或企业）的原材料和能源的流动成本、人力资源的输入、生态环境资源和其他资源的价值流动及其结构变化，使用资源转移资产的货币计量和价值的物理和化学测量单元来描述输入、输出值的平衡和结构之间关系的信息，以及管理园区（或企业）内部流程在不同的材料和能源转换、利用和浪费程度。

（2）资源价值流评价分析。

资源价值流评价分析在园区（或企业）资源价值流转系统中的定位十分关键，起着承上启下的作用。其既能评价园区（或企业）相关方案的实施效果，同时也为园区（或企业）环境和资源管理、循环经济发展提供决策依据和技术支持。显然，现代园区（或企业）面临着更严峻的环境束缚以及经济压力，园区（或企业）包括通过整个生产过程中不同计量单位、资源投入和产出的物质和价值的统一，以及资源价值流转与循环链条的分割、组合与优化等。上述情况的存在使得很多现有评价方法难以直接应用于企业资源价值流转的评价分析之中。因此，有必要结合园区（或企业）资源价值流转特征，集成相关技术与方法，构建园区（或企业）资源价值流转评价分析体系框架。

（3）资源价值流决策优化。

现行系统在信息流动的价值前后，难以跟踪和反映循环经济的实施，园区（或企业）实施循环经济，以提高资源生产率，减少污染物排放，结果不尽如人意，可能会出现期望的结果，或者相反的结果：一方面，资源的循环利用会增加加工的程度，其经济附加值或利润将会增加；另一方面，由于技术和经济合理性的限制，过高的封闭循环将显著增加生产成本，并降低利润率。因此，这意味着园区（或企业）开展循环经济可能会导致"不经济"的结果发生，这就需要采用资源价值流决策优化的手段去完善之前的方案，而不是在实施方案或者进行评价后戛然而止。根据相关的评价结果，选择适当的方法对园区（企业）生产过程进行决策，然后选择更优化的方案，以满足园区（或企业）开展循环经济的要求。

资源价值流分析是以园区（或企业）可持续发展为目标，对资源流转的物量和价值进行确认和测量外部环境破坏损失的价值，并最终形成以物量和货币单位相统一为特征的内部和外部的报告信息系统。一方面，资源价值流分析是为了促进园区（或企业）的环境管理、管理资源流动成本和环境绩效。越来越严格的空气污染物排放标准和《循环经济促进法》的实施，促使资源价值流分析在传统学科的基础上，引入环境和资源循环物质流分析方法，在园区里（包括企业）管理环境保护活动，分析循环经济资源流转的成本和效益，然后通过循环经济的科学决策，加强环境保护活动的成本效率。另一方面，将资源价值流分析的结果报告给投资者、债权人、贸易伙伴、非政府组织、公众等。在园区（或企业）外，用一种特殊的"环境管理报告"或"财务报告"披露材料流、资源流成本、环境风险（环境负债、财务重要环境成本）和环境影响。因此，对充当管理功能中的资源价值流的分析，对外发挥了沟通协调的作用，致力于实施内部控制的同时对其他利益相关者负责，最终调动一切可以调动的力量实现企业经济效益、环境效益以及社会效益共赢的局面。

3.3   资源价值流转分析的方法体系构筑

3.3.1   构建思路

本书将企业组织分为两大层次：一是企业内部；二是企业之间。其中，企业内部的组织层面又分为生产线/工艺流程、分公司/分厂以及总公司/企业集团三个层面；企业间的组织层面又分两两企业、基于工业（产业）共生的企业链以及基于工业（产业）共生的企业网三个层面。围绕资源价值流分析的职能，可将方法体系展开为三个维度，即核算、评价及决策优化，具体方法有二十多种，下面就部分方法展开叙述（见表 3 - 3）。

表 3 – 3　　　　　　　　　资源价值流分析的方法（部分）

企业组织层面	内部资源价值流转成本分析	外部环境损害成本方法体系	资源内部损失—外部损失方法体系	计算机程序分析与评价	AHP与多层次评价分析	投入产出分析方法	资源生产性与环境效率性评价	DEA效率评价分析方法	工业总产值、增加值分析方法	碳流分析与能值分析方法	资源价值流转方程式方法体系	产业、社会关联的资源流价值分析	生命周期成本分析	绿色供应链成本管理	资源流转成本分析
生产线	△			△											
分公司	△			△			△								△
总公司	△			○	△	△	△	△	△	△	△	○			△
两两企业	△			○			△		△	△	△	△	△		△
企业链	○			○				△	△	△	△	△	△		△
企业网	○			○		△			△	△	△	△	△		△
维度	核算			评价分析					决策优化						

注：△——可用，并经应用计算；○——可用，但未经应用计算。

3.3.2　资源价值流核算方法

　　资源价值流转的计算方法包括环境成本（内部化）核算、二元核算和分析模型：内部资源价值的损失—外部环境损害价值的融合。内部资源转移的价值是基于生产过程中资源的流动，描绘变化的价值资源在生产经营的过程中的动态价值范畴，主要包括两个部分：有效的使用价值和资源价值的损失。前者主要以输出企业的合格产品形式存在，而后者通过废弃物形态对企业的经济效益进行侵占，同时也会造成环境破坏值。通过内部资源转移价值会计模型，可以计算出有效的使用价值（积极的产品成本）和资源转移的价值损失（负制品成本），从而阐明资源的损失值和比例，并有助于分析和评估内部资源循环的效率、回收的效率和环境效率，然后提供一个理论依据进行企业循环经济的综合评价。内部资源价值转移成本方法体系适用于企业内部层次。

3.3.3　资源价值流转评价分析方法

目前，国内外对资源价值流转评价与分析的研究非常活跃，也取得了众多成果，比如生态效率评价、DEA 效率评价分析等。

（1）AHP 与多层次评价分析方法：AHP（层次分析法）所拥有的"树"状特征不仅为资源价值流转的三种关联提供了"结构"基础，而且可以与客观分析相结合，从而提高指数权重的客观性。循环经济价值流转评价的流程如下：先确定评价对象，再针对该评价对象进行详细分析，然后选择功能集，再通过构建相关原则建立一般评价指标体系，这些指标体系的选择要尽可能具体且能够量化。然后选择正确、科学的评价方法，根据已确定的循环经济评价标准，对评价对象做出评价，并给予相关建议，最后制定发展对策。

（2）生态效率评价方法：总的来说，研究人员将产品或服务的价值与环境负荷的比值定义为生态效率。也就是说，要评估一个单位的环境负担，创造出多少的价值。通过生态效率评价可较全面地对企业循环经济活动开展的成效进行评价，此方法较多用于企业内部的资源价值流转评价。

（3）DEA 效率评价分析方法：数据包络分析方法，是著名运筹学家 A. Charnes 和 W. W. Cooper 等学者提出的一种新的效率评价方法。数据包络分析是基于相对效率的概念，以优化为主要方法，用数学规划的主要工具，根据多指标投入和多指标产出数据对相同类型的部门进行相对有效性或效益评价的一种方法，该方法通过建立规划模型来达到对决策单元进行评价之目的。以工业共生为基础的企业可以利用这一方法，以科学可靠的数据来评价循环经济活动的开展。

（4）资源流转综合评价体系：基于产业共生的资源价值分布的综合评价与企业内部资源价值循环的综合评价体系不同，其在后者的基础上考虑了环境效率、生态效率和资源价值流效率等因素，比后者更全面、科学。其评价过程与企业内部的资源价值流转综合评价大体一致。此方法适用范围较广，可适用于企业内部、企业间等不同层面。

（5）投入产出分析方法。投入产出分析方法利用数学模型分析初始输入、中间输入、总输入、中间产物、最终产品和总输出之间的关系。该模型的核心是列昂蒂夫逆矩阵，它揭示了系统中各种物质的输入和输出。此方法适用范围较广，可适用于企业内部、企业间等不同层面。

（6）生命周期评估：对产品的整个生命周期的评估。产品的整个生命周期评估包括：原料提取加工，产品制造，运输和销售，产品使用，重复使用和维护，以及废物回收和最终废物处理。生命周期评价是一种有效的评价分析工具，通过评价步骤的标准化，能使该评价方法超越地域界线，因而得到广泛的推广应用。

3.3.4　资源价值流转决策优化分析方法

（1）工业代谢分析方法。此方法是解决出现问题的过程中企业资源循环和循环经济的发展，通过结构功能的分析、反馈函数分析和经济效益分析，找出企业资源转移系统，以帮助决策者采取措施确保经济、环境和社会效益，也就是说，这是资源价值的真正价值转移决策优化。该方法用于企业间以及基于工业共生的企业资源价值流转决策优化。

（2）碳流分析与能值分析方法。碳排放分类，根据碳排放源可分为物质碳排放和能源碳排放，发生场所可分为直接碳排放和间接碳排放。碳流分析是通过建立相应的碳流系统边界，从能量和物质平衡方程的系统边界分析，推导出碳排放计算模型，并最终为企业循环经济决策和优化的发展提供依据。

而能值分析是对社会经济生态系统结构和功能的定量分析。通过能量转换率和能值货币比值，得出循环经济决策分析和优化的价值。以上两种方法均适用于企业间以及基于工业共生的企业资源价值流转决策优化。

（3）工业增加值分析。工业增加值是指企业在生产过程中新创造的价值，是某一时期货币的表现，是工业生产活动的最终结果。工业增加值反映了企业在一定时期内新创造的价值，在整个社会不允许重复计算。此方法更适用于企业间以及基于工业共生的企业资源价值流转决策优化。

（4）物质流分析。物质流分析方法，分析材料流通道和强度的体系，定量分析各种服务的生态系统。通过物质流分析的方法，可以明确企业生产过程中的物料流向和具体变化，并对企业的循环经济活动进行决策和优化。该方法大多应用于企业间以及基于工业共生的企业资源价值流转决策优化。

（5）价值量分析。价值量分析是环境与国民经济核算体系的整合，从生态系统的货币价值角度出发，为定量分析提供服务。该方法的结果是货币价值，可以比较同一生态系统的不同服务，比较不同生态系统的相同服务，并具有明显的感知，结果可以引起足够的关注。

（6）PDCA 决策分析方法。PDCA 周期是一个综合质量管理应遵循科学的过程，其工作流程是 P（Plan）——计划；D（Do）——执行；C（Check）——检查；A（Action）——处理，总结检查的结果，成功的经验加以肯定并适当推广、标准化；失败的教训加以总结，没有解决的问题放在下一个 PDCA 循环中。

3.4 资源物质流分析与价值流分析对接研究

3.4.1 物质流分析的概念、框架与方法

3.4.1.1 物质流分析的基本概念

物质流分析是指在采掘、生产、转化、消耗、回收等材料中使用物理单位（通常是 t），直到最终处理。分析的物质包括化学元素、原材料和产品。材料流分析的基本要素包括"材料""过程""库存"和"流动"四个方面。物质流动通常包括基于产品或原材料供应关系的正向流动、废物产品的流动，基于废物回收的反向流动，最终废物的处理流动，对环境排放的消耗的过程，以及贸易进出口的流动。通过物质流分析，可以追踪到一系列生产或消费活动中所耗用的物质量，具体框架如图 3 - 2 所示。

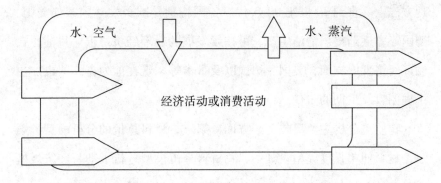

经济活动或消费活动

图 3 – 2　物质流分析原理

3.4.1.2　物质流分析的理论框架

循环经济物质流分析的相关理论渊源包括如下四个内容：（1）可持续发展。"可持续发展"的概念最早是在 20 世纪 80 年代被正式提出来的。1987 年，《我们共同的未来》报告中对可持续发展思想进行了阐述，并且这种定义得到了广泛的认可。可持续发展是一个既满足人民需求又能满足子孙后代需求的发展。（2）环境科学。环境科学是现代社会经济和科学发展过程中形成的一门综合性学科。它是人类社会发展与环境演进（结构与状态）相互作用的研究，是人类社会的进化和可持续发展，也是科学的环境方式和方法。（3）生态经济。生态经济将焦点凝聚在社会经济发展同自然资源和生态环境的关系方面，强调的是在生态系统承载能力范围内，改变生产和消费方式，挖掘一切可以利用的资源潜力，以达到发展一些经济发达、生态高效的产业，建设体制合理、社会和谐的文化以及生态健康、景观适宜的环境的目的。（4）循环经济。20 世纪 60 年代，美国经济学家肯尼思·鲍尔丁提出的"宇宙飞船理论"，这被看作循环经济思想的萌芽，但当时人们并没有对此进行关注，反而是把焦点凝聚在环境保护的末端治理方法上。直到 20 世纪 90 年代，各国特别是欧美发达国家如美国、德国等才逐渐提出清洁生产、可持续发展的循环经济之道。目前，在循环经济发展方面，美国、德国以及日本等国走在前列，我国也加快了提倡以及贯彻的步伐。

物质流分析主要反映两个方面：第一，材料总量的分析模型；第二，材料使用强度模型。其中，总材料分析模型分析了某一经济规模所需要的总材料投入、消费和总流通。材料强度模型主要关注在一定生产或消费规模强度下材料的使用强度、消耗强度和物料循环。

人类所处的自然生态环境在很大程度上受到经济系统内自然资源和物质消耗数量与质量的影响，其极易造成对环境的扰动，进而引起环境退化或破坏。由于每一种物质都对环境有一定的压力，因此可以假定物质的任何增加都会导致环境压力的增加。如果关注的是来自经济系统的输入、输出和资源，可以减少社会（社会经济系统）所产生的压力和环境负荷。物质流分析从实物的质量出发，通过追踪人类开发和利用自然资源和材料，研究可持续发展的问题，也就是说，通过自然资源和材料开发、生产、转让、消费、回收、废物和其他进程的分析，可以找到各种资源和不同行业的材料的能量流模式和效率，揭示材料在一个特定区域的流动特性和转换效率，找到环境压力的直接来源，并在此基础上，制定中国物质循环利用和静脉产业发展的相关政策。物质流分析是循环经济建设的基本工作。在循环经济建设政策的发展过程中，循环经济的实施过程和评价必须参考材料流分析的结果。物质流动分析可为国家或产业循环经济建设提供政策支持，为企业循环经济建设提供决策依据。目前，中国高度重视循环经济的发展，全国循环经济的发展十分活跃。因此，材料流分析研究具有重要的意义，可以促进循环经济研究的发展。

3.4.1.3　物质流分析的方法体系

有两种主要的物质流分析方法。第一种是中国工程院院士、东北大学陆钟武教授结合钢铁工业废钢资源等问题的研究，提出了具有"时间"概念的物质流分析方法——跟踪观察物质流分析法；第二种是对物质流分析的固定观测。

跟踪方法的特点是从产品生命周期（如铁矿石和其他自然铁资源）的起点开始跟踪过程，一直跟踪到产品生命周期（如废钢产品）结束（如图3-3所示）。

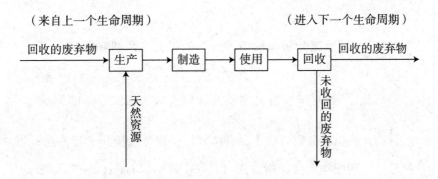

图 3-3　跟踪观察物质流

物质流分析的定点观测，是指在物质流的生命周期中对产品的研究，在某一节中选定物质流，作为观察区；然后在物质流的变化范围内进行调整；在这段时间内，即为不同阶段的流入和相关物质量分析方法的生命周期内（如图3-4所示）。固定观测法的特点是，在某一段时间内观察产品的材料流动（如1年），这是一种不连续的分析方法，只能分析稳态材料的流动。物质流分析的定点观测是一种静态分析方法。

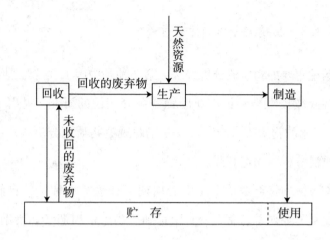

图 3 - 4　定点观察物质流

3.4.2　物质流分析与价值流分析的相互作用机制研究

3.4.2.1　物质流分析的发展历程以及对价值流分析的影响

目前，物质流分析方法主要有两种：一种是存量与流量方法；另一种是经济系统物质流分析方法（EW – MFA, Economy – Wide Material Flow Analysis），后者已经趋向国际化。但就金属元素的物质流分析研究而言，适用的方法是存量与流量方法而不是 EW – MFA。

我国进行的国家层次物质流分析主要是借鉴美国、日本、德国、荷兰及奥地利等国物质流分析的经验。东北大学陆钟武院士将其归纳为四种物流，并以此为基础开展了物质流分析方面的研究，提出了两种物质流分析方法：一种被称为元素流分析（SFA），主要研究某种特定的物质流；另一种被称为 Bulk – MFA，它主要关注物质流入和流出，物质进入国民经济体系，并引入相应的物质流分析模型。此外，也有相关学者对钢铁生产的材料流分析进行了研究。随着铁元素在生产过程中的流动，以及其他各种物质，根据质量守恒原理，进行输入和输出分析。

根据上述发展历程，不难发现国外对物质流分析的研究较为深入、全面，研究者主要是从宏观、中观和微观三个层面展开研究。其中，就国外研究来看，对宏观和中观层面的研究较为关注，微观层面的成果则相对较为稀少；而我国在宏观以及中观方面的研究较少，微观层面的研究成果较多。物质流分析方法无疑为我国循环经济的发展奠定了理论分析基础，也为企业的可持续发展提供了强有力的分析工具。因此，对于我国国情而言，如何在现有成果上整合宏观、中观以及微观层面的循环经济物质流分析理论已迫在眉睫。

3.4.2.2　价值流分析的构筑逻辑与原理

从资源的纵向流动理论出发，我们可以看到，在初始资源进入企业之后，物质形态逐渐与生产过程一起流动，而一些资源流在企业内部被循环利用和重用。输出新的资源形式：产品和废物。

资源作为价值循环的载体，在企业内部流动，将形成资源的流动与相应的流动路径之间的关系价值的逻辑关系，即资源的物质流动和流动线的价值。在资源的物质循环路径基础上，结合资源科学垂直资源循环的"渐进性"成本计算原则，建立了基于物质流的资源价值分析模型，即资源流分析模式的二元结构。其他绝大部分物质通过产品、废弃物等新的资源形态予以输出。

依据循环经济 3R 原则可知，企业发展循环经济，其实质就是资源的有效管理和价值优化活动。资源流二元结构分析方法可为企业的资源节约、环境负荷降低以及资源价值流转优化提供详细数据与信息支持，主要表现在以下两个方面：

首先，通过对资源的物质流分析，可以清晰追踪和反馈企业或园区从资源输入、资源消耗或再循环、直到资源或产品输出全过程中所有物质的实物数量与相关形态信息；

其次，通过对资源的价值流分析，可在资源实物流向信息的基础上，从成本或价值角度解析企业或园区内部流程每一环节的资源实物流量，形成资源价值流。

资源流双结构分析方法可以提供企业资源转移更完整、更详细的数据分析，并指出资源价值分析系统的逻辑线。在此基础上构建的企业资源价值流转评价与分析体系，可更全面、更有效地评估企业的资源流转与循环经济发展状况，并为企业资源、环境与财务管理决策提供全面的数据支持。

3.4.3 价值流分析的概念框架与结构转换

3.4.3.1 价值流分析的基本概念框架

作为一种以环境战略为导向、以企业可持续发展为目标的分析方法，资源价值流分析有着自己独特的核算体系和评价模式。因此，其现行的物质流分析体系的概念结构及数据基础等需要进行转换和重构才能应用于资源价值流分析体系之中。从另一个角度看，资源价值流分析的概念结构经过分解与转换，也应与现行物质流价值分析系统相连接。其中，概念框架的系统对接如下：

（1）资源价值概念的建立。在物质流分析体系中，无资源价值的确切概念。一般地，从投入角度看，物质流分析体系的资源输入价值就是材料流转成本（原料、能源转移价值）、人工成本以及制造费用之和；从产出角度看，物质流分析体系的资源产品价值就是完工产品的成本（含废品损失）与相关利润或税收之和。

（2）资源价值概念的细分。这里将资源价值划分为资源使用价值、浪费损失价值、环境破坏价值和资源附加值。

（3）资源流转成本概念的提出与细分。从企业内部管理角度看，资源价值流分析的核心在于资源流转成本计算、归集与分配，故资源价值流分析之企业资源流转成本系统与物质流成本系统的概念协调十分重要。

（4）资源价值流与资源流价值的概念区分。资源价值流反映的是一种或几种资源在物质流转过程中所伴随的动态价值概念，归属于流量范畴；而资源流价值（资源流转价值）反映的是一种或几种资源在物质流转过程中某个节点或环节所对应的静态价值概念，归属于存量范畴。

3.4.3.2 价值流分析的结构转换

"物质流—价值流"的二维分析模型可分为两部分：过程系统和标准系统，然后再细分为物质流过程、价值流过程、物质流标准和价值流标准系统。过程系统整体描述物质流、价值流在企业或工业生态园等不同层面的全部过程流转状态，具体涵盖若干个加工步骤（班组、车间、分厂等）的物质、能量及成本的传递或转换，以及各加工步骤的串、并联作业相互衔接过程中的物质流动、价值流动状况。标准系统主要是数量价值流、质量价值流、流量价值流、附加值、输出值、计算单元等的内容和方法的组合，主要是对该安排结构的处理步骤（或节点、材料中心）的分析。它是作为一个单元的处理步骤（或中心），分出计算和分析的范围，通过输入和输出材料和成本、输出值，设置相关的计算、分析和评价方法来确定流程，然后指导各种工作操作。

3.4.4　价值流分析的核算系统对接与报告体系设计

3.4.4.1　价值流分析与物质流分析系统的无缝对接分析

由前可知，资源价值流分析的实践应用必须依赖于物质流分析的信息收集、数据处理与核算，否则，资源价值流分析难以应用于实务操作，故资源价值流分析与物质流分析的系统对接十分重要，其关键点在于连接点与差异点分析。通过对比分析可知，两者在研究主体、信息和资料获取途径以及信息处理流程上是基本一致的，其他方面虽存在一定差异，但并非完全不相关或完全不同，两者在学科基础、研究内容、基本假设、基本原则上存在部分一致性，故物质流分析系统中的部分要素、分析方法可直接为资源价值流分析所用，比如通用基本假设与基本原则，相关成本核算、归集与分配方法等。因此，企业若实施物质流分析系统，其形成的信息基础与数据结构可更有效地应用在资源价值流分析体系中。

系统对接与设计的基本原则是：（1）资源价值流分析系统所需要的相关信息、数据、技术以及方法，若物质流分析系统能够予以提供，则通过物质流分析系统直接获取，无须改造或扩展；（2）若物质流分析系统不能提供或无法提供，则进一步分析环境会计或资源会计等系统能否提供，如果能提供，则直接借鉴或在改进后采用；（3）如果皆不能提供，则需要研究者通过自主创新，或者集成资源、环境、工程等其他学科的基本理论与方法予以解决。值得指出的是，详细地分析物质流分析或环境管理系统的不足也十分必要，通过发现其短缺之处，进行相应的完善、补充、扩展与创新，即可应用于资源价值流分析体系之中。

系统对接与框架设计思路的六大要点表征为：（1）基本概念结构的转换；（2）数据与信息基础的对接与扩展；（3）核算程序、方法体系的借鉴与扩展；（4）信息披露与报告模式的对接与设计；（5）评价分析与决策优化模型构建；（6）循环管理与应用模式。基于 PDCA 循环管理思想，集成资源价值流分析的数据处理、价值核算、信息披露、评价分析、优化决策等相关核心职能，构建其独特的循环应用模式。

3.4.4.2 价值流分析的报告体系设计

由于资源价值流转核算系统的数据与信息输入量、输出量较大，且相关信息繁杂无序，若不加以整理，则难以形成决策相关性之信息。因此，根据复杂性、重要性和表达式的数据类型和信息输出，资源价值的信息披露和报告模型流分析主要包括资源价值转移图、资源流动值（成本）结果分析表、具体对象的资源的价值流动（成本）报告及相关情况这四个类别。

（1）资源价值流转图。资源价值流转图反映了资源价值和流动价值的内部分布过程中的资源。通过这种方式，通过资源价值流转图，可以清楚地了解真正的资源和资金数据，包括资源输入、消费和流通、输出和库存数据，导致环境污染、废物排放和相应的外部生态环境的价值损失。根据管理和决策的需要，资源价值映射的流程可以简化，也可以改进。简化资源流程图只反映业务过程中最重要的数据和信息，例如主要的资源转移成本（主要的材料和能源成本）、资源的有效利用、损失的价值等。细化资源流程图不仅可以反映主要资源和能源循环的价值，而且可以反映系统的成本、运输和废物处理的成本、外部环境破坏的价值，以及资源和能源的流转价值。

（2）资源流转价值（成本）结果表或分析表。该表主要是依据物量中心的不同将资源价值（成本）类型与输出资源形态相比较。其中，物量中心有生产工序、生产线或生产车间、分公司或分厂、总公司等不同层面的设置依据及标准；价值类型包括有效利用价值、损失价值、环境损害价值以及流转附加价值；成本类型包括材料与能源成本、系统成本、运输与废弃物处置成本；输出资源形态主要有正制品（产成品、在产品、半成品等）、负制品等。由此可知，资源流转价值（成本）结果表反映企业资源流转中，工序或物量中心的资源价值配置状况，此外，还可进一步增强该表的分析功能，提供更为细致有效的信息；或者单独在下方设置运输与废弃物处置成本、环境外部损害价值等信息栏，以示特殊项目的重点突出之意。

（3）特定对象的资源传输值（成本）报告。该报告主要针对企业资源或环境管理中的具体部门，循环经济决策提供信息支持。它通常是在筛选、压缩、细分、提取所需信息以重新组合和扩展的两种类型的报告中。报告可以是一个基本单位或单元（如物量中心或成本中心），也可以是一些具有类似物理位置或类似特征的物理中心，可以将其集成到一个大容量中心进行信息披露。根据企业层次的不同组织结构，也可用于特定对象的流程、生产线、生产车间、分支和其他特定方面的报告或披露。

（4）相关的资料。这些指令主要揭示了与公司资源流动有关的其他信息，或者不能被记录在三种类型的信息披露中的信息。例如，资源损失的具体类型、数量和成本。此外，信息还可以包括：生产和经营活动的描述；环境保护、环境认证；清洁生产、循环经济和可持续发展战略的发展和实施。此外，不同的披露或报告格式可能针对信息披露内容或对象不同的情况而设计。

第二篇　企业整体

第4章 工业生态园区企业资源价值流转分析体系构建

4.1 基本框架

传统经济系统把资源环境看作外生变量，基于自然资源和环境容量无限供给的假设，经济人的逐利行为在追求自身经济价值的最大化目标的同时，常以大量消耗资源和牺牲环境为代价。工业生态园区企业低碳经济的目标旨在通过清洁生产技术、污染控制技术、节能降耗技术以及生物技术、生态学原理在循环经济中的应用等实现经济价值与资源环境价值同步增长，价值流与物质流的有机耦合。工业生态园资源价值流分析是反映和控制资源价值循环过程和资源生态循环所导致的结果的一种管理活动。其目的是为资源价值信息的使用者提供准确、及时、有效的信息，这有利于做出决策，有利于全面提高生态效益和经济效益。

为实现工业生态园及园区企业资源能源节约、环境负荷减少和经济价值增长的"三赢"目标，故园区企业资源价值流的主要研究内容包括：

（1）园区企业资源价值流转核算体系研究。以物质流分析为基础，描绘园区每一个企业的资源流转路线，借鉴会计及经济核算方法，据此对企业资源（包括水、电、蒸汽等能源）价值输入与输出（涵盖 CO_2 等废弃物）进行核算。然后，依据企业层面的资源价值流转情况，汇总描绘园区企业的资源价值输入与输出情况。

（2）园区企业资源价值流转评价与分析体系研究。以园区企业的资源消耗、环境保护以及经济效益三方面相互协调为基础，根据园区企业生产特征及行业特点，分别从企业的"入口""消耗与循环"和"出口"三个环节选取评价指标，建立企业资源价值流转综合评价指标体系以及"资源效率—经济效率—环境效率"一体化评价体系，进行定量评价分析。为工业生态园企业结构调整与升级，构建低碳经济背景下园区企业资源价值流评价分析体系。

（3）园区企业资源价值流决策与优化模式研究。以园区企业资源价值流转、物质流分析及上述之理论为基础，通过对工业生态园企业资源的"入口""消耗与循环"和"出口"三个环节的资源综合利用、能源梯级利用、资产充分利用、废物再利用（资源再生）的评价分析，构建园区企业低碳经济、循环经济发展新路径和资源价值流转决策优化模式，选择的方法是 PDCA 循环模式，建立优化决策的四大基本阶段，为园区企业资源环境管理及物质流转路线优化提供依据。

4.2　工业生态园区企业资源价值流转核算

4.2.1　与传统成本核算比较

4.2.1.1　与传统会计成本核算比较

在循环经济发展模式下，传统会计成本核算系统存在两大缺陷。

其一，企业循环经济活动以企业内部资源/能源节约和废弃物减排为目标，需要会计系统能提供企业资源有效利用、废弃损失与外部环境损害信息，并可据此进行经济评价和对比分析，现行会计或环境会计系统难以满足。

其二，企业循环经济要求在资源与环境约束的前提下尽可能考虑其经济性。过短或过长的流程，以及过高或过低的循环闭路，皆难以达到循环经济的原本目的，因此，需要进行评价和分析，以确定最优线路或方案。显然，现行成本核算模式无法满足循环经济评价的要求。

如图 4-1 所示，传统会计成本核算模式难以满足企业循环经济与可持续发展战略需求。因此，在原有会计系统基础上，构建一种能适应企业循环经济与可持续发展要求的新型会计理论体系已势在必行。这一种新的会计体系需在现行会计体系基础上，对理论基础、理论假设、研究内容、研究方法以及研究对象等方面进行扩展。该扩展的内容包括：（1）提供与物料流动路线相匹配的价值流流程图，以反映不同工艺时间、生产工艺、生产线和工业生态园区的价值流和数值价值；（2）提供资源投入和生产价值的价值，有效利用资源和浪费的经济价值和其他环境损害数据；（3）对循环经济改善前后的价值流进行经济评价；（4）在循环经济改善后，建立不同材料中心的价值流的标准控制图。

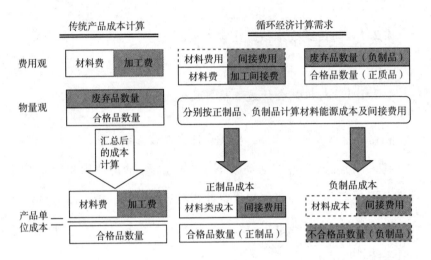

图 4-1　传统产品成本核算与循环经济核算的需求差异

资料来源：肖序：《环境成本管理论》，中国财政经济出版社 2006 年版，第 78—88 页。

4.2.1.2　资源价值流转核算原理与功能定位

在工业企业的生产过程中，不仅要生产合格的产品，而且不能将不合格的产品和废物排到外部世界。传统的成本核算体系包括所有的资源、能源和其他成本，包括合格产品、不合格产品（包括废物、返回修理的产品等），而浪费的价值则没有考虑在内。在循环经济的推行之后，原来被认为没有价值的废物变成了具有可回收利用价值的资源。资源价值转移计算是以材料生产、能源投入、生产、消费和转换为产品流管理理论的基础，从渐进式的结转方法的成本，跟踪资源的物理变化提供资源，整个过程的规模和价值信息的核算。在生产过程中，资源价值转移计算可以同时跟踪每个工序的最终产品和废弃物的轨迹。在这些产品中，最终的消费产品或进入下一阶段的半成品称为"真正的产品"，浪费的被称为"消极产品"。同时，它将企业内部资源流转划分成若干环节，其原理如图 4 - 2 所示。

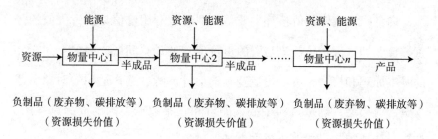

图 4 - 2　资源流转核算原理

从图 4 - 2 中，我们可以看到，在生产或制造过程分为几个材料中心根据资源流动平衡的原则（原料 + 新的输入 = 输出正产品 + 输出负制品），资源价值循环计算，根据材料、能源在不同体积中心（合格产品）和消极的产品成本（浪费）每个产品成本中心输出。它计算了数量上的资源投入、消耗和丢弃生产过程的流程信息和库存信息。它在生产过程中跟踪运动轨迹的资源，反映了数量和负面的价值比产品和积极的产品，深度分析其成本结构，从而发现产品对象潜在的改善联系，为正制品比率和资源回收效率提供决策信息。

因此，资源价值转移会计的主要思想是：（1）根据产出流计算出投入资源的价值，计算出产品的成本。（2）用材料成本的价值的"逐步结转"来确定每个环节的价值。（3）除了直接成本价值的材料、燃料等，间接成本如劳动力、折旧等是根据输出的比例来划分积极的产品和消极的产品，以及整个过程的间接成本是明确定义的。体现了完全成本分类会计的原则，这是基于投入与产出之间的因果关系。

4.2.2 工业生态园区企业资源价值流核算模型与方法

4.2.2.1 内部资源流转价值核算程序

内部资源流转价值核算主要是资源有效利用价值与损失价值的分别核算，即资源正价值流与资源负价值流的计算问题。根据上述会计的基本原理和模型，可以构造基本的会计流程：选择适用的对象，建立资源流模型，确定材料中心，测量和收集数据，画出资源流程图，使用价值流程图，建立价值流会计模型等。

根据生产流程选择适用的对象，以确定某个范围或产品作为价值流的计算对象。然后，构建一个资源传输模型来确定材料中心。材料中心的确定，根据生产过程的不同方面，选择一个或多个连接来建造资源流转的中心。建设资源转移模型和测定体积中心，需要考虑相关的标准和方法：体积中心设置标准、输入原材料标准、能源类别标准、成本分类标准、合格产品和废物和污染物标准、流程标准、主要金属（元素）综合平衡表标准、输入和输出消耗系数标准。

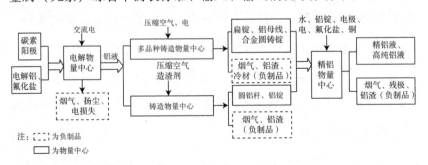

图 4 - 3   资源流转模型与物量中心的确定

　　结果表明，多品种铸造工艺具有最大的能耗和较高的浪费率，因此被认为是提高加工工艺和材料中心的关键，而其他相对较小的加工工艺则组合成一个中心。另外，设备的折旧程度也不能忽视，对一些由于设备的原因造成的浪费应该根据不同设备的情况，作为一个过程的材料中心细分。该工厂最终将其生产线分成四个质量中心：电解中心、铸造中心、多物种铸造中心和精细的铝质中心。

　　数据测量和采集是基于输入体积的每个材料中心的资源流模型和材料的损耗，根据现场测量来确定和收集。数据可以用两种方式来衡量：第一，使用统计管理表来确定记录的数据管理表，作为原始文档的度量；第二，在实地进行物量测量的方法，通过实际测量确定。为了克服机会因素，确定周期一般为一个月。收集数据的范围和方法如下：过程中的金属元素输入和输出数据采集，生产数量、利用率和收集的数据量，材料中心的数据收集，资源价格数据的收集，收集和分发方法的中心。

　　资源转移价值会计模型的关键是资源转移成本会计。根据流量表数据量，和单位价格相乘，可以获得资源转移结果的成本。资源转移成本可分为物质成本、制造成本和能源成本。物质成本：主要材料、辅助材料等。制造成本：劳动力成本、设备折旧及相关制造成本；能源成本：电力、水、气、蒸汽和其他费用。结果可以画为资源价值流程图，也可以列为资源详细成本计算表（根据物质成本、能源成本分解）、资源转移成本计算表和资源损失成本计算表（根据材料中心分解）。

　　此外，需注意的是，如果企业规模较小，不具备健全的 ERP 系统或大型数据核算系统或技术，则上述资源价值流转核算模型与方法较适用于单一生产线或产品线。在单一核算系统中，可大大减少工作量，提高工作效率；同时设计改进方案时更有针对性；也可以避免因产品品种过多带来的人工费和设备折旧费等间接费用。

4.2.2.2 外部环境损害价值核算模型

环境影响的外部损害价值核算的困难在于测定单位损失系数，这是由于环境影响的外部损害价值包括许多潜在的环境因素，没有交易市场，很难赚钱。随着环境工程、环境经济学、环境会计和环境影响评估等学科的发展，它的货币化测量已经取得了一系列新的突破，如排放交易、土地污染控制成本已被认定为可衡量的货币。具体地说，例如，日本开发了 LIME、JEPIX、MAC 三种环境损害系数，荷兰有生态指标 99 系数，瑞典有 EPS，欧盟有外识别系数值。下面以日本典型的环境损失系数为例具体说明。

（1）基于端点模型的生命周期影响评估方法（LIME，Life – cycle Impact assessment Method based on Endpoint modeling）。该方法是由联合产业技术研究所生命周期评估研究中心和 LCA 项目一起开发的，也被称为日本版的计算环境影响损失评价方法。基本的会计思想是：收集公共端点中不同类型的环境负荷物质造成的人类健康损害，并考虑在该指标合并时各端点的重要性，将其转化为货币价值来评估它。

LIME 通过结合法以及 AHP 法确定各端点之间的重要性清单，可以恰当地反映社会性的选择偏好。先计算好特性化系数、损害系数和三种合并系数。其基本原理结构如图 4 – 4 所示。

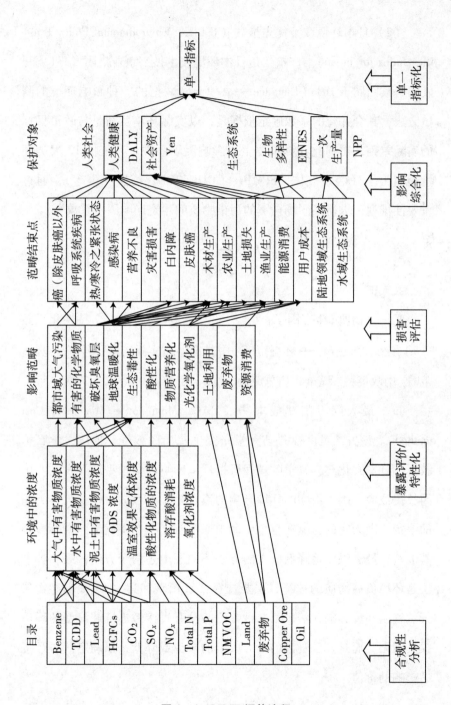

图 4 - 4　LIME 评估流程

（2）日本环境政策优先指数（JEPIX，Environmental Policy Priorities Index for Japan）。该指数是日本环境技术振兴事业集团（JST）开发的，其归属于 DtT（Distance – to – Target）型的一种影响环境的测试方法，其合并化的系数确定依据是，以实际环境负荷量与政策目标的实际差距，再据此计算单位生态影响因子系数。其依据 12 大类环境影响因子（温室气体、SPM10、COD、BOD、道路噪声等），通过重要性排列，求得不同场合下的污染物质的生态影响因子系数：

$$W_i = \sum_{j=1}^{J} CF_{ij} \times \frac{F_j}{F_{k,j}} \times \frac{1}{F_{k,j}} \times cons \qquad 式（4-1）$$

上式中：

W_i——物质 i 生态因子；CF_{ij}——环境范畴 j 中物质 i 特性化系数（$j = 1，\cdots，J$）；F_j——环境范畴 j 中基准物质实际流量；$F_{k,j}$——环境范畴 j 中政策目标基准物质总流量；$cons$ = 定数。

（3）最大限界削减成本法（MAC，Maximum – Abatement Cost method）。该方法是由福井县大学研究生院山冈教授、神户大学石川教授、日本文化与教育学院教授根据环境影响评估模型所开发的。山冈教授认为，因为不同的环境影响的浪费是不一致的，以及某些类型的浪费，因为它的影响在整个生命周期中有更多的不确定因素会影响其浪费，最大限度地降低成本的方法不同于上述两个方法：第一种方法是环境负荷物质的选择，主要选择二氧化碳和其他 15 种废弃物或天然气的环境影响评估；第二种方法并没有直接考虑资源浪费的环境损失因素，而是基于资源的最大成本的减少或降低，以确定其对环境的影响的价值。

上述三种方法作为较典型的评估模型，其各有差异。具体的差异比较分析见表 4 – 1。从企业的角度出发，需要自身条件、环境情况以及评估的目标,与外部环境损害价值评估模型的相关特征相结合,再决定采用或者说借鉴哪种方法。例如,对于要评估产品全生命周期中环境对评估过程的影响,LIME 评估模型较适合。因此,企业不仅可把该方法直接应用于与企业产品生产制造过程直接关联的工艺流程或工序,也可以在产品开发、设计、生产制造与生产、销售与回收的全流程中运用,但是在评价企业整体外部环境影响时则一般采用 JEPIX 评估方法。

表 4 - 1　　　　日本 LIME、JEPIX、MAC 评估模型对比分析[①]

	LIME	JEPIX	MAC
名称	基于端点模型的生命周期环境影响评价方法	日本环境政策优先指数	最大限度削减成本法
综合评估原理	终端成本法——基于对环境负荷物排放量进行环境影响评估	目标距离法——实际环境负荷物与目标的差距	该方法是基于降低环境负荷物的市场成本
评估角度与观点	民众考虑:愿意为减少排放的环境负荷物支付多少	政策制定者和公司战略风险控制者考虑	公司考虑:为减少排放的环境负荷物增加多少成本是符合成本效益的
评估范围	大约 1000 种,包括投入(资源消耗)和输出(废弃物排放)	大约几百种,仅仅包括输出(废弃物排放)	15 种,仅仅包括输出(废弃物排放)

① 资料来源:伊坪德宏,稻葉敦.マテリアルフ環境影響評價手法.東京:社団法人產業環境管理協會,2005.78 ~ 109;産業環境管理協会社団法人.平成 18 年度環境ビジネス発展促進等調査研究(環境会計)報告書.2007.其比较分析表后经李晓青整理,刘三红等研究者转述,特此说明。

	LIME	JEPIX	MAC
货币价值计量	可以。用于对社会影响的财务评估（如对公民的影响），通过对环境的测度来衡量	不可以	可以。用于公司内部比较，即目标环境成本与实际环境成本的比较
主要应用	产品的生命周期环境影响评估；可扩展至企业整体环境影响评估	一般用于评价企业整体环境影响	在混合预算下确定投资的优先次序

　　废弃物外部损害价值的计算程序如下：（1）计算中心或成本中心产生的废弃物量；（2）将废弃物数量单位标准化；（3）计算每个单位废弃物的 LIME 系数值；（4）主要物质资源的外部损害成本（基于产品整个生命周期的环境影响评估模型）由标准化的负制品数量与换算的 LIME 系数值相乘得出；（5）根据外部损害成本计算表，汇总外部废物损失的成本。例如，某个铝厂电力资源外部损害的计算结果见表 4 - 2。

表 4 - 2　　　　　　　　　　电力资源废弃物外部损害成本计算

部门	物质类别	负制品数量（万 kW·h）	标准化（kW·h）	LIME 值（折现率 5%）（日元/kW·h）	汇率	LIME 值（折现率 5%）（元/kg）	LIME 外部损害成本（元）
一分厂	电力	360.311	3,603,110.00	3.35	6.87	0.23	829,430.88
二分厂	电力	1395.1698	13,951,698.00	3.35	6.87	0.23	3,211,661.35
三分厂	电力	182.5095	1,825,095.00	3.35	6.87	0.23	420,134.31
四分厂	电力	1.2605	12,605.00	3.35	6.87	0.23	2,901.65

部门	物质类别	负制品数量（万 kW·h）	标准化（kW·h）	LIME 值（折现率5%）（日元/kW·h）	汇率	LIME 值（折现率5%）（元/kg）	LIME 外部损害成本（元）
五分厂	电力	1.5006	15,006.00	3.35	6.87	0.23	3,454.36
合计	电力	1940.7514	19,407,514.00	3.35	6.87	0.23	4,467,582.55

注：值得说明的是，这里所计算的废弃物的外部损害成本，是借鉴日本的标准予以计算的，如果以后我国出台了相应的计算标准及方法，可根据我国的计算标准予以修正。管理者在进行相关改善决策时，应适当考虑产生废弃物的外部损害成本。

4.2.2.3　二维核算与分析模型：内部资源价值损失—外部环境损害价值的融合

为加强公司内部资源流动管理，尽量减少资源消耗，减少废弃物排放，从而实现更有效的环境管理目标，有必要对企业内部损害进行评估和对环境的外部影响进行评估。计算资源消耗和企业外部环境损失价值的废弃物排放，结合企业内部资源浪费的损失价值，可以形成相对完整的平面二进制计算和资源循环分析模型。其基本原理和分析框架如图 4 - 5 所示。

根据上述计算分析模型，将企业内部资源废弃物价值和资源耗损与废弃物排放的企业外部环境损害价值结合起来，形成"内部资源流转损失—废弃物外部环境损害"双重评价方法。如果将该评估方法应用于生产过程，企业内部流程可以进行现场资源价值流量诊断和分析，确定每个环节的资源有效利用和浪费损失值，改善潜在的地点诊断，结果可以适用于清洁生产和循环经济的企业决策参考；适用于企业生产系统的组织层次，不仅可以解决会计隐性资源损失价值的当前

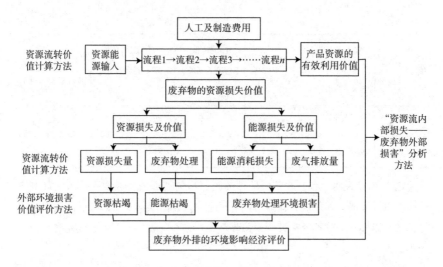

图 4-5　资源价值流转会计中资源流转之平面二元价值核算与分析模型

缺陷，而且可以对比分析企业环境管理措施或循环经济方案实施前后的经济效益情况，同时为企业的 PDCA 循环管理提供有效依据。

　　计算结果如图 4-6 所示，A 点：表明内部资源流转的损失值和外部环境损害的价值是显著的；B 点：内部资源流转的损失值很小，而外部环境损害则更显著；C 点：内部资源流转损失的价值较大，而外部环境价值就较低；D 点：内部资源流转损失的价值和外部环境损害的价值非常小，趋近于零。

　　采用"内部资源流转损失—废弃物外部环境损害"双重评价方法，确定企业改进措施或实施的优先次序：A、B、C、D。其原因在于：A 流程由于得到改善，可以实现降低内部和外部环境成本的目标，即改善的空间最大，效果最明显，即为最优先；B 或 C 过程或节点的改进可能会给企业带来一些经济或环境效益，因此也是一个优先考虑的选项；对于 B 点，如果只考虑企业利益，则不需要改进。但是，在国家环保政策的压力下，外部损害赔偿的成本不能超过国家的关键点，否则要面临罚款等处罚措施。因此，企业必须以牺牲内部成

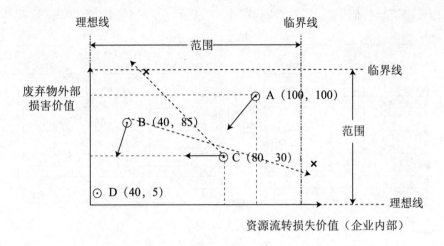

图 4 - 6　资源价值流转会计的现场诊断及决策分析原理

本为代价考虑降低外部环境损害的价值。故改善 B 的最佳策略是控制环境标准附近的外部环境损害；对于 C 点，由于内部资源流转损失值较大，可能会影响企业的财务业绩，最好的方法是将 C 点向左边平移，但实际上有时难以达到理想状态，所以 C 点一般在左移的同时需要向上平移，也就是说，企业减少内部资源流转损失值将提高外部环境损害价值，因此，改善应该适度，充分考虑不要突破环境标准的界限；当然，这只是现行资源流转的潜力发现与评价，如果考虑 B、C 在流程中的废弃物利用和输入减量化或资源替代，上述分析结论将扩大到一个新的水平，形成一个新的决策分析图；D 流程或节点表明成本在两方面都很小，所以这是最后的考虑对象。但是，应该注意监控，防止 D 节点向右移动或向上方移动。需注意的是，上述节点也可能沿着图中的虚线的方向变动，此时，需要考虑外部成本、内部损害以及法律法规等刚性约束，进行多目标的综合决策，但不能超越其"临界值"。

综合计算方法如下：

（1）计算各物量中心或成本中心的内部资源流转价值损失。内部资源流转价值损失计算方法如图 4-7 所示（以材料成本为例）。

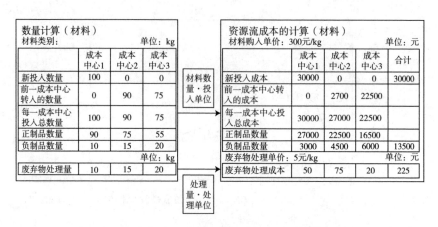

图 4-7　材料内部资源流转损失价值计算流程

首先，计算每个成本中心的材料数量，包括正制品数量和负制品数量。原材料和能源的投入成本，正制品成本和负制品成本分别等于采购单价乘以相应数量。废弃物处理成本等于单价乘以废弃物处理量。

（2）计算各物量中心或成本中心的外部环境损害价值。计算流程及方法如图 4-8 所示（以材料成本为例）。

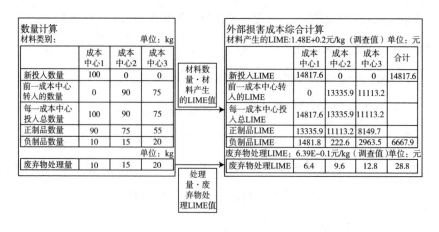

图 4-8　材料之外部环境损害价值计算流程

（3）综合计算内部资源流转价值损失与外部环境损害价值。

本文比较了不同成本中心废弃物的"内部资源流转价值损失—外部环境损害价值"，并找出需要重点改善的成本中心。对内部资源流转价值损失（材料成本、能源成本和废弃物处理成本等）和外部环境损害价值（材料使用和废弃物等造成的环境损害成本）进行综合分析，以三环颜料为例（见表4-3），具体如图4-9所示。

表4-3 各分厂废弃物"内部资源流成本—外部损害成本"比较

废弃物	物质类别	内部资源流成本（元/月）	外部损害成本（元/月）
酸解残渣	金属类	150740.55	180846
三氧化二铁沉渣	金属类	254805.098	305694
粉尘	其他类	261309.13	497907
浆料湿筛渣	其他类	9947.35	234
合计		676802.128	984681
酸解残渣	金属类	59542.53	55998
三氧化二铁沉渣	金属类	118108.96	111078
粉尘	其他类	124770.51	174668.4
浆料湿筛渣	其他类	4294.87	79.2
合计		306716.87	341823.6
浆料湿筛渣	其他类	253080.81	10566
三氧化二铁沉渣	金属类	247044.81	526014
粉尘	其他类	14515.14	49086
合计		514640.76	585666

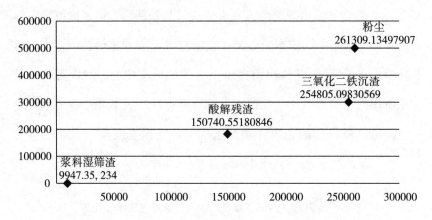

图 4 - 9   生产废弃物"内部资源流成本—外部损害成本"比较

当电解中心的损失坐标点位于坐标图左上方时，则说明其外部损害价值较大，而对于其他成本中心而言（除烟气和残料），其外部损害价值、内部资源价值损失都更少，因而，企业应将重心放在改善电解中心上，以达到降低废弃物内部价值损失和外部损害价值的目的。

通过比较分析不同成本项目的废弃物"内部资源价值损失—外部环境损害价值"，找出重点改善成本中心中的重点改善项目。根据负制品项目的不同成本（材料成本、能源成本、废弃物处理成本），对每个项目的内外部损害损失率进行综合分析。具体操作流程和分析方法与上述相似。

通过比较分析不同材料的废弃物"内部资源价值损失—外部环境损害价值"发现企业损失最主要的构成部分是企业材料成本的内外损失，因而需要深入地对不同材料的废弃物"内部资源价值损失—外部环境损害价值"进行比较分析，只要找出损失点位于右上方的材料，就能找到损失最大的材料品种，将其作为重点挖掘对象。

通过比较分析总体废弃物"内部资源价值损失—外部环境损害价值"。将各成本中心所有的废弃物内部价值损失以及外部环境损害价值进行加总分析。

在每个节点企业内部资源损失价值和外部环境损害价值计算中，根据资源价值流转情况进行会计现场诊断和决策分析，对不同材料、能源、成本驱动因素进行综合分析，并追踪不同的成本项目、成本中心，以找出企业材料、能源和废弃物成本的重点，可以通过相应的措施挖掘潜力、提高效率。

此外，在内部资源流转价值损失及外部环境损害价值计算结果的基础上，可进一步拓展其分析与应用职能，挖掘企业生产流程中的改进 "潜力点"，并提出改善方案或措施，努力降低资源流转价值损失与外部环境损害价值，并将其与国内外的相关评价标准进行对比，对相对效益进行比较分析，从而可明晰企业在行业或产业可持续发展中的相对比较优势。

4.2.3　资源价格波动对资源价值流转的影响分析

正如价值和价格之间有联系也有区别，资源价格和资源价值概念及关系也有类似的差异。一般来说，资源价值可以根据资源来源和实现方式分为资源内部价值和资源外部价值。内部价值是流通领域的资源，以实现货币形态的价值，这在资源价值中常被提到，一般是通过人们的开发利用将资源价值依附于产品内部，并通过产品上市交易，实现资源的内在价值，可见资源内在价值是经济学范畴中的资源的价值。资源的外部价值是资源的固有部分，在货币形式的流通领域没有体现，其中包括资源的生态环境价值和资源的社会价值。前者是生态环境的组成部分，有助于系统结构的稳定和生态系统的平衡，为人类的生存和可持续发展提供了保障。后者是指资源的存在和保护，对人类社会稳定方面做出贡献。在资源经济学中，一般依据资源在经济领域的生产与再生产过程（如输入、生产、交易、分配、消费等），将资源价值分解为投入价值、产出价值（总价值）以及净价值。其中，净价值是资源价值的增值部分；投入价值为投入的资源要素价值，如能源、物质等各方面；产出总产值则涵盖了产品价值与副产品价值。

由于长期受到传统经济价值观、劳动价值论等的影响，资源的外部生态损害价值、副产品价值以及资源的价值增量一直未受到重视，由此长期以来造成自然资源无价与资源产品低价等状况，这也是造成资源大量浪费的主要原因之一。目前，相关资源经济学研究者对资源价格与真实价值理论进行了大量研究，以此对传统经济价值观进行修正与完善。如厉以宁、唐咸正等教授在资源价格与价值内涵以及两者关系等方面的成果。正是由于上述原因，对资源价值的类别划分才与现有会计模式、资源价值流转会计不同，将资源价值划分为资源有效价值、损失价值、增值价值以及外部生态损耗价值等，从而将资源稀缺性、环境外部性纳入企业会计核算系统中来，以实现资源、环境与经济的协调与统一。

在经济或会计系统中，资源价格更具操作意义。但目前对资源价格的界定尚未统一。有学者认为，资源价格是资源的权利价格，与资源产权相联系；有学者认为，资源价值的货币表现是资源价格；也有学者认为，通过交易双方协商确定的单位资源交易货币量是资源价格。本书认为，资源价格以资源价值为基础进行确定固然没错，但还需要从以下几方面深入把握：一是某种资源的价格是总体资源配置的结果；二是在市场经济体系中，合理的资源价格应该是该种资源在最优配置情况下的预期收益现值；三是资源的开发、交易进而利用既能实现经济的增值，但另一方面也会造成生态环境受损，所以，在考虑资源价格的影响因素时，要考虑资源转换（如企业内部资源消耗与利用）过程中所导致的生态环境损害补偿；四是资源稀缺在某种程度上造成资源价格的虚幻。

当然，由于资源的表现形式不同，可将资源价格划分为不同的类型。不过，无论资源价格如何分类，本书所关注的始终是资源市场价格的波动和资源价值之间的关系。影响资源市场价格的因素很多，除资源自身价值的影响外，国家资源配置原则、相关政策、权利特征、生态环境、经济周期以及供需双方情况等也会影响资源市场价格。一般地，资源价值的货币表现形式是资源价格，资源价格会围绕资源价值水平呈现上下波动的状态。由于资源的特殊性，资源市场价格波动有时会呈现波幅较大且周期漫长之特征，从而会使其两者的关系不甚明显，如铁矿石的国际市场价格波动等。但考虑到人们对资源价值认识随人类社会的发展而不断提高这一特点，在一个较长时期内，资源价值与资源价格之间会表现出相对稳定的攀升式波动关系。

资源价格波动以及资源实物消耗量的变动对资源价值的影响，既表现为资源价值变动，又可分为资源消耗量变动导致的资源价值变动量、资源价格变动导致的资源价值变动量以及两种因素相互作用导致的资源价值变动量三部分。每一部分均可单独衡量与计算。

一旦某一时期资源价格形成，企业采购资源（原材料），那么对企业而言，其就是成本，即资源成本。假定企业基期资源总成本 C_0、资源实物消耗量 q_0、单位资源成本 c_0；报告期资源总成本 C_1、资源实物消耗量 q_1、单位资源成本 c_1；则 $\Delta q = q_1 - q_0$，$\Delta c = c_1 - c_0$。企业内部资源成本计算公式为：

$$C_1 = (q_0 + \Delta q) \times (c_0 + \Delta c)$$
$$C_0 = q_0 \times c_0$$

$$\Delta C = C_1 - C_0 = q_1 \times c_1 - q_0 \times c_0 = (q_0 + \Delta q) \times (c_0 + \Delta c) - q_0 \times c_0$$
$$= q_0 \Delta c + \Delta q c_0 + \Delta q \Delta c$$

在企业内部物量中心计算资源流转成本时，可依据主要输入与输出资源的种类，详细计算每种资源的成本波动、实物消耗变动对该中心资源价值（成本）变动的影响，由于依据这种资源分类方法以及两个影响因子变动来计算每个中心输入、循环以及输出环节的资源流转成本。同时还可以确定一个长期且稳定的标准资源单位价格 P 和标准资源单位成本，以便于企业的资源管理与成本控制。标准资源价格可依据资源价值予以确定，而资源价值量的核算方法及评估模型较多，如成本核算法（机会成本法）、市场价值核算法、替代市场法、假设市场法、影子价格法、补偿价格法等。此外，在一段较长时期的市场中，由于资源供求双方的相互博弈状态，会出现一个较为稳定的均衡价格，这一价格也可作为标准资源价格的理论参考。

4.3 工业生态园区企业资源价值流转评价分析

4.3.1 评价分析的基本架构

如上所述，企业资源价值流转的综合评价与分析可以以内部资源价值流转成本核算、外部环境损害价值核算以及"内部资源价值损失—外部环境损害价值"二维分析模型为基础，对企业内部工序、生产流程、车间以及分厂进行评价与分析，由这三种方法构成基础层面评价与分析方法；此外，在数据信息化程度较高的企业中，计算机程序计算与评价可作为基本评价分析手段在企业应用；在环境会计或社会责任会计实施较好的企业，往往将以资源、生态效率为中心的资源生产性与环境效率性评价方法作为基本模型，从而构成基本层面的评价与分析体系；通过资源价值流转"入口""流转与循环""出口"三环节构建的资源流转综合评价指标体系与资源价值流转方程式则属于核心层面的评价与分析模型；而以企业资源价值流转路径优化、资源价值流转链网路径寻优为目标的工业总产值、工业增加值分析方法，产业、社会关联的资源流价值分析则构成衍生层面的评价与分析方法。企业资源价值流转综合评价理论与方法体系见表4-4。

表 4 - 4　　　企业资源价值流转综合评价模式与分析方法体系

企业组织层面	内部资源价值流转成本评价分析	外部环境损害成本评价	资源内部损失—外部损失综合评价	计算机程序分析与评价	资源生产性与环境效率性评价	资源流转综合评价指标体系	资源价值流转方程式评价与分析	工业总产值、工业增加值分析方法	产业、社会关联的资源流价值分析
总公司/企业集团				○	○	△	△	△	○
分公司/分厂	△	△	△	△	○	△	△	△	
生产线/工艺流程	△	△	△	△		△			
等级层面	基础层面			基本层面		核心层面		衍生层面	

注：△——可用，并经应用计算；○——可用，但未经应用计算。其中，第一种、第二种、第三种评价与分析原理前文已有详细论述；第四种方法主要是以数据库或 ERP 系统为基础，本文不涉及；第五种方法则是第七种方法的基础之一；本章主要对第六种、第七种方法进行研究；第八种、第九种方法后有论述。

从表4-4可知，企业资源价值流转综合评价理论与方法体系之四大层面、九大方法分别为：

第一，基础层面的评价理论与方法体系。（1）内部资源价值流转评价分析，即追踪并反馈企业内部资源的流转。（2）外部环境损害价值评价分析。该方法通过对外部环境影响的经济评估来反馈企业应承担的外部损害成本。（3）"内部资源价值损失—外部环境损害价值"二维评价分析。从本质上说，该种方法是一种资源全成本研究方法，它可以改善资源流转成本不考虑企业资源流对外部的环境损害成本，通过计算企业内部资源流转的缺陷，从而完善资源流成本的计算方法。

第二，基本层面的评价理论与方法体系。（1）计算机程序评价分析。该方法是通过计算机程序对数据库已有信息进行处理加工，从而得出相关分析结果。（2）资源生产性与环境效率性评价分析。该方法是将物质流变量与价值流变量相结合的一种方法体系，以分析企业环境活动。除了国外最新的研究，这种方法也适用于连接国家、区域和企业的资源流效率和环保价值。同时，各种子指标的设计分析也得到具体扩展。

第三，核心层面的评价理论与方法体系。（1）资源流转综合评价指标体系。该方法是通过对资源的输入、消耗、输出与循环等不同资源流转环节设置指标，综合评价企业的资源流转情况。（2）资源价值流转方程式评价与分析模型，即资源、循环和环境效率三位一体化的评价分析模型。该方法是通过对资源效率、内部循环效率及附加值率、环境效率的内在逻辑关联构建数理模型，详细揭示三者的内在关系，为企业优化决策服务。

第四，衍生层面的评价理论与方法体系。（1）工业总产值、工业增加值分析方法。该方法由资源价值流转方程式衍生而得。该方法适合于对企业生产板块或生产系统分析，为企业战略发展方向的选择提供参考。同时，工业总产值、工业增加值分析法也可在企业资源价值流路线优化分析和评价指标体系中得以应用。(2) 产业、社会关联的资源流价值分析方法。该方法涉及不同产业、组织对废弃物、产品的后续利用，尤其是涉及资源或产品再生这一重要问题。

4.3.2　基于 AHP 的综合评价指标体系

4.3.2.1　概念模型

企业资源流转综合评价指标体系分为目标层、准则层和指标层三个层面，其结构模型如图 4 - 10 所示。由图可知，指标体系的基本目标或目的是目标层，指标体系的基本结构是准则层，指标体系的具体内容和属性是指标层。指标层中包含了直接衡量循环经济基本特征的具体指标，因而必须设置程序进一步筛选。

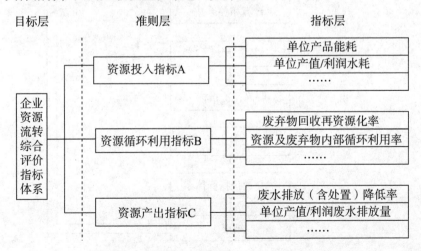

图 4 - 10　综合评价体系的层次结构模型

4.3.2.2 指标确定

确定指标体系的层次结构后，重要的是设置、过滤和确定具体的指标，形成一个完整的指标体系。由于评估对象和系统的复杂性，通常采用定性分析和定量分析。指标体系建设过程主要有三个阶段：指标形式确定、初选指标和完善指标体系。指标构建过程如图 4 – 11 所示。

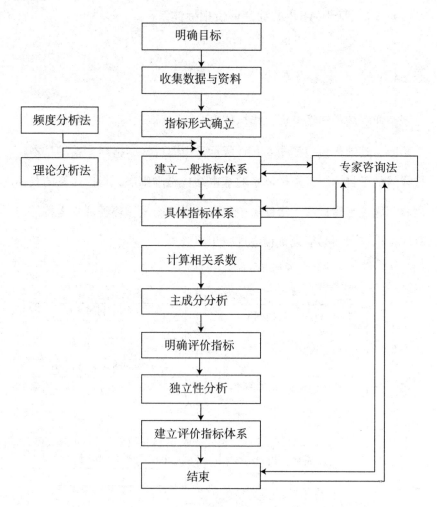

图 4 – 11　指标体系构建程序

指标构建关键为：

（1）数据来源：按企业资源流转流程的不同环节获取截面数据。经济类指标从财务数据及统计数据中获取，资源类指标从原材料、能源采购与消耗数据中获取，环境类指标从环保统计数据中获得。此外，生产技术统计资料也缺一不可。

（2）基本思路：将资源流转的两种流向（正向与逆向）、两种形态（物质与价值）、两种转化（正制品、负制品）作为基础，将企业物质流转置于产品"摇篮"到"坟墓"的循环路线中，以此确定"入口""循环""出口"三大类指标体系。其"入口"指标涵盖资源产业方面指标，"循环"指标涵盖资源消耗、资源综合利用等方面的指标，"出口"主要是指最终废弃物及污染排放处理方面的指标。

（3）指标形式：指标主要采用资源效率、经济效率与环境效率的相对比率形式。以环境效率为例，该指标反映了财务绩效和环境绩效的结合，通常是环境指标/财务指标或财务指标/环境指标的形式。前者表示资源利用的强度或单位经济成果对环境的影响；后者则代表资源利用效率，即单位资源消耗所带来的经济效益。

（4）指标初选：主要采用频率统计、理论分析和专家分析等方法。前者是对国内外相关评价指标文献各种指标的频次统计，主要选取出现频次次数多的指标。其次是对资源流转的内涵、特点、基本要素和主要问题的分析，比较并综合，选择重要的发展条件和目标性强的指标；最后主要是根据专家经验选择指标。

（5）指标完善：主要是完善指标主成分分析和指标独立性分析。对指标主成分分析主要通过一定的数学方法，选择同类指标中具有代表性和概括性的指标；而对指标独立性分析则是采用指标变换或合并性的方法，实现降低或者是解决指标间内涵、信息重叠的目标。

通过上述一系列筛选过程，即可得相对较完善的指标体系。

基于上述指标设置逻辑，在汽车铝铸件生产过程的基础上，从其资源"入口""流通循环"和"出口"三个流程环节建立若干内容测度方式，计算其在中心价值的流程，以建立综合评价指标体系。通过指标形式确定、指标初选和指标体系完善，从而确定层次结构：目标层、准则层和指标层。通过检查和收集汽车铝铸件生产相关数据和信息，采用频率统计、理论分析和专家咨询方法确定初级 75 个评价指标，主要指标包括经济效益、环境保护、物料流转量和价值流转量。在指标选择过程中，剔除 28 项不满足可行性和准确性的指标，经过主成分分析和独立分析删除 26 项指标后，最终样本为 21 项评估指标。最后汽车铝铸件企业资源价值综合评价指标见表 4 - 5。

表 4 - 5 　　　　汽车铝铸件企业资源价值流转综合评价指标体系

目标层（一级指标）	准则层（二级指标）	指标层（三级指标）
铝铸件企业资源价值流转综合评价指标体系	资源投入指标	资源综合产出率 单位铝制品综合能耗 单位产值综合能耗 单位产值新水消耗 单位铝制品综合成本额 环保科技投入成本
	资源流转与循环指标	铝铸件综合价值损失率 铝渣回收率 二氧化硫利用率 资源内部循环利用率 能源内部循环利用率 工业水重复利用率

目标层（一级指标）	准则层（二级指标）	指标层（三级指标）
铝铸件企业资源价值流转综合评价指标体系	资源产出指标	工业总产值 主营业务收入 总资产贡献率 "三废"综合处置率 单位废弃物的处置成本 单位产值废水排放量 单位产值废气排放量 单位产值固废排放量 单位产出的外部损害价值

指标的具体定义为：

资源投入指标——衡量的是资源初始消耗和资源输入情况。

（1）资源综合产出率——企业铝铸件生产系统消耗一次资源所产出的铝总量。

（2）单位铝铸件综合能耗——单位铝铸件的能源消耗量，包括煤、蒸汽、电、油及办公、采暖降温等能源消耗、能源输送过程的损耗等。

（3）单位产值综合能耗——单位产值综合的能源消耗量，包括煤、蒸汽、电、油及办公、采暖降温等能源消耗、能源输送过程的损耗等。

（4）单位产值新水消耗——单位产值所引致的新水消耗量。

（5）单位铝铸件的综合成本额——每单位铝铸件所消耗的材料、能源、人工以及能源成本等（半成品按铝含量折算）。

（6）环保科技投入成本——企业对环保科技研发、环境污染预防与治理等项目投入成本的总和。

资源流转与循环指标——主要评价内部流转资源的循环、利用及价值损失情况。

（1）铝铸件综合价值损失率——在铝铸件资源价值总额中，资源综合价值损失量，也即负制品损失额所占的份额。其基础是价值流转分析，测度的是在生产过程中资源的有效利用率。其中，废弃物循环利用及回收效益以负成本表示，作为分子减项列出。

（2）铝渣回收率——在原料的铝质量中，铝制品产出中的铝渣质量所占的百分比，它主要衡量的是生产技术水平以及资源的利用情况。

（3）二氧化硫利用率——二氧化硫的利用量/二氧化硫的产生量。

（4）资源内部循环利用率——铝铸件资源内部循环利用量/铝铸件资源投入总量。该指标主要是相对于外部资源的循环而言的，指标的分子指的是在生产过程中废弃物得到处理后重新回收利用并回到生产过程中（如铝渣、废料等）的含铝量。与之对应的，指标的分母应当将含铝量进行相应的折算，实现指标口径统一的目的。

（5）能源内部循环利用率——主要能源循环利用量（标煤）/投入或消耗总量（标煤）。

（6）工业水重复利用率——内部重复用水量/总用水量。

资源产出指标——衡量产品输出、废弃物的排放以及处置方面的情况。

（1）铝铸件综合价值损失率——主要评价资源综合价值损失量占铝铸件资源价值总额的比例，也就是负制品损失额所占的份额。其基础是价值流转分析，测度的是在生产过程中资源的有效利用效率。其中，废弃物循环利用及回收效益以负成本表示，作为分子减项列出。

（2）铝渣回收率——在原料的铝质量中，铝制品产出中的铝渣质量所占的百分比，它主要衡量的是生产技术水平以及资源的利用情况。

（3）二氧化硫利用率——二氧化硫的利用量/二氧化硫的产生量。

（4）资源内部循环利用率——铝铸件资源内部循环利用量/铝铸件资源投入总量。资源内部循环利用率这个指标主要是相对于外部资源的循环而言的，分子反映的是在生产过程中铝铸件废弃物重新再利用之后的含铝量；分母指的是将含铝量进行相应的折算，实现指标口径统一的目的。

（5）能源内部循环利用率——主要能源循环利用量（标煤）/投入或消耗总量（标煤）。

（6）工业水重复利用率——内部重复用水量/总用水量。

资源产出指标——衡量产品输出、废弃物的排放以及处置方面的情况。

（1）工业总产值——包括企业本期生产成品价值、对外加工费收入、自制半成品及在制品期末期初差额。

（2）主营业务收入——与企业生产经营活动有直接关系的各种收入。

（3）总资产贡献率——指的是利润总额、税金总额和利息支出的总和占平均资产总额的比例。

（4）"三废"综合处置率——[废水处置率＋废气（SO_2等）处置率＋废渣（铅锌渣、粉尘等）处置率] /3。

（5）单位废弃物的处置成本——在铝铸件生产系统中废弃物处理的消耗成本额。该项成本源于废弃物的产生、处置与排放，完全由废弃物来承担。因此该项指标是一项纯损失，用以表明因废弃物的产生和处置而给企业带来的财务影响。

（6）单位产值废水排放量——每单位产值所产生的废水排放量。其中，废水排放量反映的是在生产过程中产生的废水经由废弃物中心处理重新利用之后仍向自然界排放的总量，主要是用物理单位来计量，反映的是企业单位增加价值而给环境造成的负荷，常用来评价企业的环境绩效。

（7）单位产值废气排放量——主要评价在每单位产值上产生的废气排放量。

（8）单位产值固体废弃物排放量——主要评价在每单位产值上产生的固体废弃物总量。

（9）单位产出的外部损害价值——该指标的分子主要是根据资源价值转移模型计算得出的，分母则是通过 LCA 评估方法（比如 LIME 评估方法）计算得出。铅锌企业在生产过程中会对水、空气造成不良影响，同时会产生噪声、排放固体废弃物，在对自然资源进行开采使用时会对生态环境造成破坏，但是这部分环境治理成本却不是由企业承担，而是由社会承担。

4.4　工业生态园区企业资源价值流转决策优化

4.4.1　决策优化的内在逻辑

在资源价值流转会计体系中，决策优化占据着十分重要的地位。资源价值流转优化模型不仅要考虑企业工艺流程，同时也要考虑内部资源消耗、外部环境保护和经济效益等方面的因素，在融合分析时要综合考虑上述两种优化原理的影响，使企业在资源、环境的约束下，实现经济等各方面的整体效益最大，技术经济性最优。从企业内部资源价值流转优化的角度来看，一方面，企业要想通过资源或废弃物的内部循环提高企业附加值或利润，可以延伸生产工艺链条或者增加流程循环条件；另一方面，在技术经济合理性不足的情况下，过度的资源闭路循环则会使得成本增加的幅度上升，从而使利润下降。因而，要想改变这一现状，必须对资源的价值周期认真计算并加以分析，再评估其经济的合理性，从而确定其最优的资源循环路线。

作为资源价值形态转变、实物形态消耗的载体，企业的资源流转分析，一方面，能让我们清楚地了解企业资源消耗的实时变化；另一方面，为企业资源流的运转效率以及环境效率评价提供依据，从而能更好地综合评价企业资源的流转及循环利用。由图 4 - 12 可知，将初始资源投入企业之后，资源会在企业内部流转，其中很大一部分资源能够在企业内部得到循环利用，最终只有一小部分废弃的资源会排放在自然环境中，因为绝大部分资源经过循环利用之后会转化为新的资源形态，重新被企业所利用，其主要包括以下三个部分：产成品的最终输出、"三废"的输出和废弃物的最终处置。资源的资源实物形态的流转会引发资源价值形态的变化。结合资源流转价值概念框架，可知其实在企业内部流程中主要存在资源实物流（有效利用资源流和废弃流）、资源价值流和资源增值流三条主要的资源流。

根据上述解释可知，企业的产品产值、附加价值以及消耗的成本费用与生产该产品的资源投入量、输出端的产品产量以及最终废弃物的排放存在密切的联系。因此，根据资源流转的作用机制，基于原始资源的投入、生产加工、资源的回收利用，在资源"入口""流转及循环""出口"三大流程环节中分别选取对应的资源实物量、价值量

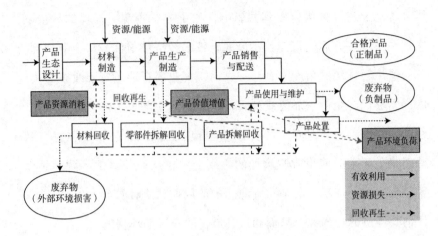

图 4 – 12   企业资源流转分析与决策优化框架

以及环境影响数据,加以准确定位,从而建立起企业资源流转决策的优化模型。三大流程环节的具体定义如下:首先,资源"入口"类指标主要是基于资源投入的减量化原则,通过设置资源生产率和单位产品资源消耗方式来实现;"流转及循环"类指标主要是基于资源的再循环利用原则,通过设置附加价值产出率和内部循环利用率来实现;"出口类"指标则是基于再资源化原则,通过设置环境效率(环境污染物排放量/附加价值)和废弃物综合利用方式来实现。单位附加价值主要涵盖的是利润、息税及人工等指标,其每单位的环境污染物排放量是直接与废弃物资源化联系的。

4.4.2   决策优化方法与流程

4.4.2.1   基于价值流转方程式的评价

在园区企业的资源物质流的基础上,通过对内部资源价值流转进行核算、描绘,并将外部环境损害价值与内部资源价值流转相结合,即可得出企业在生产过程中的内部经济效益以及外部环境效果。但是必须遵循在生态效益的基础上，以企业环境绩效与财务绩效相结合为指导，从而建立资源消耗、环境负荷与经济绩效一体化的评价分析模型。基于资源消耗、污染物排放和成本、价值和收入变量比率作用机制，达到实现资源输入、消耗循环与输出一体化的价值流转方程式评价模型的目标。

（1）资源价值流转评价与分析基本式。

在企业资源流转价值量与物质量的比率关联的基础上，通过对企业资源流转的产值、价值以及经济附加值与生产过程中初始资源的投入量、消耗循环量以及输出端的产品或污染物排放量之间的因果逻辑关系、作用机制以及相关变化规律深入探讨，选取若干核心指标，这些指标联系紧密且具有严格的数量、逻辑关系，依据环境效率评价方法、资源生产率以及 IPAT 方程的基本原理，实现资源、附加价值产出以及环境效率一体化的资源价值流转评价分析方程式的建立。

$$环境污染物排放量 = 资源投入量 \times \frac{产值}{资源投入量} \times \frac{附加价值}{产值} \times \frac{环境污染物排放量}{附加价值}$$

即，环境污染排放量 = 资源投入量 × 资源效率 × 附加值产出效率 × 环境效率

将其抽象成数学基本等式为：

$$EP_i = RI_i \times Rp_i \times Vp_i \times Ee_i \qquad 式（4-2）$$

其中，EP_i——第 i 流程排放的环境污染物数量；

RI_i——第 i 流程投入的资源数量；

Rp_i——第 i 流程资源效率（产值/资源投入量）；

Vp_i——第 i 流程附加值产出效率（附加价值/产值，代表资源价值流转循环带来的附加价值相对产出比率）；

Ee_i——第 i 流程环境效率（环境污染物排放量/附加价值）。

从上述公式中可以得知，EP_i 指第 i 流程中排放的环境污染物数量，该指标反映企业环境负荷量的程度高低，其值可以通过右边四个因素的乘积计算得出，同时与循环经济的三大目标相匹配：即当企业产值规模增加或不变时，通过企业资源投入相对节约程度可以体现资源投入的减量化原则；通过附加价值与产值的相对比重大小可以体现资源循环利用的经济效果；通过每单位附加价值的环境污染物排放量与废弃物资源化直接联系可以体现再资源化原则。

如将上式中的资源投入量左移，与环境污染物排放量相除，则公式变形为：

$$Rw_i = Rp_i \times Vp_i \times Ee_i \qquad\qquad 式（4-3）$$

式中，Rw_i——第 i 流程单位资源投入所产生的环境污染物排放量比率（环境污染物排放量/资源投入量，即单位资源投入的环境负荷率）；

（2）资源价值流转评价与分析结构式。

结合资源价值流转循环模型与层级指标原理，对上述基本式三因子予以分解，构建企业资源价值流转三环节评价与分析结构模型，即资源价值流转评价分析结构式。在此基础上，可以将结构模型根据各组成要素具体展开，并在结构分析时采用替代因子。

①在资源输入端，可推导（推导过程见附件）：

$$Rp_i = \frac{1}{1/Ns_i + 1/Ys_i} \times (WRr_i + ZRr_i + ERr_i) \qquad 式（4-4）$$

式中，Rp_i——第 i 流程资源效率（产值/资源投入量）；

Ns_i——第 i 流程能源效率（产值/能源投入量）；

Ys_i——第 i 流程原材料生产效率（产值/原材料投入量）；

WRr_i——第 i 流程外购新资源投入率（外购新资源量/资源总投入量）；

ZRr_i——第 i 流程自采新资源投入率（自采新资源量/资源总投入量）；

ERr_i——第 i 流程二次资源投入率（二次资源投入量/资源总投入量）。

从企业角度考虑资源循环利用率，又可分解为：

$$ERr_i = \frac{1}{ZSRr_i} \times HZRr_i \times RIO_i \qquad 式（4-5）$$

式中，$ZSRr_i$——第 i 流程再生资源化率（二次资源再生量/循环利用量）；

$HZRr_i$——第 i 流程回收再生资源化率（二次资源再生量/总产量）；

RIO_i——第 i 流程投入产出比（总产量/投入量）。

②在资源消耗的生产流程，可推导：

$$Vp_i = \frac{RUVr_i + WLVr_i - RRUr_i}{RVSr_i} \times RVEA_i \qquad 式（4-6）$$

式中，Vp_i——第 i 流程附加值产出效率（附加价值/产值）；

$RUVr_i$——第 i 流程材料成本有效利用率（资源有效成本/资源流转成本）；

$WLVr_i$——第 i 流程废弃物成本损失率（废弃物损失成本/资源流转成本）；

$RRUr_i$——第 i 流程内部循环利用率（内部循环利用成本/资源流转成本）；

$RVSr_i$——第 i 流程材料成本生产率（产值/资源流转成本）；

$RVEA_i$——第 i 流程单位材料成本的附加价值（附加价值/资源流转成本）。

将基于资源流转价值与产值、附加价值的相关性分析的价值链进行分析重新构建后可以得到资源流转价值有效利用率、废弃物价值损失率、资源循环利用率、单位资源的附加价值等指标（前文有关于资源价值流转价值核算模型对原材料、能源、人工及制造费用等的计算，并根据相关指标进行细分评价），基于企业生产过程资源价值转化效率的相关指标综合分析评价、优化，为清洁生产提供决策支持等。

③在输出端，可推导：

$$Ee_i = EVAV_i \times \frac{1}{DEDV_i} = EVAP_i \times (1 - RDr_i) \qquad 式（4-7）$$

式中，Ee_i——第 i 流程环境效率（环境污染物排放量/附加价值）；

$EVAV_i$——第 i 流程单位附加价值的外部损害价值（污染物外部损害价值/附加价值）；

$DEDV_i$——第 i 流程单位污染物的外部损害价值（污染物外部损害系数）；

$EVAP_i$——第 i 流程单位附加价值的污染物产生量（污染物产生量/附加价值）；

RDr_i——第 i 流程回收处置率（回收处置量/污染物产生量）。

通过上述资源价值流转评价分析结构式，可有效揭示企业资源物质流动与价值流转之间的内在机制，评价在输入、消耗、输出及回收环节的资源利用效率，以便于企业循环经济管理及决策。

4.4.2.2　基于 PDCA 模型的决策优化流程

企业资源价值流转的 PDCA 动态控制基本模型如图 4-13 所示。PDCA 控制分为计划与安排、计算与分析、诊断与决策和评价与持续改进四个阶段，通过循环往复，最终持续改进、提升企业资源价值流转效率。

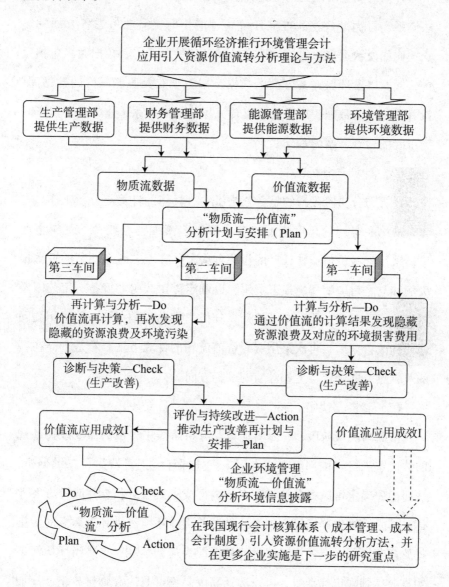

图 4-13　企业资源价值流转的 PDCA 动态模型①

————————

①　资料来源：周志方、肖序：《流程制造型企业的资源价值流转模型构建研究》，《中国地质大学学报》（社会科学版）2009 年第 5 期。

（1）计划与安排。

计划与安排阶段指的是，企业在运用资源价值流转计算与分析方法体系实行循环经济、推广环境管理应用时，需要考虑各方面的影响，比如说数据来源对接与计算单元确定的影响。其数据大多包括生产、能源以及环保财务方面的数据，来源于有关职能部门的数据库，接着将选取的数据应用于资源流转流程与标准体系，作为确定以车间为单元的检查方案的基础。

（2）计算与分析。

计算与分析阶段指的是各个物量中心具体的计算与分析工作。首先，从第一车间的角度来看，在了解工艺流程物料流动的基本情况下，采用资源价值流转计算的相关方法来计算工艺各个环节的资源损失额和与之对应的环境损害费用，以确定需要改善的设备、工艺以及材料。第二车间、第三车间的计算分析工作主要是在第一车间相关问题得到改善之后，再次采用资源价值流转的计算方法，看是否存在新的改善点，并确定与之相呼应的改善方向。

（3）诊断与决策。

诊断与决策阶段，一是对计算与分析阶段中得出的需要改善备选的替代点进行"内部材料成本损失—外部环境损害费用"二维分析，从而优先确定可以提升的工艺点，进行成本效益分析，并改进方案评估。其中，优先确定的原则指的是对严重的环境污染和未达标的污染排放环节给予重点关注，改善的目标即为达到标准；二是当环境污染物排放达到限定标准时，可以选择高废品率、高废弃物排放量、高加工成本，同时会在很大程度上造成内部物质成本的环节，因为它们增加了潜力；最后根据投资的程度，将改善计划分为免费计划、低成本计划和高成本计划，首先考虑推行前两个计划从而提高资金的使用效率。对于高成本的计划，要考虑与内部损失和环境污染较大的相关指标进行比较，以达到成本投入和环境效应、经济效益最佳匹配的目的。

（4）评价与持续改进。

总而言之，本书以"物质流—价值流"分析法为基础，通过"物质流—价值流"数据计算与分析、评估与优化、决策与控制、预测与规划等一系列业务过程，构建环境管理"物质流—价值流"分析 PD-CA 综合循环反馈和优化应用模型。主要有两种方式进行环境信息披露，第一种方式是从内部管理控制的角度出发，根据不同的对象和内容，可以设计不同的披露或报告格式，比如当一个企业为生产线选择"内部材料成本损失—外部环境损害费用"双重方式进行决策时，可以编写报告；第二种方式是从外部角度出发，可以对报告相关的格式进行规范，信息披露形式可以是货币、非货币性信息或描述性说明，内容也可以是借鉴相关的环境会计信息披露方式，根据财务会计报告中的不同要求，对社会责任报告、环境报告，甚至独立的环境会计报告做出不同的披露，为管理者决策提供依据。

在评价与持续改进阶段，一方面，需要进一步核实和评估决策计划的实施结果，分析出达不到标准的主要原因，采取相对应的改善措施。另一方面，在这种情况下，还可以考虑是否需要增加物质流中废弃物资源化的环节设计，实现提高资源利用率的目的；或者说企业自身不进行处理，而是委托专业性的公司进行集中化处理，降低相应的处理成本。

总而言之，本文主要是以"物质流—价值流"分析方法为基础，采用"物质流—价值流"的分析方法，对一系列业务过程进行计算、评价与优化、预测与规划，从而构架环境管理"物质流—价值流"分析 PDCA 综合循环反馈和优化应用模型。对于环境信息披露的方式，主要有以下两种：第一种方式主要是基于内部管理控制的角度，针对不同的对象及内容设计出不同的披露或报告格式，比如说，当企业对生产线采用"内部材料成本损失—外部环境损害费用"二维分析进行决策时，编写相应的报告；第二种方式则是相对应于第一种方式而言，从外部角度入手，对报告相关的格式进行规范，其信息披露的方式可以是非货币性、货币性或者是描述性说明，同时内容也可以借鉴相关的环境会计信息披露方式，针对财务会计报告中的不同要求，对社会责任报告、环境报告，甚至独立的环境会计报告做出不同的披露，为管理者决策提供依据。

第5章 工业生态园区企业资源价值流转分析应用体系构建

——以三类典型企业为例

5.1 基本应用框架

（1）资源价值流分析在企业生产环节中的应用。

以火力发电、氧化铁颜料、汽车制造生产企业为例，根据其特点，将资源流成本分为材料成本、能源成本、间接成本、废弃物处理成本四类，依据工艺流程确定相应的物量中心，对各物量中心的资源合格品价值和废弃物损失价值进行计算，并绘制各生产线的资源价值流图，分析各生产环节的废弃物损失价值，对废弃物的外部损害价值进行评估。诊断、分析、评价与控制企业内部各生产流程环节的资源价值流转情况，以便于企业在实践过程中对资源价值流的理解和把握，并在能源、化工、机械等制造企业中应用和推广。

（2）资源价值流分析在企业层面中的应用。

将三类企业生产线所消耗的主要资源价值进行单独计算与分析，以反映这些资源的有效利用价值及废弃物损失价值情况。同时将企业层面的资源价值流核算设置相应的物量中心，对其资源的输入输出价值进行计算与分析，绘制企业层面的资源价值流转图，分析并比较企业废弃物"内部资源流成本—外部损害成本"，找出企业层面材料、能源及间接成本浪费的重点环节，从而为企业寻找资源的改善环节，实施循环经济措施提供决策参考。

（3）典型企业资源价值流控制与评价。

平铺 PDCA 管理循环理论，构建典型企业资源价值流管理体系。为了控制物量中心的成本，对异常的超出标准的情况及时察觉，需要经过设立目标，并通过分析差异来提出解决方案；在企业整体评估前后采用效率指标评估，针对典型生产企业转型前后的情况，提高资源利用率，减少对环境的破坏生产过程，实现经济效益和环境效应双赢的目标。

5.2 火力发电企业资源价值流分析应用体系

在世界电力行业，煤电的电力结构将长期保持在较高水平。中国的发电一直以煤炭为主，占全国发电量的 76.24%。根据咨询公司伍德麦肯锡最近公布的消息，中国、印度等新兴市场崛起，大中产阶级的崛起将导致能源需求旺盛，2020 年前煤炭预计将超过石油成为能源的主力来源，全球煤炭需求增长的三分之二可能来自中国的电力需求，只有中国的煤炭需求才足以促进煤炭行业的增长。

　　企业的生产用能源主要是原煤、燃料油,对能源转换企业,原煤主要用于锅炉产汽,供汽轮机带动发电机发电。以能源平衡规则及物流分析模型为基础,结合成本核算的会计原则逐步结转,辅之以资源价格、成本信息,再转移资源价值核算。在电力生产计算中,将资源价值的作业(物量中心)链接起来,可以在成本会计中逐步以结转成本模式为基础,结合物质吸收和能量流分析技术,根据每个过程或节点的资源量流动计算资源流量值。

5.2.1　火力发电企业资源价值流的计算及诊断

5.2.1.1　资源物质流转与物量中心的设定

　　依据火力发电企业的生产工艺流程,资源物质经过发电系统主要设备的转换特点以及成本价值归集与分配的可计量性设定。各物量中心对应的生产工序以及资源能源输入输出情况见表 5 - 1、表 5 - 2。

表 5 - 1　火力发电企业主要经营指标与物料能源输入输出情况

火力发电企业主要生产经营指标									
机组　2 * 600MW		全年利用小时　6088 小时			总资产　509000 万元				
资源输入与输出年度情况表									
类别	序号	名称	单位	数量	类别	序号	名称	单位	数量
输入	原料及能耗	1 2 3 4 5	原煤 柴油 电 水 压缩空气	吨 吨 万千瓦时 万立方米 立方米	3482428.6 678 44315 74200	输出	产品	1 2	生产电量 石膏	万千瓦时 吨	686411 129068.9
						废弃物	1 2 3	灰尘 污水 废气	吨 吨 吨	11330.06 144.57 4923.86

表 5 – 2　　　　　　　　　物量中心及其输入输出分析

物量中心	包含的生产工序	主要设备	输入资源、能源（半成品）	输出的制品	
				合格品	废弃物
燃料输送	取煤、皮带机输送、碎煤机制粉、原煤仓储存	斗轮机、输煤皮带、煤磨机	原煤、水	合乎规定范围的煤粉	粉尘、冲洗水、煤矸石
锅炉燃烧	燃烧煤粉、蒸汽生产	锅炉、汽包	煤粉、柴油、燃料油、电、水	蒸汽	烟气、炉渣、噪声、污水
汽机发电	蒸汽通过机炉管路推动汽轮机转动带动发电机做功	机炉间连接管路、汽轮机、发电机	蒸汽、承压金属材料、润滑油等	电力能源	含油废水、噪声
除灰	电除尘	灰浆泵、渣浆泵	锅炉烟气	干灰、灰渣	COD、SS、F
烟气脱硫	湿法石灰石—石膏烟气脱硫	脱硫塔、脱硫除尘器	除烟后的烟气、石灰石、脱硫剂	石膏	SO_x、NO_x、TSP、CO_2 等
水处理	淡水为锅炉补水、工业及生活水源作为循环水冷却水源及辅机冷却水水源	循环水泵、化学水处理设备、工业沉淀池和澄清池	江河水、地下水	循环水	污泥、酸碱再生液

5.2.1.2　资源价值流核算流程与分配方法

根据资源循环和物量中心的设置，加上资源流动成本的组成，可以计算各个物量中心的能源成本、材料成本、废物处理成本和其他成本。

5.2.1.3　各生产环节资源流成本计算及分析

成本计算。火力发电的材料成本计算分为燃料输送、锅炉燃烧、汽机发电、废弃物处理四个物量中心分别进行计算；能源、间接成本计算仍然按上述四个物量中心予以归集与分配；将各物量中心投入的材料成本、能源成本、间接成本和上一物量中心转入的材料成本、能源成本、间接成本，以及合格品材料成本、能源成本、间接成本和废弃物的材料成本、能源成本、间接成本予以汇总，可反映电力生产各物量中心输入、输出成本情况；资源流成本计算需要结果反映各物量中心的资源流成本的价值流转以及煤粉、蒸汽、电力生产资源的投入成本、合格品成本以及废弃物成本情况。火力发电企业资源流成本汇总见表 5 - 3。

表 5 - 3　　　　火力发电企业资源流成本汇总（年数据）　　　　单位：万元

		材料成本	能源成本	间接成本	合计
合格品	金额（万元）	237487.49	11481.92	8859.43	257828.84
	占总成本比率（%）	85.74	4.15	3.20	93.08
废弃物	金额（万元）	16401.47	1757.32	1001.86	19160.65
	占总成本比率（%）	5.92	0.63	0.36	6.92
合计	金额（万元）	253888.96	13239.24	9861.29	276989.49
	占总成本比率（%）	91.66	4.78	3.56	100.00

根据各物量中心资源流成本的流转情况绘制原煤发电企业资源价值流图（如图 5-1 所示）。

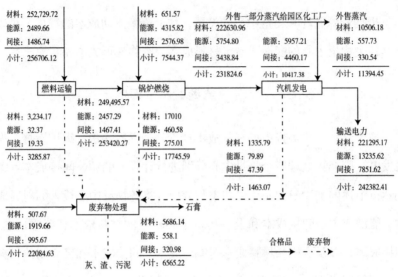

图 5-1　火力发电企业资源价值流

从图 5-1 可以看出，电厂发电过程中，产生的废弃物损失最大的是锅炉燃烧物量中心，达到 17745.59 万元，是循环经济改善的关键点，燃料运输物量中心损失较大，为 3285.87 万元，汽机发电物量中心损失相对较小，为 1463.07 万元，因此，企业废弃物的重复利用还具有较大空间，应根据损失具体情况进行分析，提出相应改善措施，使资源损失降到最低，尤其是煤炭资源的损失。

（1）各产品资源内部成本分析。

根据提供的资料，本案例主要研究煤粉、蒸汽以及电力三种产品的生产，三种产品在生产过程中都会产生废弃物。

A. 煤粉内部成本分析，根据前面的分析，可得煤粉的成本数据如图 5-2 所示。

在煤粉的生产过程中会产生废弃物和损耗，主要有粉尘、冲洗

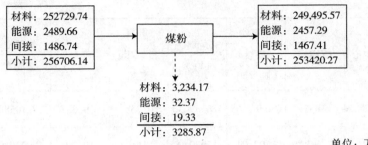

单位：万元

图 5 - 2 煤粉生产资源价值流转

水、煤矸石。这属于生产过程中的损失成本。在整个生产过程中损失成本为 3285.8 万元。

B. 如同煤粉内部成本分析步骤与方法，在蒸汽内部成本分析过程中，产生的废弃物主要有烟气、炉渣、噪声、污水，这属于生产过程中的损失成本。在整个生产过程中损失成本为 17745.59 万元。

C. 同样如同煤粉内部成本分析步骤与方法，在电力内部成本分析中，整个生产过程损失成本为 1463.07 万元，材料成本占电力生产过程中损失成本的大部分，企业在材料的利用上有提高的空间。

（2）各物量中心资源外部损害成本分析。

根据材料中心的废料流量和 LIME 计算模型，火力发电企业废物外部损害的计算结果见表 5 - 4。

表 5 - 4 各物量中心废弃物外部损害成本

物量中心	废弃物	废弃物数量（吨/年）	标准化（kg）	LIME（日元/kg）汇率	汇率	外部损害成本
燃料运输	煤矸石	44565	44565000	1.27	19.39	2918904.1
	合计	44565	44565000	1.27	19.39	2918904.1

物量中心	废弃物	废弃物数量（吨/年）	标准化（kg）	LIME（日元/kg）汇率	汇率	外部损害成本
锅炉燃烧	灰渣	456389.65	456389650	0.738	19.39	17370580
	硫氧化物	1502.04	1502040	141	19.39	10922519
	氮氧化物	1832	1832000	101	19.39	9542650.9
	粒状物	295.69	295690	182	19.39	2775429.6
	二氧化碳	49228.66	49228660	1.74	19.39	4417631.2
	合计	509248.04	509248040	—	19.39	45028810
汽机发电	污泥	28.39	28390	131	19.39	191804.54
	空压机械水中的COD	22.14	22140	6.4	19.39	7307.68
	合计	50.53	50530	—	19.39	199112.22

（3）各物量中心内部资源价值流与废弃物外部环境损害价值流的融合分析。

通过内部资源价值流计算过程和废弃物外部环境损害值，可以将火力发电生产过程中的废物量中心"内部资源损失值—外部环境损害值"进行比较，如图 5-3 所示。

从图 5-3 可以看出，锅炉燃烧和煤炭运输的内部资源价值较高，其中锅炉燃烧中心最大，企业应提出重点改进方案。为了减少燃烧中心，可以综合煤气化联合循环，通过超临界火力发电等先进发电技术

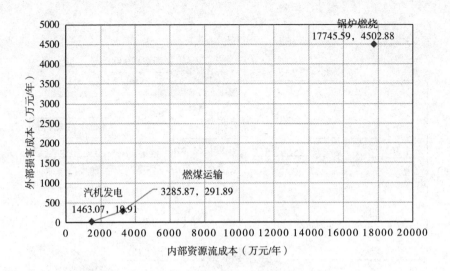

图 5 - 3　火力发电企业废弃物 "内部资源流损失价值—外部

环境损害价值" 比较

实现；燃气—蒸汽联合循环用于改造旧机组的锅炉和主辅机，提高主机的能源效率。通过将内部资源损失的价值推到左边，可以降低内部损失资源价值流的成本。对于外部环境破坏的损失价值，通过工业生态公园的共生关系，可以实现综合利用废弃物资源。废弃物资源成为原料和能源的另一厂房的同时，发电企业可以浪费资源价值会计结果为依据，确定应从产业价值链中的份额价值。比如，灰渣进行资源化再利用，输送给水泥、建材企业做原材料，而废水处理厂污泥经毒性特性溶出程序后进行无害化处理。

（4）企业水资源价值流分析。

水资源流成本计算流程。

根据一般火力发电企业水冷系统水量平衡图可知，主要用水环节为锅炉燃烧、辅助车间以及燃煤运输这三个物量中心。结合具体企业，该企业的水资源流程如图 5 - 4 所示。

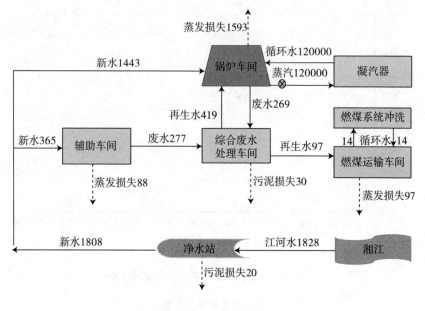

图 5 - 4　水资源流程

图 5 - 4 显示，原煤发电企业每小时抽取 1828 吨的江河水，经净水站净化后大部分输送到锅炉车间，另外一小部分输送到辅助车间，如油罐区工业用水、制氢站工业冷却水等。锅炉燃烧系统收到净水站输送的 1443 吨新水，并用凝汽器产生蒸汽循环水 1.2 万吨，同时锅炉系统中的冷却系统也蒸发掉了 1593 吨冷却水。净水站提供的 1808吨水不包括提供给行政部门和其他辅助生产部门的额外生活用水数量。企业生产过程废水达到了零排放，回收率为 100%。

企业水循环可分为净水站物量中心、锅炉燃烧物量中心、辅助物量中心、综合废水处理物量中心和煤炭运输物量中心五个物量中心。

水资源消耗数量计算。

先按各中心每小时消耗水的数量计算各车间每月消耗的水量，同时反映各中心消耗新水、循环水及损失水的数量。再计算企业投入新水、雨水以及回收利用废水、再生水、回水等的数量，并将各部门水的损失在新水、回收利用水之间予以分配，以便计算各种水的利用数量和损失数量。水资源流成本计算主要计算企业消耗水资源的数量及成本，其中包括有效利用成本及损失水资源成本，同时也反映企业水资源的节约成本。水资源成本计算见表 5 - 5。

表 5 - 5　　　　　　　　　　水资源成本计算

输入或输出	类别		单价(元/吨)	数量计算			成本计算		
				投入数量(吨)	利用数量(吨)	损失数量(吨)	投入成本(万元)	利用成本(万元)	损失成本(万元)
输入	新水		0.5	904687	891388.10	13298.90	45.23	44.57	0.66
	回收利用	废水	0.3754	273207	269190.86	4016.14	10.26	10.11	0.15
		再生水	0.3754	258196	254400.52	3795.48	9.69	9.55	0.14
		循环水	0.0144	60052605	59169831.71	882773.29	86.48	85.20	1.27
	小计		—	60584008	59693423.09	890584.91	106.42	104.86	1.56
	合计		—	61488695	60584811	903884	151.66	149.43	2.23
输出	有效利用		—	—	60584811	—	—	149.43	—
	损失		—	—	—	903884	—	—	2.23
水资源节约成本计算	应投入新水		0.5	61488695	60584811.19	903883.81	3074.43	3029.24	45.19
	实投入新水		0.5	904687	891388.10	13298.90	45.23	44.57	0.66
	水处理成本		—	—	—	—	106.42	104.86	1.56
	节约		—	60584008	59693423.09	890584.91	2922.78	2879.81	42.96
	节约率（%）		—	98.53	98.53	98.53	95.07	95.07	95.07

5.2.2　火力发电企业的资源价值流转的综合评价

企业在输入投入资源、过程、产出、消费和流通产品和污染物排放及其产出，附加值和资源成本方面存在密切的因果逻辑和相互关联。因此，从原材料投入企业的机制和变化规律，生产加工、循环资源流动路径，在此主题选择的基础上，分别从企业资源"入口""流通循环"和"出口"三个过程链接截取资源转换指数，并获得相应的价值，并得到对环境影响数据，定位建筑企业循环经济评价指标体系的资源价值流动效率。

企业在输入端投入的资源量、生产过程消耗和循环的资源量、输出端的产品与污染物排放量与其产值、附加价值及资源成本方面存在紧密的因果逻辑和相互关联。所以，从相应的变化规律和作用机制开始，以企业原料输入、生产加工、回收利用的资源流转路径为基础，分别从企业资源"入口""流转和循环""出口"三个环节分别截取资源实物量指标，并求得相对应的价值量及环境影响数据，以此定位组建企业循环经济资源价值流转效率评价指标体系。

5.2.2.1　评价指标的选择

根据资源输入、循环利用及输出三个环节的基本特征，再结合该企业相关实物量、价值量及环境影响数据的可获得性，确定多个评价指标。然后利用 AHP 方法确立评价指标的权重，研究的过程中，通过咨询电力监管专家、清洁生产部门、财务专家，判断各层次评价指标 b_{ij} 的重要性，并对比值进行评分。准则层评价指标有三项，包括资源投入（C1）、循环利用（C2）以及资源输出（C3），依据专业人员的打分建立以下判断矩阵：

$$B = \begin{pmatrix} 1 & 0.75 & 1 \\ 1.33 & 1 & 1.3 \\ 1 & 0.77 & 1 \end{pmatrix}$$

由此，得 B'

$$B' = \begin{pmatrix} 0.3 & 0.3 & 0.3 \\ 0.4 & 0.4 & 0.39 \\ 0.30 & 0.31 & 0.30 \end{pmatrix}$$

得 $W^* = (0.9, 1.19, 0.91)$

进而得到准则层评价指标的权重向量，

$$W = (0.3, 0.4, 0.3)'$$

$$BW = \begin{pmatrix} 1 & 0.75 & 1 \\ 1.33 & 1 & 1.3 \\ 1 & 0.77 & 1 \end{pmatrix} * \begin{pmatrix} 0.3 \\ 0.4 \\ 0.3 \end{pmatrix} = \begin{pmatrix} 0.9 \\ 1.19 \\ 0.91 \end{pmatrix}$$

计算最大特征根：

$$\lambda_{max} = \frac{1}{3}\left(\frac{0.9}{0.3} + \frac{1.19}{0.4} + \frac{0.91}{0.3}\right) = 3.00$$

$$CI = (\lambda_{max} - n)/(n - 1) = (3.00 - 3)/2 = 0$$

查表得 $RI = 0.58$，于是得 $CR = CI/RI = 0/0.58 = 0 < 0.1$

可以认为判断矩阵具有令人满意的一致性，权重分布合理。因此，第一层次评价指标（资源输入、资源循环、资源输出）的权重为 $W = (0.3, 0.4, 0.3)$。

使用相同的方法判断二级评价指标的重要性对比值数据，可以获得第二层次各评估指标的权重。

（1）资源投入指标包括：销售材料成本率（C11）、销售能源成本率（C12）、销售水资源成本率（C13）、销售系统成本率（C14）、单位发电耗水量（C15）以及综合供电煤耗（C16），建立判断矩阵 B_1：

$$B_1 = \begin{pmatrix} 1 & 1/2 & 1 & 2 & 1/2 & 1/2 \\ 2 & 1 & 2 & 2 & 1 & 2 \\ 1 & 1/2 & 1 & 1 & 1 & 2 \\ 1/2 & 1/2 & 1 & 1 & 2 & 3 \\ 2 & 1 & 1 & 1/2 & 1 & 2 \\ 2 & 1/2 & 1/2 & 1/3 & 1/2 & 1 \end{pmatrix}$$

按照上述方法计算的资源投入指标权重为

$$W_1 = (0.137, 0.240, 0.150, 0.184, 0.178, 0.111)^T$$

（2）资源循环指标包括：材料成本损失率（C21）、能源成本损失率（C22）、内部资源价值与外部损害价值比（C23）、水资源循环利用率（C24）、粉煤灰综合利用率（C25）以及脱硫石膏综合利用率（C26），建立判断矩阵 B_2：

$$B_2 = \begin{pmatrix} 1 & 2 & 2 & 1/3 & 1/3 & 1/4 \\ 1/2 & 1 & 2 & 1/2 & 1/3 & 1/2 \\ 1/2 & 1/2 & 1 & 1/4 & 1/4 & 1/3 \\ 3 & 2 & 4 & 1 & 1 & 2 \\ 3 & 3 & 4 & 1 & 1 & 2 \\ 4 & 2 & 3 & 1/2 & 1/2 & 1 \end{pmatrix}$$

依据以上办法计算得来的资源消耗指标权重是：

$$W_2 = (0.105, 0.097, 0.058, 0.265, 0.281, 0.194)$$

（3）资源输出指标包括：单位发电量烟尘排放量（C31）、单位发电量 SO_2 排放量（C32）、单位发电量废水排放量（C33）、万元工业增加值 CO_2 排放量（C34）、单位产出外部损害价值（C35），建立判断矩阵 B_3：

$$B_3 = \begin{pmatrix} 1 & 1/2 & 1 & 2 & 3 \\ 2 & 1 & 2 & 3 & 5 \\ 1 & 1/2 & 1 & 1/3 & 2 \\ 1/2 & 1/ & 3 & 1 & 2 \\ 1/3 & 1/5 & 1/2 & 1/2 & 1 \end{pmatrix}$$

依据以上办法计算得来的资源循环利用指标权重是：

$$W_3 = (0.212, 0.380, 0.148, 0.187, 0.073)$$

火力发电企业循环经济资源价值流效率评价指标体系中指标层和准则层的权重系数经整理，见表 5−6。

表 5−6　火力发电企业循环经济资源价值流效率定量评价指标体系

准则层	指标层（三级指标）	计算公式	权重
资源输入指标 C1 (0.3)	销售材料成本率（%）C11	材料投入成本/工业总产值	0.137
	销售能源成本率（%）C12	能源成本/工业总产值	0.240
	销售水资源成本率（%）C13	水资源成本/工业总产值	0.150
	销售系统成本率（%）C14	系统成本/工业总产值	0.184
	单位发电耗水量（g/kW·h）C15	新鲜水耗量/发电量	0.178
	综合供电煤耗（kg/kW·h）C16	原煤消耗量/供电量	0.111
资源流转循环指标 C2 (0.4)	材料成本损失率（%）C21	材料成本损失/全部材料成本	0.105
	能源成本损失率（%）C22	能源成本损失/全部能源成本	0.097
	内部资源价值与外部损害价值比 C23	内部资源价值/外部损害价值	0.058
	水资源循环利用率（%）C24	重复用水量/用水总量	0.265
	粉煤灰综合利用率（%）C25	粉煤灰利用量/粉煤灰产生量	0.281
	脱硫石膏综合利用率（%）C26	脱硫石膏利用量/脱硫石膏产生量	0.194

准则层	指标层（三级指标）	计算公式	权重
资源输出指标 C3（0.3）	单位发电量烟尘排放量（g/kW·h）C31	烟尘排放/发电量	0.212
	单位发电量 SO_2 排放量（g/kW·h）C32	SO_2 排放量/发电量	0.380
	单位发电量 NO_x 排放量（g/kW·h）C33	NO_x 排放量/发电量	0.148
	万元工业增加值废水排放量（kg/万元）C34	废水排放量/工业增加值	0.187
	单位产出外部损害价值 C35	废弃物外部损害/工业增加值	0.073

5.2.2.2　计算加权综合评价指标

每个指标量化，然后通过统一的无量纲处理，可得全部的评估指标值，但为了获得资源价值流效率的综合评估值，仍需要采用一定的方法来综合各项指标。加权平均法是对指标进行综合的常用方法，具有乘法规则和加法规则两种形式。

根据加法规则的加权平均法，评价对象 i 的综合评价值 ψ_i 的计算公式如下：

$$\psi_i = \sum_{j=1}^{n} w_j k(v)_{ij}, i = 1,2,\cdots,m$$

其中关联函数 $k(v_i)$ 表示待评物元 R_0 关于 Ci 的具体值 V_i 属于 N 的程度，w_j 为权系数，且满足 $0 \leqslant w_j \leqslant 1, \sum_{j=1}^{n} w_j = 1$ 条件。

根据乘法规则的加权平均法，计算方案的综合评价值 ψ_i：

$$\psi_i = \prod_{j=1}^{n} k(v)_{ij}^{w_j} \quad i = 1,2,\cdots,m$$

根据上述指标的权重，结合火力发电厂的实际指标值以及所在行业各指标的理想值（参考先进企业指标值、行业平均值等）进行加权综合评分，计算结果见表 5 -7。

表 5 -7　火力发电厂循环经济资源价值流效率定量评价指标计算结果

指标层	实际指标值 v_i	理想值	评价值	三级指标权重 w_i	各环节效率评价值	二级指标权重	总效率评价值
销售材料成本率 C11	0.2582	0.2324	0.90	0.137			
销售能源成本率 C12	0.0821	0.076	0.93	0.240			
销售水资源成本率 C13	0.0005	0.00046	0.92	0.150	0.8816	0.3	
销售系统成本率 C14	0.0359	0.031	0.88	0.184			
单位发电耗水量（g/kW·h）C15	8.42	6	0.71	0.178			
供电标煤耗率（g/kW·h）C16	309.47	302.13	0.98	0.111			
材料成本损失率 C21	0.0646	0	0.80	0.105			
能源成本损失率 C22	0.1327	0	0.70	0.097			
内部资源价值与外部损害价值比 C23	6.7253	10	0.67	0.058	0.9158	0.4	0.9253
水资源循环利用率 C24	0.9853	1	0.99	0.265			
粉煤灰综合利用率 C25	0.9716	1	0.97	0.281			
脱硫石膏综合利用率 C26	0.9811	1	0.98	0.194			
单位发电量烟尘排放量（g/kW·h）C31	0.1240	1.8	1	0.212			
单位发电量 SO$_2$ 排放量（g/kW·h）C32	0.200	6.5	1	0.380			
单位发电量 NO$_x$ 排放量（g/kW·h）C33	0.9475	1	1	0.148	0.9818	0.3	
万元工业增加值废水排放量（kg/万元）C34	0	0	1	0.187			
单位产出外部损害价值 C35	0.0079	0	0.75	0.073			

根据以上计算结果，该火力发电公司循环经济资源价值流效率综合评价值为 $0.8816 \times 0.3 + 0.9158 \times 0.4 + 0.9818 \times 0.3 = 0.9253$。

根据火力发电行业清洁生产指南，结合咨询专家评分法和头脑风暴法的开展，对火力发电企业的资源流转效率评价等级区域进行确定。

表 5 - 8　　　　　　火力发电企业资源流转效率等级评价标准

资源流转效率等级	综合评价得分	资源流转效率状况
I	0.90—1.00	优
II	0.60—0.90	良
III	0.40—0.60	中
IV	0.10—0.40	差
V	0.00—0.10	极差

该火力发电公司循环经济资源价值流效率综合评价值为 0.9253，对照等级评价标准，其综合评分处于 0.90—1.00，则该公司的循环经济资源价值流效率评价等级应为 I 级（优）。

与理想值比较，资源输出指数相对最高，处于可循环阶段，与理想值最接近，资源流转循环指数也处于较好水平。资源输入指数相对较低，说明和理想值比较在资源输入和资源高效利用方面还有一定的差距。协调系数与循环系数见表 5 - 9。

表 5 - 9　　　　　　火力发电厂资源流转协调指数结果

C1	C2	C3	标准差 Si	协调系数 Hi
0.8816	0.9158	0.9818	0.0509	0.9451

续　表

C1	C2	C3	平均值 Fi	循环系数 Ci
0.8816	0.9158	0.9818	0.9264	0.9253

从表 5-9 可知，协调指数为 0.9451，数值居于（0.8，1），表明资源输入、资源循环利用以及资源废弃物产出指标之间的协调很好，关系均衡，企业进入（强）协调发展状态。在确定好该企业 2011 年的资源流转发展系数及协调系数后，对该企业 2007—2011 年的 5 年连续数据予以计算，计算结果见表 5-10。通过对 2007—2011 年的数据计算就可对其发展趋势、速度和协调性进行综合评价。

表 5-10　　　　火力发电厂 2007—2011 年协调指数结果汇总

年份 系数	2007	2008	2009	2010	2011
协调系数	0.8492	0.8378	0.8516	0.8997	0.9451
循环系数	0.8311	0.8179	0.8567	0.8823	0.9253

通过计算得出结果，2007 年到 2011 年该企业在实施资源管理与环境保护措施后，成效显著。该企业 2007—2008 年两系数值虽有波动但是仍属较高水平，然而 2008—2011 年的循环系数和协调系数增长很快。从资源流转发展指数趋势看，评价指标体系中指标值与目标值逐年接近，其整体发展水平步入良性发展状态；从协调系数发展看，资源输入指数、资源流转循环指数、资源输出指数等在不断接近，企业将进入（强）协调发展状态。

5.2.3　基于资源价值流转方程式的企业评价分析与决策优化

5.2.3.1　基于资源价值流转方程式的评价分析

基于资源效率、附加价值产出效率以及环境效率一体化的资源价值流转评价方程式，对火力发电厂的资源价值流转效率进行评价（见表5-11）。

表5-11　　　　　　　　火力发电企业资源生产率与环境效率

项目	单位	数值	项目	单位	数值
资源投入量	万元	267128.2	资源生产率	元/元	1.0289
产值	万元	274839	增加值产出效率	元/元	0.1330
工业增加值	万元	36558	环境效率	吨/万元	20.5751
环境废弃物排放当量	吨	752182.82	单位产值的环境负荷比率	吨/万元	0.4021
			单位资源投入的环境负荷比率	吨/万元	2.8158

注：单位产值的环境负荷比率=环境废弃物排放当量/产值；单位资源投入的环境负荷比率=环境废弃物排放当量/资源投入量。

如前所述，该火力发电企业生产工艺流程共分为四部分：燃煤运输、锅炉燃烧、汽机发电及废弃物处理。通过资源价值流转方程式计算各个节点的资源效率、附加值产出效率及环境效率值，结果见表5-12。

表5-12　　　火力发电企业资源价值流转方程式模型计算结果

项目	企业层面	燃料运输	锅炉燃烧	汽机发电	废弃物处理
资源效率（元/元）	1.0289	1.0790	67.1402	46.1355	116.3478

项目	企业层面	燃料运输	锅炉燃烧	汽机发电	废弃物处理
附加值产出效率（元/元）	0.1330	0.1330	0.1330	0.1330	0.1330
环境效率（吨/万元）	0.0122	11.61	20.5615	0.0006	0.0008
单位资源环境负荷率（吨/万元）	2.8158	0.0017	183.6292	0.0037	0.0120

注：由于无法精确计算该企业四个物量中心的产值和工业增加值，所以在计算各物量中心指标时使用的是整个企业的总产值和工业增加值。

由表 5-12 可知，锅炉燃烧环节中单位资源环境负荷率最高，说明此环节资源、环境及经济的综合效益最差。同时，该环节因子环境效率值也最大，意味着该环节废弃物排放量较大，环保效果最差。应用和此环节正、负制品及循环利用的材料、能源及间接成本相关联的分解模型，结果发现，该流程的资源价值损失率很大（23.46%），价值循环利用率很小（0.18%），特别是弃渣、烟气及 SO_2 排放等导致的价值损失（包括原料、能源及系统成本分配损失等）也很大。因此，有必要针对此环节采取相关技术，降低资源价值损失，提高循环利用率。

从单个物量中心来分析，该火力发电企业可以采取改进措施，其产生的经济效益和环境效益分析如下：

（1）在燃料中心设置的煤炭堆置场及输送系统，容易产生粒状污染物以及发生甲烷逸散，通过洒水防治以及增加挡风帷幕，使得逸散物由防治前的 90.07 吨/月下降到 38.4 吨/月，下降幅度达到 57.66%。若通过室内煤仓及袋式集尘器设备可以完全收集所有煤尘，但甲烷逸散应该直接导入锅炉当燃料燃烧，不应以防治设备处理。

（2）锅炉燃烧产生灰渣的再利用方面，底灰作工程填地和建筑材料，飞灰经静电除尘器收集后储存在粉煤灰填埋场，以备外售给水泥制造业、建筑材料业、土木工程等领域进行资源化再利用。现与该市煤炭建材行业的相关企业签订协议，将粉煤灰出售给该电厂附近水泥厂进行综合利用，售价85元／吨，因此固体废弃物排放外部环境损害成本将会大大降低。

（3）烟气脱硫治理方面，使用石灰石膏法烟气脱硫系统能改善烟气硫氧化物的排放浓度，虽然脱硫效率可达95％，但硫氧化物的排放量仍然较大，有1502吨，对园区周围产生了极大的外部环境损害。现可将脱硫系统挡板门密封风电加热改为蒸汽加热，具体是引一根纵管，先至2#锅炉脱硫系统挡板门密封风电加热器，再到1#锅炉脱硫系统挡板门密封风电加热器，凝结水可根据条件回收，此法可每月节约厂用电168万kW·h。

（4）节约燃料油。通过锅炉微油点火及燃烧器改造，更换为四套微油汽化油枪点火燃烧器，并安装一台暖风器利用辅汽加热磨煤机入口冷风。这一系列措施大约可节约燃油135吨。

5.2.3.2 PDCA决策过程

（1）计划与安排阶段。通过超临界火力发电，整体煤气化联合循环，燃气—蒸汽联合循环等先进发电技术，对老机组的锅炉及主要辅机进行改造，提高主机的能源利用效率等。对于外部环境损害价值，可以通过工业生态园的共生关系，实现废弃物资源的综合利用。

（2）计算与分析阶段。对每项按照资源价值流进行归集，通过作业成本和标准成本分摊到各项作业活动，分别核算物量中心各作业材料、人工和制造费用，从而归集出正制品和负废弃物成本。通过比较分析实际作业成本和目标作业成本，确定可以实施改进活动，降低内部资源损失和外部环境损害的关键作业点，使企业各物量中心能够及时采取相应的措施进行科学控制。

（3）诊断与决策。从"输入""消耗与循环""输出"三个环节重点突出资源综合利用、能源梯级利用、资产充分利用、废物再利用等。具体优化思路包括：一是输入口大幅提高再生资源输入数量，以降低资源成本与环境成本；二是循环口主要考虑企业内资源循环利用；三是输出口用再生资源替代原材料，以降低废弃物的产生量。

同时，火力发电厂应采取如下后续发展的优化决策措施：①严格控制入炉煤的质量，加强控制，保证机组在经济负荷下运行；②加强对大型能源转换设备的定期维护保养，提高能源转换设备的效率；③对大型风机、电动机、水泵进行节能改造，减少因机组负荷变化而造成能源和水的浪费，进而提高全厂的能源利用效率和水利用效率；④将现在的露天储存的方式，改为干煤棚储存，降低原煤的储存损耗；⑤加强电厂辅助产品的市场开发工作，节约厂用电和耗水量；⑥将废弃物变"废"为"宝"：废渣制成建材、水泥以及废水回收利用。针对这些建议，该企业将预期开展部分节能减排项目，其改造后的经济效益与环境效益产出分析见表5-13。

表5-13　火力发电企业决策优化后的经济效益与环境效益产出分析

项目	投入	产出	
		效果	具体表现
汽轮机本体改造	600万元	经济效益	预计年节能量5500吨标煤，按每吨标煤700元计算，年节约额为385万元
		环境效益	预期提高高压缸效率2.64%，降低热耗率66.6kJ/kW·h

续　表

项目	投入	产出	
		效果	具体表现
循环水系统改造	350 万元	经济效益	预计年节能量 1500 吨标煤，按每吨标煤 700 元计算，年节约额为 105 万元
		环境效益	预期凝汽器真空提高 0.3～0.4kPa，减少清扫次数，提高机组平均负荷率，降低煤耗 0.5g/kW·h
精细化节能运行调整实验	100 万元	经济效益	预计年节能量 7200 吨标煤，按每吨标煤 700 元计算，年节约额为 504 万元
		环境效益	预期降低灰渣含碳量 2%，供电煤耗下降 1.2g/kW·h

（4）评价与持续改善。通过资源流转方程式对其环境效率、资源生产率进行再计算，确定与目标之间的差距，为缩小差距，可指定决策措施进行改善，包括控制原材料质量，对设备进行调整改造等，对经过实践证明确实有效的措施可以进行标准化处理，制定成以后工作的标准，利于以后的继续推行和推广反馈。总结还存在差异的遗留问题，找出没有效果或效果不理想的原因，在评价阶段对方案效果不是很显著的问题，以及实施过程中发现的新问题进行总结，以便在下一轮 PDCA 循环中进行推动。

经过上述一系列的优化项目改造后，火力发电厂的资源价值流转效率得到较大提高，优化改善前后对比见表 5-14。

表 5-14　　　火力发电厂资源价值流转优化改善前后比较

项目	单位	改善前（2011）	改善后（2013）
资源生产率 R_{p_i}	元/元	1.0289	3.4515

项目	单位	改善前（2011）	改善后（2013）
增加值产出效率 V_{p_i}	元/元	0.1330	0.5108
环境效率 Ee_i	吨/万元	0.0122	0.0914
单位资源的环境负荷 Rw_i	吨/万元	2.8158	0.1624

如表 5 - 14 所示，2013 年发电厂循环经济建设较 2011 年取得较大成效，工业生产生态化水平显著提升，资源利用效率大幅提高，环境负面影响大幅降低；关键领域的资源再生利用技术取得重大突破；资源生产率、增加值产出率、环境效率、单位资源的环境负荷比率等都有了不同程度的改善。仍需要在废弃物综合利用、能源梯级利用、资源高效利用等方面加大力度，作为下一步发展的方向。

5.2.3.3　火力发电企业可采取的循环经济措施

（1）燃煤运输可采取更换犁煤器和回收利用煤矸石的方式。提高煤炭资源的综合利用效率，更换 8 台犁煤器，改进犁煤器煤管，能使皮带运行安全程度得到提高，并减少洒煤量，该投资约 25 万元，可减少运输过程中消耗煤矸石约 30000 吨。每年消耗煤矸石 30440 吨，发电 945.34 万千瓦/时，循环流化床发电生产线每年产生炉渣约 1890.68 吨，每吨售价约 15 元，这种办法既解决了煤矸石污染环境问题，又为企业带来了效益。即煤矸石循环利用产生经济效益 = 9453400 × 0.31462 + 1890.68 × 15 - 250000 = 2752588.91 元，外部损害成本减少额 = 30440 ÷ 44565 × 2918904.1 = 1993749.37 元

（2）锅炉燃烧环节的粉煤灰可分选出售。锅炉燃烧物量中心产生的粉煤灰可由粉煤灰分选厂进行分选出售，减少排放占地费：根据有

关文献计算，占地面积为 1.4km²/万吨，每年排灰 46 万吨，共占地 64.4 km²，按照目前占地费价格为 7000 元·平方千米·年，每年粉煤灰全部排放的占地费为 450800 元。同时，可减少污染土壤损失及周围环境空气污染。根据第三章计算结果可知 46 万吨粉煤灰的外部损害成本为 4502.88 万元/年。

（3）脱硫脱硝浆流循环泵改造。对比优选机械密封，改善浆液循环泵的材料或采取防磨防腐措施，并且优化叶轮结构，减速机的油冷却器采用列管式，可提高叶轮寿命，改善泵的性能，减少硫氧化物和氮氧化物的排放量分别为 880 吨/年和 1358 吨/年，每年将新增 80 万元的固定资产折旧。因此，可获得经济效益为：$880 \times 21 \times 135.85 - 800000 = 1710508$ 元，减少外部损害成本为 $880 \div 1502.04 \times 10922519 + 1358 \div 1832 \times 9542650.9 = 13472820$ 元。

5.2.3.4 完善火力发电企业发展循环经济的相关政策建议

（1）企业层面可采取的建议。

①在燃料中心设置的煤炭堆置场及输送系统，容易产生粒状污染物以及发生甲烷逸散，经过洒水防治以及增加挡风帷幕，使逸散物由防治前的 90.07 吨/月下降到 38.4 吨/月，下降幅度达 57.66%。

②锅炉燃烧产生灰渣的再利用方面，底灰作工程填地、建筑材料，飞灰经静电除尘器收集后储存在粉煤灰填埋场储存，以备外售给水泥制造业、建筑材料业、土木工程等领域进行资源化再利用。

③烟气脱硫治理使用石灰石膏法烟气脱硫系统，改善烟气硫氧化物排放浓度，虽然脱硫效率可达95%，但硫氧化物的排放量仍然较大，达 1502 吨，对园区周围产生了极大的外部环境损害。可将脱硫系统挡板门密封风电加热改为蒸汽加热，可每月节约用电 168 万 kW·h。

（2）政策层面可采取的建议。

①促进电价政策改革。完善可再生能源电价政策，对可再生能源发电企业给予补偿。实施脱销电价，将脱硫电价实行到位。出台和完善节能发电调度经济补偿机制和办法。

②完善低碳及节能减排税收激励机制。完善环境保护的税收政策，征收电力环保水费并完善资源税，根据"谁污染谁付费"原则，加重污染者的税收负担，使其外部成本内部化，并将税收收入作为专用基金，全部用于环境保护；完善资源税，提高火力发电企业的资源利用率。促进节能减排技术推广的税收政策。对火力发电企业节能减排技术服务所得适当实施企业所得税优惠。

③加大低碳及节能减排电力投资支持力度。我国应设立政府低碳经济相关产业发展投资基金，由政府出资或提供担保，以引导社会资本投资于种子期和起步期的节能环保、新能源发电企业的投资基金。

④加强火力电企业节能减排的监管工作。加强发电监管力度，建立健全节能减排长效机制，并加强节能减排信息统计分析，建立节能减排监测预警机制；落实发电企业节能减排目标责任制，发挥企业主体作用，加强组织领导管理和目标责任评价考核；健全低碳及节能减排考核评价体系。

5.3　化工企业资源价值流应用体系

氧化铁颜料生产的主要产品有氧化铁红、氧化铁黄、氧化铁黑、铁钛绿。某氧化铁颜料生产企业共有三个分厂，一分厂为铁红生产和硫酸亚铁制备，二分厂为铁黄和铁钛绿生产，三分厂为铁黑生产和整个工厂的废水处理。企业内主要有原料仓库、晶种制备车间、氧化车间、压滤干燥车间、粉碎仓储车间、成品仓库、机电维修车间、办公楼、科技楼、倒班宿舍、污水处理车间。

5.3.1 化工企业的资源价值流转的计算及诊断

5.3.1.1 化工企业的资源价值流转及计算

根据氧化铁红的生产流程，可将其分为以下四个物量中心：晶种制备物量中心、氧化物量中心、压滤干燥物量中心、粉碎仓储物量中心。氧化铁红生产工艺过程具体包括晶种制备环节、氧化环节、压滤干燥环节、粉碎包装环节，氧化铁黄与氧化铁黑生产工艺流程与氧化铁红基本类似。

氧化铁颜料生产企业主要生产三种产品，资源流成本以生产的产品为单位进行计算。根据生产工艺流程和物料平衡图，各产品材料结合其单价，计算出各自的成本；并计算合格品（或半成品）的数量（吨）；生产过程中除了生产出合格品以外还有以下废弃物：酸解残渣、浆料湿筛渣、三氧化二铁沉渣、废水、蒸发水以及粉尘。在计算合格品的成本时应将投入的成本在合格品以及废弃物之间进行分配；能源、间接成本计算仍按生产产品类别进行归集与分配。根据各产品成本的计算结果可得到各产品的成本汇总。

5.3.1.2 各产品资源流成本分析

（1）各产品资源内部成本分析。

这里主要研究氧化铁红、氧化铁黄以及氧化铁黑三种产品的生产，三种产品在生产过程中都会产生废弃物。

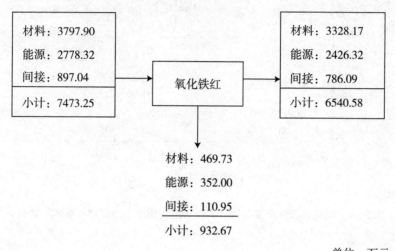

单位：万元

图 5 - 5　氧化铁红生产资源价值流转

（2）各产品生产资源外部损害成本分析。

根据日本的 LIME 方法的系数计算表，可计算氧化铁颜料各产品生产过程废弃物（粉尘、酸解残渣、三氧化二铁沉渣）的外部损害成本。

（3）各产品生产过程中废弃物"内部资源流成本—外部损害成本"分析。

根据各产品生产过程中产生废弃物的内部资源成本以及外部损害成本，绘制氧化铁红生产过程中各废弃物内部资源流成本—外部损害成本比较图，如图 5 - 6 所示。

从图 5 - 6 中可以看出，粉尘（粉碎仓储车间）、三氧化二铁沉渣（压滤干燥车间）、酸解残渣（晶种制备车间）是实现节能减排、实现低碳需要改善的重点。其中粉碎仓储车间内部资源流成本和外部损害成本都是最高的。如果改善这一环节，则会向下和向左移动，这样既可以减少企业内部资源损失价值，给企业带来直接的经济效益，还

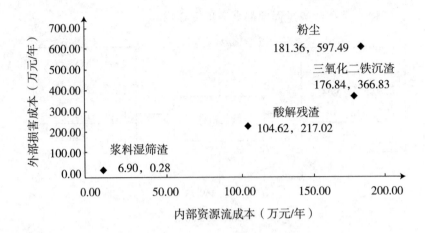

图 5 - 6   氧化铁红生产废弃物 "内部资源流成本—外部损害成本" 比较

会减少环境污染。

同理可以绘制与分析氧化铁黄与氧化铁黑的废弃物 "内部资源流成本—外部损害成本"。

5.3.1.3 企业层面主要资源价值流分析

（1）水资源价值流分析。

根据各产品生产流程图可知，主要用水环节为晶种的制备、氧化以及压滤水洗这三个物量中心。因此，三种产品生产过程中都有生产车间用水。根据企业的用水环节和用水量，可将本公司的水循环先按照产品种类计算，即氧化铁红生产、氧化铁黄生产、氧化铁黑生产。

（2）电资源价值流分析。

企业生产用电中，铁红生产氧化环节的空压机日用电量 8663.34 kW·h，占生产用电总量的 26.82%，占氧化铁红车间用电总量的 51.87%，铁红烘干车间日用电量 7193.33 kW·h，占生产用电总量的 23.22%，占氧化铁红车间用电总量的 43.07%，整个企业的用电平衡如图 5 - 7 所示。

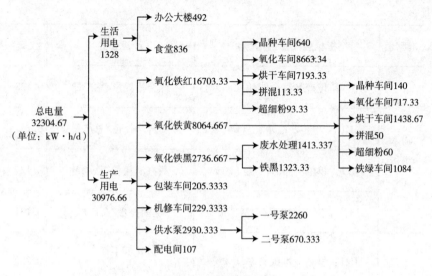

图 5 - 7　企业用电平衡

5.3.2　化工企业资源价值流转的综合评价

参照火力发电企业的构建思路构建氧化铁颜料生产企业资源价值流转效率评价指标体系，再根据 AHP 确定指标权重，参照火力发电厂类似数据的计算方法，整理氧化铁生产企业循环经济资源价值流效率评价指标体系中准则层和指标层的权重系数（见表 5 - 15、表 5 - 16）。

表 5 - 15　氧化铁生产企业循环经济资源价值流效率定量评价指标体系

准则层	指标层（三级指标）	计算公式	权重
资源输入指标 C1	C11：销售材料成本率（%）	材料投入成本/总产值	0.128
	C12：销售能源成本率（%）	能源成本/总产值	0.122
	C13：销售水资源成本率（%）	水资源成本/总产值	0.122
	C14：销售间接成本率（%）	间接成本/总产值	0.114

续　表

准则层	指标层（三级指标）	计算公式	权重
资源输入指标 C1	C15：单位产品综合能耗（tec/t）	综合消耗量/总产量	0.128
	C16：单位产品水耗（t/t）	新鲜水耗量/总产量	0.127
	C17：单位产品蒸汽耗（t/t）	蒸汽消耗量/总产量	0.127
	C18：单位产品电耗（kW·h/t）	电消耗量/总产量	0.131
资源流转循环指标 C2	C21：材料成本损失率（%）	材料成本损失/全部材料成本	0.222
	C22：能源成本损失率（%）	能源成本损失/全部能源成本	0.182
	C23：内部资源价值与外部损害价值比	内部资源价值/外部损害价值	0.210
	C24：水重复利用率（%）	重复用水量/用水总量	0.194
	C25：废渣综合利用率（%）	废渣利用量/废渣总量	0.192
资源输出指标 C3	C31：废气中粉尘含量（g/m³）	粉尘含量/废气排放量	0.272
	C32：万元产值 COD 排放量（t/万元）	COD 排放量/总产值	0.288
	C33：每吨产品废水排放量（t/t）	废水排放量/总产量	0.228
	C34：单位产出外部损害价值	废弃物外部损害/工业增加值	0.212

表 5 - 16　　　**三环颜料生产企业循环经济资源价值流**
效率定量评价指标计算结果

指标层	实际指标值 v_i	理想值	评价值	三级指标权重 w_i	各环节效率评价值	二级指标权重	总效率评价值
C11：销售材料成本率	0.1992	0.15	0.75	0.128			
C12：销售能源成本率	0.1558	0.11	0.71	0.122			
C13：销售水资源成本率	0.0005	0.0004	0.80	0.122			
C14：销售系统成本率	0.0525	0.04	0.76	0.114			
C15：单位产品综合能耗（tec/t）	0.919	1.14	1	0.128	0.8799	0.3	
C16：单位产品水耗（t/t）	14.525	30	1	0.127			
C17：单位产品蒸汽耗（t/t）	6.795	8.58	1	0.127			
C18：单位产品电耗	319	337.5	1	0.131			
C21：材料成本损失率	0.1634	0	0.84	0.222			0.7985
C22：能源成本损失率	0.1399	0	0.86	0.182			
C23：内部资源价值与外部损害价值比	0.4736	2	0.76	0.210	0.7093	0.4	
C24：水重复利用率（%）	35	56	0.63	0.194			
C25：废渣综合利用率（%）	21.97	50	0.44	0.192			
C31：废水中 COD 含量（mg/L）	44	46	1	0.272			
C32：万元产值粉尘排放量（t/万元）	0.0594	0	0.84	0.288			
C33：每吨产品废水排放量（t/t）	7.8470	5.18	0.66	0.228	0.8361	0.3	
C34：单位产出外部损害价值	0.0765	0	0.81	0.212			

　　注：该企业主要生产氧化铁红、氧化铁黄和氧化铁黑三种系列产品，其产品比重依次为 62.5%、30% 和 7.5%。按比重加权计算综合值。

根据以上计算结果，该氧化铁生产企业循环经济资源价值流效率综合评价值为 0.7985。

三环颜料生产企业循环经济资源价值流效率综合评价值为 0.7985，循环经济资源价值流效率评价等级应为Ⅱ级，为国内先进标准。相较于理想值，资源输入指数处于较高循环阶段；资源输出指数也处于较好水平。资源流转循环指数相对较低，说明资源循环利用情况相对较差，和理想值还有一定差距。协调系数与循环系数见表 5 – 17。

表 5 – 17　　　　　　　三环颜料厂资源流转协调指数结果

C1	C2	C3	标准差 Si	协调系数 Hi
0.8799	0.7093	0.8361	0.0886	0.8904
C1	C2	C3	平均值 Fi	循环系数 Ci
0.8799	0.7093	0.8361	0.8084	0.7985

从表 5 – 17 可知，协调指数为 0.8904，说明资源输入、资源循环利用以及资源废弃物产出指标之间的协调较好，指标之间关系较均衡，进入协调发展状态。在确定好该企业 2012 年的资源流转发展系数及协调系数后，对该企业 2008—2012 年的 5 年连续数据予以计算，计算结果见表 5 – 18。通过对 2008—2012 年的数据计算就可对其发展趋势、速度和协调性进行综合评价。

表 5 – 18　　　　三环颜料厂 2008—2012 年协调指数结果汇总

年份＼系数	2008	2009	2010	2011	2012
协调系数	0.7438	0.7897	0.8084	0.8511	0.8904
循环系数	0.7009	0.7168	0.7341	0.7422	0.7985

通过计算得出结果，该企业在实施资源管理与环境保护措施后，成效较显著。该企业 2008—2012 年两系数值均呈增长趋势。从资源流转发展指数趋势看出，评价指标体系中指标值与目标值逐年接近，其整体发展水平进入良性发展状态；从协调系数发展看，资源输入指数、资源流转循环指数、资源输出指数等不断接近，从基本协调发展向协调发展逐步接近。

5.3.3　基于资源价值流转方程式的企业评价分析与决策优化

5.3.3.1　基于资源价值流转方程式的评价分析

基于资源价值流转评价方程式，对三环颜料的资源价值流转效率进行评价，计算结果见表 5 - 19。

表 5 - 19　　　　　　　氧化铁生产企业资源生产率与环境效率

项目	单位	数值	项目	单位	数值
资源投入量	万元	497.93	资源生产率	元/元	4.3907
产值	万元	30000	增加值产出效率	元/元	0.8466
工业增加值	万元	29124.16	环境效率	吨/万元	0.0320
环境废弃物排放当量	吨	8583.72	单位产值的环境负荷比率	吨/万元	0.0271
			单位资源投入的环境负荷比率	吨/万元	0.1189

注：单位产值的环境负荷比率 = 环境废弃物排放当量/产值；单位资源投入的环境负荷比率 = 环境废弃物排放当量/资源投入量。

通过资源价值流转方程式计算各个节点的资源效率、附加值产出效率及环境效率值，见表 5 – 20。

表 5 – 20　氧化铁颜料生产企业资源价值流转方程式模型计算结果

项目	企业层面	氧化铁红	氧化铁黄	氧化铁黑
资源效率（元/元）	4.3907	2.5089	2.4558	2.0673
附加值产出效率（元/元）	0.8466	0.9708	0.9708	0.9708
环境效率（吨/万元）	0.0320	9.2432	4.0120	6.8950
单位资源环境负荷率（吨/万元）	0.1189	22.5131	9.5650	13.8378

该企业预期采用如下优化方案，这些优化项目预期将使企业获得正的经济效益和环境效益，可见这些优化改善方案是可行的（见表 5 – 21）。

表 5 – 21　　　　　　　　三环颜料企业优化方案预测

方案名称	投资（万元）	经济效益	环境效益
振动脱水筛改造方案	50	节约资金 18 万元/a	降低噪声污染
废水处理站调节池扩建方案	30	节约资金 0.43 万元/a	减少 COD 年排放量 2.21 吨，增加废水回用率
合计	80	18.43 万元/a	

从表 5 – 21 可知，两项中高费方案全部实施后，总投资 80 万元，每年可增加经济效益近 18.43 万元，因为每年降低维修成本 6 万元，工作效率提高为工厂带来 12 万元的经济效率，每年节省取水用电费用 0.43 万元。降低年 COD 排放量 2.21 吨，增加废水回用率至 38%。

取得了水和电单耗等原材料消耗各项指标的历史最好纪录,经济效益和环境效益显著,审核效果已达到预期清洁生产目标。

所有方案实施后,振动脱水筛噪声下降至 65.6 分贝,废水回用率提高到 38%,减少废水排放量 11051.55 吨/年,工厂电力年消耗量下降至 7030150 kW·h,比清洁生产审核之前下降了 11.01%。COD 排放量下降了 2.93%。方案实施后,清洁生产水平指标对比见表 5 - 22。

表 5 - 22　　　　　　　　　　拟方案实施后指标对比

序号	项目	单位	现状	预期目标	
				绝对量	相对量
1	振动脱水筛噪声	db（A）	88 ~ 90	65.6	减少 25.45
2	废水回用率	%	35	38	提高 8.57
3	电力消耗	kW·h/a	7900150	7030150	减少 11.01
4	COD	吨	75.54	73.33	减少 2.93

5.3.3.2　PDCA 决策过程

(1) 计划与安排阶段。根据三环颜料生产企业建设要求,按照循环经济发展模式,调整优化产业结构,建立符合循环经济生产体系。为达到这一循环经济发展目的,该企业在进行决策时主要考虑通过采取资源综合利用、能源梯级利用、废弃物再利用等优化措施予以实现。

(2) 计算与分析阶段。三环颜料生产企业主要生产氧化铁红、氧化铁黄和氧化铁黑三种产品。该企业以这三种产品为核算对象来归集和分摊成本,按照资源价值流对每种产品进行再归集,然后按照作业成本和标准成本分摊到各项作业活动，分别核算物量中心各作业材料、人工和制造费用，从而归集出正制品和负制品成本。通过比较分析实际作业成本和目标作业成本，确定可以实施改进活动、降低内部资源损失和外部环境损害的关键作业点，使得企业各物量中心能及时采取相应的措施进行科学控制。

（3）诊断与决策。在资源价值流转路线优化时，从资源"输入""消耗与循环""输出"三个环节重点突出资源综合利用、能源梯级利用、资产充分利用、废物再利用等。具体优化思路包括：一是输入口大幅提高再生资源输入数量，以降低资源成本与环境成本；二是循环口主要考虑企业内资源循环利用；三是输出口用再生资源替代原材料，以降低废弃物的产生量。

（4）评价与持续改善。通过资源流转方程式对其环境效率、资源生产率进行再计算，确定与目标之间的差距，为缩小差距，可指定决策措施进行改善，包括控制原材料质量，调整改造设备等，对实践证明确实有效的措施可以进行标准化处理，制定成以后工作的标准，利于以后的继续推行和推广反馈。总结还存在差异的遗留问题，找出没有效果或效果不理想的原因，在评价阶段总结方案效果不是很显著的问题，以及实施过程中发现的新问题，以便在下一轮 PDCA 循环中进行推动。

5.3.3.3　生产企业可采取的循环经济措施

（1）废弃物的处理以及循环利用。

根据对氧化铁颜料生产过程中各物质的计算和分析得出，在氧化铁颜料的生产过程中，主要产生的废弃物有废水（473493.6 立方米/年）、酸解残渣（928.8 吨/年）、浆料湿筛渣（2175.84 吨/年）、三氧化二铁沉渣（36797.2 吨/年）、粉尘（1781.88 吨/年）。对这些物质进行处理或者循环利用（卖出、回收利用等）既可以实现经济效益也可以实现环境效益。

（2）各物量中心循环经济措施。

①晶种制备中心，氧化铁颜料生产所用原材料主要为废铁皮，其杂质含量较高，加强对其验收管理有助于提高产品合格品率，从而减少废弃物的排放，可以节约成本 1 万元/年。

②氧化中心产生的三氧化二铁沉渣是生产氧化铁黑的主要原材料，将其回收利用可以减少成本。

③压滤干燥中心，企业 95% 的水会以废水的形式排出，将其回用率提高 3%，节约的水量为 1.42 万吨，从而节约成本 0.44 万元。浆料湿筛渣同样含有大量的铁，其总量为 2175.84 吨，将其卖出可带来收益 17.41 万元。

④粉碎仓储中心，该环节产生大量的粉尘，对粉尘进行回收，回收量占总产量的比率为 0.15%，合格品总成本为 10124.71 万元，所以节约成本 15.19 万元。另外，原有粉碎机功率过高，更换粉碎机可每年节约 27 万千瓦时，去掉置换粉碎机的成本，每年可节约成本 2 万元。

5.3.3.4　完善氧化铁颜料生产发展循环经济的相关政策建议

（1）从源头上控制污染的产生。对员工进行培训，制定严格的原材料验收标准，提高原材料质量，减少由于原材料中杂质含量过高导致的材料以及能源的浪费。定期对水管、原辅材料输送管进行检查，防止发生泄漏事件。

（2）根据各生产环节的具体情况制定循环经济措施。如将大功率、能耗高的设备加载变频设备，减少耗电量。

（3）对废弃物进行妥善处理，实现损失最小化。无论是酸解残渣还是浆料湿筛渣中都含有大量的铁，可以在经过处理后为炼铁厂所用。因此，可以将其卖给炼铁厂以实现收益及减少堆放造成的环境污染。建立废水集中处理站，将废水处理后进行循环使用虽然需要投入大量成本但可以带来长期收益，也可以在带来经济效益的同时带来环境效益。

（4）加强与园区内其他企业的合作。氧化铁产业的上游是化工、钢材资源产业，氧化铁产业的物质资源消耗比重占生产的基本原材料用量的95%以上。因此，节约资源、充分利用及实现废弃物的资源化，开发新资源及可再生资源，与冶金、硫酸、钛白、钢材等资源部门紧密合作，已经成为氧化铁产业发展循环经济的一项长期任务。从上游企业获取所需原材料既能节约成本又能实现循环经济，将废弃物传递给下游企业既能减少污染也能带来部分收益。

5.4 汽车制造企业资源价值流应用体系

随着中国经济的快速发展，居民收入水平逐渐提高，以及在政府购置税优惠、以旧换新、汽车下乡、节能惠民产品补贴等多种鼓励消费政策叠加效应的作用下，2005年至2014年，我国汽车产销量保持稳定增长态势，为促进国民经济快速发展做出了重大贡献。但随着我国汽车保有量的迅速攀升，资源/能源短缺、环境污染严重等负面问题日益突出，严重制约了汽车产业的健康持续发展，给国家在能源安全和环境保护方面带来长期的威胁和挑战。

5.4.1   汽车制造企业的资源价值流转的计算及诊断

5.4.1.1   汽车制造企业的资源价值流及计算

在循环经济活动中，物质流动与其价值变化存在内在逻辑关系。在企业产品生命周期中应用循环经济后，其主要资源不仅仅形成单向流动，伴随着的将会是资源、产品和废弃物的循环流动过程（如图5－8所示）。

根据汽车制造流程的不同环节和汽车制造的主要四大车间，大致可将汽车的物量中心划分为：冲压中心、焊装中心、涂装中心、总装中心。针对每一个具体物量中心，其成本可分为材料成本、能源成本、间接成本。基于物质流与价值流相互影响变化的规律，从而形成各自的功能定位：物质流构成价值流的核算基础，而价值流则反过来形成衡量物质流路线优化后经济可行性的重要工具，两者缺一不可。

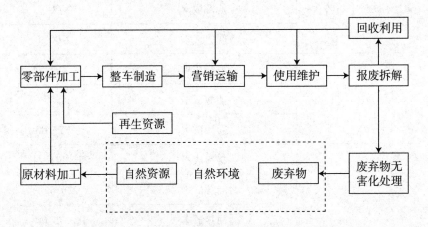

图 5－8   应用循环经济后汽车制造企业产品生产流程

5.4.1.2 各物量中心资源流成本分析

（1）焊装物量中心成本分析。

根据焊装物量中心资源流成本计算过程，物量中心成本分析见表5-23。

焊装物量中心总成本29073.33万元中，合格产成品（白车身总成）的成本为29068.97万元，流转损失成本为4.36万元。通过分析，全部成本中有0.01%的是资源损失成本。其中0.01%的为直接材料的耗损成本，由此分摊的能源成本、间接成本比率几乎为零。损失成本所占比率较小，损失金额也不是很大，这意味着该物量中心资源利用率相对较好。

表5-23 焊装物量中心内部资源成本分析

项目分类	成本项目	数值（万元/年）
上一物量中心转入	材料成本	0.00
	能源成本	0.00
	间接成本	0.00
本物量中心投入	材料成本	27,471.74
	能源成本	226.59
	间接成本	1,375.00
合计	材料成本	27,471.74
	能源成本	226.59
	间接成本	1,375.00
	合计	29,073.33

项目分类	成本项目	数值（万元/年）
合格品成本	材料成本	27，467.54
	占总成本比率	94.48%
	能源成本	226.57
	占总成本比率	0.78%
	间接成本	1，374.86
	占总成本比率	4.73%
	小计	29，068.97
	占总成本比率	99.99%
废弃物成本	材料成本	4.20
	占总成本比率	0.01%
	能源成本	0.02
	占总成本比率	0
	间接成本	0.14
	占总成本比率	0
	废弃物处理费用	0
	小计	4.36
	占总成本比率	0.01%
销售	废弃物再利用、再回收的销售价格	0

（2）涂装物量中心内部资源成本分析。

按照焊装中心的内部资源成本计算方法，涂装物量中心总成本31046.10 万元中，合格产成品（漆后白车）的成本为30999 万元，流转损失成本为 47.10 万元。其全部成本中有 0.15% 的是资源损失成本。其中 0.13% 的为直接材料的耗损成本，由此分摊的能源成本、间接成本为 0.02%。材料损失比能源、间接成本损失大很多，这意味着该物量中心材料成本存在节约空间，将提高材料的资源利用率作为本物量中心的重点工作。

（3）各物量中心资源外部损害成本分析。

我们借鉴日本 2005 年发布的环境损害综合系数表（ver.1）予以计算。具体计算见表 5 - 24。

表 5 - 24　　　　汽车制造各物量中心废弃物外部损害成本计算

物量中心	废弃物	物质类别	废弃物数量（吨/年）	标准化（kg）	LIME 值（元）	外部损害成本（万元）
焊装	渣/粉尘	其他类	2.00	2000	4.86	0.97
涂装	渣/粉尘	其他类	300.00	300000	4.86	145.80
合计			—	—	—	146.77

汽车的制造产生的废弃物对外部损害成本为 146.77 万元，其中涂装物量中心的损失成本较大，占到汽车制造外部损害成本的大部分，焊装物量中心的损害成本相对较小。因此，涂装物量中心为重点改善的对象。

（4）各物量中心废弃物"内部资源流成本—外部损害成本"分析。

根据汽车制造各物量中心废弃物的内部资源流成本及外部损害成本，编制汽相关比较表（见表 5 - 25）。

表 5 - 25　汽车制造废弃物"内部资源流成本—外部损害成本"比较

物量中心	废弃物	物质类别	内部资源流成本 （万元/年）	外部损害成本 （万元/年）
焊装	渣/粉尘	其他类	4.36	0.97
涂装	渣/粉尘	其他类	41.70	145.80
合计			46.06	146.77

　　汽车生产主要废弃物外部损害成本很大，内部资源流成本相对较小。其中涂装物量中心内部资源流成本和外部损害成本都很大，占其成本总和的大部分，企业有必要引起重视，做出相应改善。根据表 5 - 25，可绘制汽车制造各物量中心废弃物"内部资源流成本—外部损害成本"比较图，如图 5 - 9 所示。

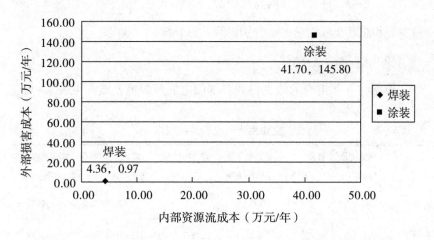

图 5 - 9　汽车制造废弃物"内部资源流成本—外部损害成本"比较

　　涂装物量中心所发生的内部资源流成本与外部损害成本都很大；焊装物量中心的内部资源流成本相对较大，外部损害成本相对较小。针对上述情况，企业应当将重点放在涂装物量中心上，研究涂装物量中心的资源节约方案，减少废弃物的排放量，从而提高企业的直接经济效益。

5.4.1.3 企业层面主要资源价值流分析

（1）水资源价值流分析。

全厂总用水量为80191m³/d，其中新鲜用水量为2175m³/d，循环水量为78016 m³/d，工业用水重复利用率为97%；废水产生量为1164m³/d，其中生产废水822m³/d，经厂区污水处理设施分类处理后再排入市政污水管网送入污水处理厂处理；生活污水342m³/d，直接经市政污水管网送入污水处理厂处理。其中，喷涂工序废水、脱脂清洗废水、磷化清洗废水及电泳清洗废水是由涂装车间产生，车间设备及地面清洗是冲压车间和总装车间用于清洗设备及地面的用水，各个车间的生产用水和生活用水都经厂处理后由厂总排出口排出到污水厂。将企业水循环分为四个物量中心，即冲压车间物量中心、焊装车间物量中心、涂装车间物量中心和总装车间物量中心分别进行计算分析。

（2）电资源流分析。

根据财务部提供的数据得到各部门电能资源消耗成本见表5-26。

表5-26　　　　　　企业生产用电资源流成本

车间	单价（元/万 kW·h）	数量（万 kW·h/年）	合格品数量（万 kW·h/年）	废弃物数量（万 kW·h/年）	成本（万元/年）	合格品成本（万元/年）	废弃物成本（万元/年）
焊装车间	9630.00	234	233.98	0.02	225.34	225.32	0.02
涂装车间	9630.00	470	468.83	1.17	452.61	451.48	1.13
总装车间	9630.00	10.2	10.2	0	9.82	9.82	0.00
合计	—	714.2	713.01	1.19	687.77	686.63	1.15
成本比率（%）	—	—	—	—	100	99.83	0.17

表5-26中，企业每年消耗电能成本为687.77万元，用于合格

品生产用电 686. 63 万元，占电的总成本的 99. 83%，电的损失成本为
1. 15 万元，占电的总成本的 0. 17%。

　　根据计算得出电资源损失的内部资源成本及外部损害成本，可编
制企业电资源损失"内部资源流成本—外部损害成本"比较表（见表
5 – 27）。

表 5 – 27　　企业电资源损失"内部资源流成本—外部损害成本"比较

部门	资源损失	内部资源流成本（万元/年）	外部损害成本（万元/年）
焊装车间	电力	225. 34	0. 005
涂装车间	电力	452. 61	0. 316
合计		677. 95	0. 32

　　根据表 5 – 27，可绘制企业电资源"内部资源流成本—外部损害
成本"比较图（如图 5 – 10 所示）。

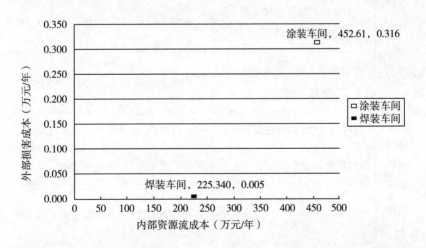

图 5 – 10　企业电资源损失"内部资源流成本—外部损害成本"比较

5.4.2 汽车制造企业的资源价值流转的综合评价

参照火力发电企业的构建思路构建汽车制造企业资源价值流转效率评价指标体系，再根据 AHP 确定指标权重，参照火力发电厂类似数据的计算方法，整理汽车制造企业循环经济资源价值流效率评价指标体系中准则层和指标层的权重系数（见表 5 – 28、表 5 – 29）。

表 5 – 28　　汽车制造企业循环经济资源价值流效率定量评价指标体系

准则层	指标层（三级指标）	计算公式	权重
资源输入指标 C1 (0.3)	C11：销售材料成本率（%）	材料投入成本/年销售收入	0.134
	C12：销售能源成本率（%）	能源成本/年销售收入	0.134
	C13：销售水资源成本率（%）	水资源成本/年销售收入	0.117
	C14：销售系统成本率（%）	系统成本/年销售收入	0.117
	C15：万元工业增加值新鲜水耗量（t/万元）	新鲜水耗量/工业增加值	0.242
	C16：万元工业增加值钢耗（t/万元）	钢板消耗量/工业增加值	0.255
资源流转循环指标 C2 (0.4)	C21：材料成本损失率（%）	材料成本损失/全部材料成本	0.188
	C22：能源成本损失率（%）	能源成本损失/全部能源成本	0.188
	C23：内部资源价值与外部损害价值比	内部资源价值/外部损害价值	0.250
	C24：水资源循环利用率（%）	重复用水量/用水总量	0.375

续　表

准则层	指标层（三级指标）	计算公式	权重
资源输出指标 C3 (0.3)	C31：万元工业增加值烟尘排放量（t/万元）	烟尘排放/工业增加值	0.155
	C32：万元工业增加值 SO_2 排放量（kg/万元）	SO_2 排放量/工业增加值	0.155
	C33：万元工业增加值废（漆）渣排放量（t/万元）	CO_2 排放量/工业增加值	0.155
	C34：万元工业增加值外排废水量（t/万元）	外排废水量/工业增加值	0.174
	C35：万元工业增加值废水（COD）排放量（kg/万元）	废水排放量/工业增加值	0.174
	C36：单位产出外部损害价值	废弃物外部损害/工业增加值	0.188

表 5-29　汽车制造公司循环经济资源价值流效率定量评价指标计算结果

指标层	实际指标值	理想值	评价值	三级指标权重	各环节效率评价值	二级指标权重	总效率评价值
C11：销售材料成本率（%）	20.8997	16.93	0.81	0.134			
C12：销售能源成本率（%）	0.6978	0.45	0.78	0.134			
C13：销售水资源成本率（%）	0.0393	0.01	0.90	0.117			
C14：销售系统成本率（%）	3.5797	2.94	0.87	0.117	0.8824	0.3	0.8797
C15：万元工业增加值新鲜水耗量（t/万元）	10.56	18.48	0.	0.242			
C16：万元工业增加值钢耗（t/万元）	0.16	0.56	1	0.255			

续　表

指标层	实际指标值	理想值	评价值	三级指标权重	各环节效率评价值	二级指标权重	总效率评价值
C21：材料成本损失率（%）	0.11	0	0.89	0.188			
C22：能源成本损失率（%）	0.01	0	0.96	0.188	0.8022	0.4	
C23：内部资源价值与外部损害价值比	2119	2	0.65	0.250			
C24：水资源循环利用率	0.9785	1	0.98	0.375			
C31：万元工业增加值烟尘排放量（kg/万元）	0.012	0.99	1	0.155			0.8797
C32：万元工业增加值SO_2排放量（kg/万元）	0.019	1.48	1	0.155			
C33：万元工业增加值废（漆）渣排放量（t/万元）	0.0052	0.12	1	0.155	0.9803	0.3	
C34：万元工业增加值外排废水量（t/万元）	7.16	14.45	1	0.174			
C35：万元工业增加值COD排放量（kg/万元）	0.2998	1.77	1	0.174			
C36：单位产出外部损害价值	0.000005	0	0.89	0.188			

　　根据以上计算结果，该汽车制造公司循环经济资源价值流效率综合评价值为 0.8797，该公司的循环经济资源价值流效率评价等级应为 I 级（优）。与理想值比较，资源输入指数、输出指数均处于较高循环阶段，资源输出指数与理想值最接近；资源流转循环指数相对较低，

处于可循环阶段，说明资源循环利用方面和理想值比较还有一定差距。协调系数与循环系数见表 5 - 30。

表 5 - 30　　　　　　　汽车公司资源流转协调指数结果

C1	C2	C3	标准差 Si	协调系数 Hi
0.8824	0.8022	0.9803	0.0892	0.8996
C1	C2	C3	平均值 Fi	循环系数 Ci
0.8824	0.8022	0.9803	0.8883	0.8797

从表 5 - 30 可知，协调指数为 0.8996，说明资源输入、资源循环利用以及资源废弃物产出指标间的协调较好，指标间关系较为均衡。在确定好该企业 2011 年的资源流转发展系数及协调系数后，对该企业 2007—2011 年的 5 年连续数据予以计算，计算结果见表 5 - 31。通过对 2007—2011 年的数据计算就可对其发展趋势、速度和协调性进行综合评价。

表 5 - 31　　　　汽车公司 2007—2011 年协调指数结果汇总

年份 系数	2007	2008	2009	2010	2011
协调系数	0.8104	0.8075	0.8272	0.8578	0.8996
循环系数	0.8052	0.7786	0.8135	0.8345	0.8797

通过计算得出结果，该企业在实施资源管理与环境保护措施后，成效较显著。该企业 2007—2008 年两系数值虽有波动但仍属较高水平，而 2008—2011 年的循环系数和协调系数增长很快。从资源流转

发展指数趋势看出，评价指标体系中指标值与目标值逐年接近，其整体发展水平进入良性发展状态；从协调系数发展看，资源输入指数、资源流转循环指数、资源输出指数等不断接近，企业进入（强）协调发展状态。

5.4.3　基于资源价值流转方程式的企业评价分析与决策优化

5.4.3.1　基于资源价值流转方程式的评价分析

基于资源价值流转评价方程式，对汽车公司的资源价值流转效率进行评价。

表 5 - 32　　　　　　汽车公司资源生产率与环境效率计算

项目	单位	数值	项目	单位	数值
资源投入量	万元	37726.41	资源生产率	元/元	3.9718
年销售收入	万元	149843.4	增加值产出效率	元/元	0.3906
工业增加值	万元	58531.41	环境效率	吨/万元	0.0021
环境废弃物排放当量	万吨	124.31	单位产值的环境负荷比率	吨/万元	0.0008
			单位资源投入的环境负荷比率	吨/万元	0.0033

注：单位产值的环境负荷比率＝环境废弃物排放当量/产值；单位资源投入的环境负荷比率＝环境废弃物排放当量/资源投入量。

如前所述，该汽车制造公司生产工艺流程共划分为三个物量中心：焊装、涂装及总装，各个节点的资源效率、附加值产出效率及环境效率值见表 5 - 33。

表 5 – 33　　　　　汽车公司资源价值流转方程式模型计算结果

项目	企业层面	焊装	涂装	总装
资源效率（元/元）	3.9718	1.6217	0.9120	1.3345
附加值产出效率（元/元）	0.3906	0.3906	0.3906	0.3906
环境效率（吨/万元）	0.0021	11.6110	64.2287	25.7359
单位资源环境负荷率（吨/万元）	0.0033	7.3548	22.8800	13.4150

注：由于无法精确计算该企业三个物量中心的产值和工业增加值，所以在计算各物量中心指标时使用的是整个企业的总产值和工业增加值。

由表 5 – 33 可知，涂装环节的单位资源环境负荷率最高，意味着资源、环境及经济的综合效益最差。同时，该环节因子环境效率值也最大，说明废弃物排放量较大，环保效果最差。应用相关模型，结果发现，该流程的资源能耗高、资源价值损失率较大、价值循环利用率较小，特别是能源消耗占总能耗的 60% 左右，损耗也大。因此，有必要针对此环节采用相关技术，降低资源价值损失，提高循环利用率。

5.4.3.2　PDCA 决策过程

（1）计划与安排。根据汽车公司的循环经济建设要求，按照循环经济发展模式，调整优化产业结构，建立符合循环经济要求的生产体系。借助资源流转方程式进行，如循环经济发展情况下，依据方程式，该企业的固态物质投入量以每年 10% 的比例增长，则若想保持环境污染排放量不变，则单位资源环境污染排放量则以 9.09% 的比例降低。为达到这一循环经济发展目的，通过资源综合利用、能源梯级利用、废弃物再利用实现，因此企业在进行决策时可以考虑此方面。

（2）计算与分析。以汽车公司的三个物量中心来归集和分摊成本，按照资源价值流对每项进行归集，然后按照作业成本和标准成本分摊到各项作业活动，分别核算物量中心各作业材料、人工和制造费用，从而归集出正制品和负制品成本。通过比较分析实际作业成本和目标作业成本，确定可以实施改进活动、降低内部资源损失和外部环境损害的关键作业点，使得企业各物量中心可以及时采取相应的措施进行科学控制。

（3）诊断与决策。对于汽车企业来说，其大气污染物排放主要为涂装车间喷漆废气和烘干废气中的二甲苯和非甲烷总烃、总装车间无组织排放的汽车尾气、燃气锅炉排放的烟尘、SO_2、NO_x 等；排放的废水主要有涂装车间喷漆废水、脱脂废水、电泳废水和磷化废水，冲压车间和总装车间设备地面清洗废水、生活废水；主要固体废物为各车间产生的金属废料、包装材料和废油、废抹布手套；涂装车间产生的磷化废渣、漆渣、废有机溶剂、废油漆桶等；冲压车间产生的废边角料；焊装车间产生的焊渣；污水处理站产生的磷化废水、预处理污泥和一般污泥。该企业主要存在的问题表现为：废弃物排放量大，特别是焊装和涂装环节；能源资源消耗大，水资源消耗大，回收利用率较低等。

（4）评价与持续改善。控制原材料质量，调整改造设备等，对经过实践证明确实有效的措施可以进行标准化处理，制定成以后工作的标准，利于以后的继续推行和推广反馈。总结还存在差异的遗留问题，找出没有效果或效果不理想的原因，在评价阶段进行总结对方案效果不是很显著的问题，以及实施过程中发现的新问题进行梳理分析，以便在下一轮 PDCA 循环中进行推动。

5.4.3.3　汽车制造企业可采取的循环经济措施

（1）焊装车间的循环经济措施。在汽车制造过程中，焊装环节主要产生的废弃物是焊烟除尘渣，由焊烟除尘器产生，这部分固体废弃物可以在厂内危废暂存库暂存，然后定期由原料供应厂家回收。原料厂家回收固体废弃物的价格一般为 1500/吨，那么汽车制造企业一年则可减少 3000 元的废弃物成本。

（2）涂装车间循环经济措施。涂装车间进行电泳漆、中涂及面漆作业时会产生大量的有机废气，拟采用高温焚烧炉进行焚烧处理。烘干产生的绝大部分有机废气将进入焚烧炉经 700~800℃ 高温燃烧降解成 H_2O 和 CO_2 后由 15 米高的排气筒外排，焚烧炉的燃烧效率为 95% 以上。焚烧炉为引进设备，使用天然气燃料。有机废气经焚烧脱臭处理后既可减少废气污染物的排放，又可对其燃烧热量循环使用。这些焚烧炉采用热力燃烧技术，可使废气中的有机污染物燃烧得更完全。

（3）总装车间循环经济措施。①工艺设计进行优化，选用优质高效的电动、气动工具，提高整线的劳动生产率，减少在线的其他设备辅助运行时间消耗的能源。②加注设备选用进口的先进设备，对液体管网先检测其密封性再进行抽真空定量随行加注；减少液体的耗量。其中汽油的加注量按照整车下线后检测、路试、调修、发运的实际需要考核进行加注，避免多加。③采用玻璃涂胶新工艺，车间玻璃涂胶采用机械手自动涂胶、翻转、定位、传送；保证了涂胶质量、胶粘的强度，同时减少玻璃胶的用量。④采用液体加注新工艺，对液体管网先检测其密封性再进行抽真空定量随行加注，减少液体的耗量。

第三篇　园区整体

第6章 基于工业共生的工业生态园资源价值流转的分析体系构建

6.1 基于工业共生的工业生态园资源价值链分析

6.1.1 工业共生链网的概念及设计原则

工业共生这个概念类似于自然界中的共生关系。最初是德国生物学家德贝里（Anion Debary）在1879年提出的。自然界中"共生"概念是指，自然界中两个或两个以上的物种，为了能够生存下来，而发展出一种共同生活的相处模式，共生模式下的物种相互依存，共同发展，实现生存和发展的目的。现在，共生这个生物概念被广泛应用于其他的科学领域，包括经济学、管理学等。

目前，工业共生被大家普遍认同的概念来自于丹麦的卡隆堡公司所出版的《工业共生》。该书对工业共生所下的定义为："工业共生是以产业生态学及共生理论的对应理论为基础，研究企业之间的种种合作关系。这种合作往往能使得企业的盈利、生存能力共同得到提升，进而实施资源节约型以及环境保护型的措施。"工业共生这个词，在这里主要用来说明各个企业因为其相关副产品之间的交互而产生的种种合作关系。

生物学科中，各个物种以食物链网络形成联系，而工业生态系统之中，各个行业的企业则是通过物质、能源流联系起来的。类比于自然生态系统，工业生态系统也存在"新陈代谢"，会在其生产过程中输入能量、物质并排出相应废弃物，而工业共生网络就是通过企业产生的副产品，如能量、物质将各个企业联系在一起，以该企业副产品作为其他企业产品的原材料。相互依存、相互制约的资源很多，并同时存在，它们的生态工艺关系，类似于生物食物营养联系，即为"生态共生链网"。它包括能量传递链网及物质转换链网两种链网。沿着"工业生态链网"，能量和物质在各个企业中逐个流动，由此相关的物质、能源、副产品以及其他环境要素之间就形成了一个立体的循环结构，在该结构中，能源资源可以最大限度地进行循环，并在其中得到利用，让资源化的废弃物得到升值。在本书里，工业共生链网说的是一种将各个企业以及企业相关环境结合起来的，以"生产者—消费者—分解者"的方式建立的链网，该链网的循环很大程度地利用了企业之间和企业所处地区的能量、物质。该链网使整体资源价值提升，让当地的可持续发展得到实现。

对工业生态园进行价值链设计时，要类比于自然界的生态系统进行设计，对各个企业所产生的废弃物进行综合循环利用，从而实现对能量的阶梯利用以及对物质的回路循环，以此实现资源利用率的增加以及正外部性企业行为数目的增加，对该价值链的设计要求遵循产业链的多样性和链接性，产业链的进化性和高效性，经济效益与环境效益并重，动脉产业链与静脉产业链耦合等原则。

6.1.2　工业生态园资源价值流链网结构

企业关于生产、分解、销售、循环及运输等的多项活动相互联系，共同组成了工业生态园价值流链网。一定区域的企业在循环经济工业共生链网内，通过经由"物质流—信息流—能源流"的各种工业共生链网的综合协调发展，让副产品以另一产品原料的形式得到再利用。价值的流动贯穿此交流过程，对应的创造价值和降低成本的过程又能拆分成各种虽不同但相关的活动。

在工业生态链中，价值链上各个企业节点既相关，又对彼此进行作用，前面节点企业的物质、价值流会对之后的节点企业进行作用。各个节点企业实际上互相形成了战略合作、相互帮助的关系，价值流动导致价值的增值、成本的降低，这样企业能抢占先机，不过另外的企业可能会在其他的环节更有优势。若仅靠一个企业，资源的循环利用不易得到实现，对于综合利用副产品，能够在各个节点企业之间实现双赢甚至多赢的局面，在工业生态链的核心环节，各个企业将联合处理副产品，相互进行合作。再加以综合利用，各取所需，发挥各自所长，进而最大限度地降低全部价值链网上的成本，以得到更大的价值。单一企业要最大化经济效益及环境效益，需付出很大的投资支出并承担过大的相关风险，为了降低运转过程中的成本，并创造价值，就必定同关联企业进行各自优势环节的合作，以实现互惠互利。以工业共生的园区资源价值流链网为基础，通过一定范围内企业间的合作，将降低的成本过程拆分成一系列企业活动，彼此相互关联，其中经营管理活动在不同环节之间互为影响，对降低工业共生链网的成本起着决定性作用，进而提升企业价值。作为一种经济活动，在发展过程中，所有企业均会优先考虑自身利益，再考虑与其他企业的关系，企业想要实现各自利益最大化，必然会选择建立工业生态园资源价值流链网。

循环经济、环境会计和工业生态学理论指导着工业生态园资源价值流链网设计，该价值流链网以物质、信息、价值以及能量流动的自然生态规律为基础，以提高废弃物利用率，减少产品服务耗费数量，对能源效率进行最大化以及物质闭合循环的方法对相关发展模型进行构建；在企业内部，我们通过对企业生态设计的推进、对企业内部节能减排进行推动，同时建立循环经济管理的合适体系，对传统单一的线性终端的污染治理进行改变，对输入的资源好好利用，提高资源利用率，减少整个过程中的工业污染；企业间通过交换废弃物、副产品，让良好的工业共生关系得以形成；在区域层面，调整产业结构，结合生态链与区域产业链，并将其延伸至生态工业共生链网，实现更广泛的资源循环利用；此外，实现物质一体化的重要载体，是建立起一个能够支撑其运转的一体化资源再生体系及最终废物无害化集中处理系统。工业生态园资源价值链网结构如图6-1所示。

如图6-1所示，在工业生态系统中，有许多资源相互制约、相互依赖于生态工艺关系，与生物食品的营养环节相似，即工业生态链。这不仅是能源转换链，还是物质运输链。能量流和物质流沿着工业生态链各环节流动，在工业共生体系中，其中输入的原材料、废弃物、相关能源以及各种环境要素一起形成了立体环流的结构，在这之中，物质、能源的利用率在循环过程中得到了最大化，从而对废弃物再利用资源进行了提高。很多生态工业链在企业利用上下环节的主副产品和原料的衔接关系中形成；特定链上特定企业产生的废弃物，在

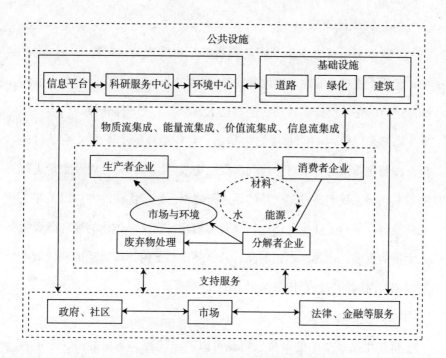

图 6-1　工业生态园资源价值链网结构

必要的处理后，再循环用于原始生产过程，形成链条纵向闭合；一个纵横交错的生态网络，由在不同链上的消费者企业之间利用主、副产品和原料之间的协同共生、横向耦合关系后组成。

6.1.3　工业生态园资源价值流链网功能

生态系统有三大集成功能：一是信息的传递；二是能源的流动；三是物质的循环。它们是生态系统的核心，三者之间相互联系、密不可分。能源和物质不断地进行循环流动，为系统内的所有生命提供了能量，生态系统的自动调节器便为生物之间传递信息。以自然生态系统为基础，工业生态园资源价值流链网模型得以构建，所以，其除信息传递、能源流动及物质循环三大功能外，还包括了价值流动的整合功能。

（1）物质流集成。

工业生态系统之中最基本的要素就是物质流动，在物质一体化之中，包括了通过企业间交换废弃物的循环利用、质量的交换以及企业内部所进行的化学反应的转换，这都是工业生态系统一体化核心内容。工业生态链是以链网的产业规划为基础，对各企业的上下游关系进行确定，按照物质供需要求对企业间所交换物质的组成、路径以及数量进行决策。同时，我们通过对产品体系进行规划、运筹优化的方法以及相关元素整合，来对工业生态链进行整合和构建。物质一体化的循环既要投入大量的资源，也要产出正制品、负制品，系统内物质流动的利用效率能以单位时间的投入产出来衡量。

（2）能源流集成。

自然生态系统中的可再生资源可以产出能源，不同的是，不可再生的矿产资源才是循环经济系统中的能源的主要来源。有效利用生态工业系统内能量即为能源流集成，即需有效利用每个生产过程中的能量，一般这是由热回收换热网络、蒸汽动力系统等构成，还要交换各过程之间的能源，也就是说，将某一过程中多余的能量加以利用，并将该能量作为另一个过程的资源的来源。对能源利用率进行提高并使能耗降低既能使能源消耗量得到节约，还能减少对环境造成的污染。要保持经济功能，系统必须不断输入天然气、煤炭、食物、石油等外部能量，再经过加工、使用、运输、余能综合利用、储存等环节，使能源流动于系统。

（3）价值流集成。

"加工链"，与自然界中连接各个物种的食物链很相似，它是工业生态园资源链网系统的"食物链"。它一方面是物质的转移链，另一方面也是水资源、能源的转化链，若从会计以及经济价值来看，它是价值链。

在资源链网体系中，沿着"工业共生链网"，能量流、水资源及物质流逐级流动，并不断进行着统一的物质循环和能量转换，原材料、水资源、能源和"三废"等一起建立了立体多维环流结构，最大限度利用循环过程中的资源和能源，不仅资源化了废弃物，还提升了其再生价值。以园区主要企业的水资源流、能源流及物质流的流动为基础，价值流集成核算以产业生命周期为基础的全区内的资源价值流，再利用多层级供应或替代多途径以及负制品，能对特定企业外部损害成本和废弃物内部资源流传价值进行核算，还能对多个企业的外部损害成本和全部废弃物的资源流转价值进行集成汇总反映，并综合分析、评价两者价值。

（4）信息流集成。

信息化是现代社会最典型的特征，信息的数量巨大、范围广泛、更新传播速度极快，因此，及时获取相关的足够的有效信息非常有意义。在上述的工业公司资源价值链网之中，存在着大量的一手、二手信息，包括水文、环境、气候等自然信息，以及市场、产品、价格、金融等经济信息。在信息化时代，我们必须明白，所有的系统能够维持正常的相关目的性的运作的基础就是要有通畅的信息流。工业共生网链是一个异常复杂的区域产业共同体，该模型使得参与者，包括政府、企业、管委会、规划人员以及居民等进行密切的合作，信息主要就流动于这些参与者之中。在信息中心的是管委会，它的主要工作是相关信息的组织、集成以及处理和部署。循环经济系统之中，信息传递对于该系统稳定的运行至关重要，信息可以通过正式以及非正式的方式进行传递，各种信息能够在系统中进行传递，传递时间也得到了缩减，因此反馈速度可以进行提升，这里的信息反馈机制对循环利用系统的稳定运行和自我修正有很大的作用。

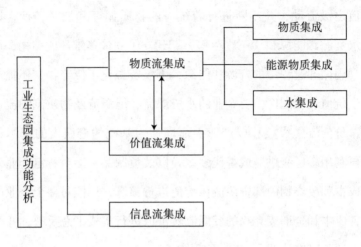

图 6-2　链网模型功能

信息流、能源流及物质流统一于工业生态园资源价值流链网，其也统一了物质交换、价值流转及能量流动，信息传递相应客观地反映了产品生产与消费过程、价值形成与增值过程及其相互作用，所以这个链网是信息流、能源流、物质流及价值流汇合的过程。信息在传递的过程中，可以对其中产品的生产、消费和价值形成以及增值进行记录和传递，因此，该链网将信息流、能源流以及价值流进行了整合汇总。能量流、物质流是链网的物质基础，价值流是物质和能源流动有效性的体现，同时让系统发展及变化，信息流调节并控制能源流、物质流及价值流的速度、方式及流量，以满足可持续发展及循环经济要求。该链网相互联系并相互作用的四大功能，促进链网模型持续发展及运动。

6.2　基于工业共生的园区资源价值流转核算

6.2.1　工业生态园价值链的成本效益分配机制

在一定时期内，工业共生资源价值链中，节点企业为了维持价值链长久存在和良好的运行效率，将资源价值链中各自的耗费和资源、废弃物的循环利用效益、所得到的共生利益，重新分割于各节点企业之间的遵循原则、理论依据、应采用的方案等，具备指导性作用的一般性框架，即工业生态园资源价值链成本效益分配机制。就参与工业生态园资源价值链的企业而言，最大化经济效益为其根本目的，但形成共生资源价值链说明形成了新的利益分割格局，共生资源价值链成败的关键，决定于节点可否公平合理地分配共生利益。分配成本利益的机制合理，既可以合理分配资源价值链共生效益，也可以保持在信息不对称情况下，有效激励成员企业，推动其提供真实可靠的信息，自觉以最大化共生资源价值链合作利益的规划来行动。

本书将成本效益分配方法设计为三次分配和两次修正。前者是指对工业生态园资源价值链一年中实行三次分配成本效益，后者是指两次修正分配系数。

（1）一次分配。

节点交易的转移价格在一个循环周期内采用市场价格，其原因有以下两点：一是共生资源价值链的收益分配，不可能在整个价值链资源流转结束，实现其整体收益时才进行，因企业要维持日常运营，就需要流动资金；二是因为只有交易订单完成后，企业对于共生资源价值链的贡献评估才能进行，故需先利用市场价格分配第一次，再依据对企业的贡献评估再分配收益。

（2）计算整体收益（R）。

在一个周期完结时，核算全部收益，在最终产品的市场销售总额基础上扣除共生资源价值链中耗费的全部资源成本（节点企业之间的转移价格除外）。以下两点需注意：①类似于集团企业关联交易，一个企业视为收入但另一个企业视为成本的部分不包含在共生资源价值链的成本中，对整个资源价值链来说，其能被抵消，这样能避免重复计算。②关于收益，不仅包含货币性收益，还包含非货币性收益。然而，后者不用于分配，比如更好的企业管理文化，其为节点企业在共生资源价值链运转的过程中逐步获取的，依靠自身学习取得，所以本书研究范围不包含非货币性收益。

（3）引入行业平均收益率来计算共生资源价值链的新增收益（R'）。

行业平均收益率用以反映行业及同行企业年度投资平均获利水平。在共生资源价值链的整体收益的基础上，扣除行业平均收益，即为由共生资源价值链节点企业进行合作而产生的新增收益。

因为等于行业平均收益率的，在共生资源价值链上产生的那部分的收益已经在价值链运转过程中，运用市场价格机制"分配"过一次，所以价值链的新增收益，才是真正要实施分配的利益。

（4）二次分配和一次修正——计算利益分配系数进行分配和对利益分配系数进行修正。

$$p_i = \sum_{j-1}^{m} (VR_{ij} + IA_{ij} + G_i + C_I + E_i) / \sum_{i=1}^{n} \sum_{j=1}^{m} (VR_{ij} + IA_{ij} + G_i + C_i + E_i)$$

式（6-1）

在式中，P_i 代表的是企业第 i 个节点所对应的利益分配系数；

VR_{ij} 代表的是企业第 i 个节点中第 j 种有形资源在工业共生链中的价值；

LA_{ij} 代表的是企业第 i 个节点中第 j 种无形资产在工业共生链中的价值；

G_i 代表的是企业第 i 个节点的自创商誉；

（$C_i + E_i$）代表企业对供应链所做的贡献。

因此可以得出第 i 个节点企业可以分得利益：

$$R_i = P_i \times R' \qquad\qquad 式（6-2）$$

工业共生资源价值链是由节点企业组成的，这些企业始终都是动态的，所以那些对工业共生价值链的合作利益分配的因素也随着企业不断地变动，所以在每次利益分配时，都要对该时期内的影响因素价值、修正系数进行重新计量。

（5）三次分配和二次修正——分配共生价值链新增收益的差额和修正行业平均收益率。

在第二年年初时，都要对所处行业的平均收益率进行相关的调整，我们这里使用的行业平均收益率往往是前一年的数据，因此我们将收益率的前后变化所导致的资源价值链收益的变化，分为三种类型：

①行业平均收益率没有发生变化，因此我们不需要调整公司价值链已经分配过的利益。

②行业平均收益率有所提高，此时，资源价值链的新增价值链往往会有所减少，我们就需要减少相关节点企业的利益分配。

③行业平均收益率有所降低，此时，资源价值链的新增价值链往往会有所增加，我们就需要增加相关节点企业的利益分配。但是这其中的利益分配并非马上就要实施，而是延迟支付方法。需要说明的

是，这里所讲的支付是指共生资源价值链向企业的支付以及企业向共生资源价值链支付这两个方向。原因如下：一是，在该时间点，共生资源价值链不一定可以形成实质性的利益。二是，若是行业平均收益率的提高致使各节点企业需向价值链支付时，可以通过从下次利益分配抵扣的方式减去，无须真正支付。

6.2.2　工业生态园资源价值流转的核算思路

低碳供应链是指，在低碳视角下，以核心企业为中心，从采购原材料开始，到制造中间产品，再到最终产成品，最后由销售网将最终产品交付给消费者手中的，包括供应商、制造商、分销商、零售商一直到最终用户的一个整体网络功能网链结构，其过程将对整个过程中的信息流、物流以及资金流进行控制。供应链是一种范围更广的企业结构模式，该模式包括所有的供应链中所涉的节点企业，包括原材料供应商、制造商、分销、零售商及最终用户。这不仅仅是一条物质链、信息链、资金链，而且还是增值链，因为在此过程中，供应链中的物料实现了价值的增值，给节点企业都带来了收益。我们在前面对工业企业的资源流转核算问题进行了研究，在循环经济中，单个企业要走低碳化的路，是不现实的，因为单个企业将难以应对迅速变化的市场，因此，应用低碳化必须要通过供应链，将企业联合起来共同面对变化迅速的市场，得到竞争优势。对整个供应链实现低碳化，需要在供应链的各个环节以及流程应用低碳化。

所以，我们上面提到的资源价值流转核算实际上就是以低碳供应链中的单个企业为物量中心，通过对成本逐步结转，对整个过程中的实物量的变化进行记录，为供应链提供整个过程中的物量和价值信息来进行核算。在工业生产过程中，资源价值流一方面可以对最终产品进行追踪，另一方面也可以对废弃物在各个企业移动进行记录。在这之中，最终消费品进入下一节点企业的为"正制品"，废弃物为暂且的"负制品"。

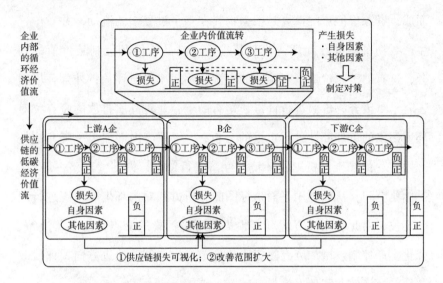

图 6 – 3　工业生态园价值流转核算模型框架

6.2.3　工业生态园资源价值流转的核算与现场诊断模型

产业价值链层面上的资源价值流转核算模型计算是以其中上下游的企业或者生产系统为最基本的核算单位。我们将以这些企业的各个生产流程或者生产线、分厂为基础，逐级向上加和得到一个大的物量中心，对物量中心核算其中的正制品和负制品的价值，并由此汇总，得到产业价值链层面上的内部资源流转价值以及外部损害价值，并对此进行评价、分析。该结算核算模型以资源在产业层面的流动来得到资源利用效率和损失价格。

资源价值流成本的核算不但考虑了工业生态园的资源消耗，而且还对整个工业园对环境的损害成本进行了考虑。以这样的二元视角进行管理、分析、决策，一方面可以为各节点企业节约成本，减少支出，另一方面还可以改善环境质量，由此使得企业长远发展。该方法体系由"资源流内部损失—废弃物外部损害"二维分析三种方法组合而成。资源价值流的核算是根据物料在整个过程中的流动，并对单位生产线物料量进行计算，并对其进行正制品价值和负制品价值的划分，这有助于以价值量对企业的资源利用效率进行评估；外部环境损害就是对废弃物价值进行计量，这有助于企业对其所排放的废弃物对环境污染的负外部性进行定量的分析；"资源流内部损失—废弃物外部损害"的二维分析则将环境、经济进行结合，得到"经济—环境"一体化空间，从而利用平面坐标图的分析方式对内部生产组织进行现状定位，由此确定其资源利用损失与环境污染的交点，为改善决策、强化生产控制、增加废弃物资源化环节提供详细的改进方向，评价改善后的经济效益和环保效果。

6.3　基于工业共生的园区资源价值流转评价分析

6.3.1　评价指标体系的构建

6.3.1.1　基本原则

　　对工业园区循环经济发展进行合理准确的评价，需要一套客观、综合性的循环经济指标体系作为指导，通过指标体系来对工业园的循环经济发展模式的运作进行导向。指标体系应当能够反映出循环经济的内涵，又能够对工业园区内部的实际生产过程进行综合考虑；一方面能够帮助公司管理者进行决策，另一方面又可以对国家生态文明的发展提供方向。所以在建立指标体系时应遵循下列原则：

（1）科学性与实用性原则。

要对相关指标进行选取，就需要对相关科学基础进行充分的认识、系统的研究，必须要对理论完备性、科学性、严谨性进行考虑。也就是说，我们所选取的指标概念，不但要意义明确，而且要具有正确的科学内涵。在这里我们的指标体系，应当要对整个园区循环经济的发展目标、内涵以及实现程度进行全面性的涵盖。

科学性的要求则需要对各个指标对应的权重慎重考虑，而且，相关数据的选择、计算都需要相关科学理论为基础，与此同时，我们还要避免不同指标的重叠以及对整个体系中指标的简单罗列的情况。也必须考虑资料的可取性、可操作性，尽可能选择那些有代表性的综合指标和重点指标。

（2）主成分性和独立性原则。

根据一般的复杂系统理论，应从众多要求中依其重要性和对系统行为的贡献率的大小顺序，从众多变量中筛选出数目足够少，却能表征少数但足以体现该系统本质行为的最主要成分变量。除此之外，描述园区发展状况的指标之间通常存在信息重叠的现象，因此我们在选择指标时，应当尽可能地选择独立性较高的指标，使得评价的准确性和科学性得到保证。

（3）整体性与层次性原则。

园区作为一种复杂的生产、加工产品的系统，它包括了不同的层次和要素。而指标体系作为一个整体，应当能够较为全面地反映园区循环经济发展的特征。这个体系不仅要反映出工业园区发展的主要特征和状态，还要反映出系统内子系统之间相互协调的动态变化和发展趋势。此外，园区生产经营的正常运行还有赖于下属不同层次的功能单元，因此我们在选择指标时还要注重指标的层次性，一般而言，低层次指标是高层次指标的分解，也是其建立的基础，而高层次指标是低层次指标的综合。

（4）动态性与静态性原则。

任何事物都是处于发展之中的，因此，用于衡量园区循环经济发展水平的指标的标准或者评价目标值也应当是动态的。园区循环经济的发展，既是目标，也是过程。我们选择指标体系的时候，就要充分考虑到园区的动态变化，选择能综合反映出园区循环经济发展的现状以及未来趋势的指标体系，以便园区管理层的预测和决策。但是，指标体系内容在一定时期内，不宜频繁改变，应当保持一定的稳定性。这就是说，工业园区循环经济系统评价指标体系不仅要包括动态指标，也要有静态指标，以达到动态和静态的协调统一。

（5）经济和资源环境指标相结合。

循环经济理念中的"3R"核心原则说明循环经济更加强调资源的节约和高利用效率，以便企业在经济上收获利益，并且减少对环境的破坏。因此，指标体系的设计应当遵循"3R"原则，旨在提高园区资源（包括再生资源和不可再生资源）的有效利用，并且实现投入水平的减量化，以及污染物对环境影响的最小化，从而尽可能实现零排放。

6.3.1.2 构建流程

指标体系的设计以及综合评价并不是一件简单的工作，我们在选取指标并将其综合起来时，需要根据指标所要评价的对象的具体情况来进行设计和评价。工业园区的资源流转综合评价的指标建立流程主要包括以下几方面：确定并分析评价对象、选择功能集和建立指标体系、确立具体评价指标体系三大流程。

本书在借鉴国内外循环经济评价最新研究成果的基础上，通过考虑资源价值流转的重要影响因素，将资源输入、流转循环与产出作为核心，确定了一级指标（资源投入、资源流转与循环、资源产出）及相对应的二、三级指标，从而构建出可供工业园参考的资源价值流转综合评价指标体系（见表6-1）。在构建完指标体系之后，可以采用AHP、模糊综合评价法等方法进行综合评价。

表6-1　　　　工业生态园资源价值流转综合评价指标体系

目标层	准则层	指标层
资源投入指标	资源消耗指标	单位生产总值能耗 重点产品单位能耗 单位生产总值水耗 重点产品单位水耗 单位原材料消耗
资源流转与循环指标	产品和服务价值	人均工业总产值 工业总产值年平均增长率
	成本节约	原材料成本的降低率 废弃物、副产品处理成本的降低率 物流成本降低率
	综合利用率	工业固体废物综合利用率 工业用水循环利用率 工业废水再生率
	共生效应	工业共生体内部员工流动率 工业共生体内部合作创新比例

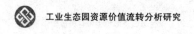

续　表

目标层	准则层	指标层
资源产出指标	气候变更	万元 CO_2 排放量 万元 SO_2 排放量
	废弃物	固体、液体废弃物排放总量 "三废"综合排放处置率 万元产出的外部损害价值

其中，主要指标的具体内涵是：

（1）投入指标——主要指资源消耗的指标，可以用来评价资源输入量以及初始消耗的情况。

单位生产总值能耗——单位万元产值所消耗的主要资源量；

重点产品能耗——主要资源所消耗的能源量；

单位生产总值水耗——单位万元产值导致的新水消耗量；

重点产品单位水耗——单位重点产品产值引起的新水消耗量；

单位生产总值原材料消耗——单位万元产值所消耗的原材料量，由此可以测度单位经济产出所付出的资源代价。

（2）流转与循环指标——在此分为产品以及服务价值、成本节约以及综合利用率三大类指标，主要用来评价内部流转资源的循环、利用以及相关资源的价值损失情况。

原材料成本的降低率——原材料成本的降低数额与原材料基数的比值；

废弃物、副产品处理成本降低率——废弃物以及副产品处理成本的降低数额与废弃物或是副产品的基数比值；

物流成本降低率——物流成本的降低数额与相关物流成本基数的比值；

工业固体废物综合利用率——工业固体废物综合利用量占工业固体废物产生量的百分比 = 工业废物综合利用量 ÷（工业废物产生量 + 综合利用往年贮存量）×100%；

工业用水循环利用率——工业生产过程中所使用的循环利用水量与总体用水量的比值；

工业废水再生率——工业废水的再生数量与工业废水的排放量的比值；

工业园内部员工流动率——（本年度新录用的员工人数 + 本年度离职的员工数）÷年末员工总数量；

工业园内部合作创新比例——内部合作创新投入数额与总体投入额的比值。

（3）产出指标——主要评价产品输出、废弃物排放及处置方面的情况。

固体、液体废弃物排放总量——废水和废水排放量的总和；

"三废"（废水、废气、废渣）综合排放处置率——［废水处置率 + 废气（二氧化硫等）处置率 + 废渣处置率］÷3；

外部损害产值单位——企业在供应、生产、销售、回收和处置经济活动中对空气、水、噪声，固体废物污染和开采利用等自然资源造成的生态破坏、环境影响，但是其管理要由社会承担，而不是由企业承担。环境成本占产出比的比例，指标分子是根据资源价值转移核算模型计算出来的，分母是按照 LCA 评估得到的（如 LIME 评估方法等）。

6.3.2　选取评价方法实施评价

对于一个评价工业园区的方法有很多，针对循环经济工业园区的

"要素流—价值流"多投入多产出效率的评价，主要有三种方法：第一种是回归分析；第二种是综合指标法、模糊综合评判法、主成分分析法（P）和投影寻踪法以及非参数法 DEA（数据分析）；第三种是层次分析法（Analytic Hierarchy Process，AHP）等。目前各种方法都有其优缺点，其中 AHP 层次分析法不仅为资源价值的流动提供了"结构"基础，而且还可以与客观分析相结合，提高指标权重的客观性，因此选取 AHP 方法进行评价。

AHP 方法是将整体要素评价纳入相关目标、标准、层次等解决方案，在定性和定量分析的决策方法的基础上，分析评价目标，将复杂的大系统评价标准作为强有力的工具，最适合解决那些难以充分利用定量分析方法进行综合评价指标权重的问题。该评价方法通过结合企业资源价值流转特征，并集成相关技术与方法，构建企业资源价值流转分析与评价框架，进而对企业经营绩效进行评价。

循环经济价值流转评价的流程如下：先确定评价对象，再针对该评价对象进行详细分析，然后选择功能集，再通过构建相关原则建立一般评价指标体系，这些指标体系的选择要尽可能具体且能够量化。然后选择正确、科学的评价方法，根据已确定的循环经济评价标准，对评价对象做出评价，并给予相关建议，最后制定发展对策。运用层次分析法进行循环经济价值流转评价过程包括以下步骤：

（1）建立层次结构模型。

（2）构造判断矩阵。判断矩阵是针对上一层次某因素而言，本层次与之有关的各因素之间的相对重要性的矩阵。一般通过所选专家按照的比例标度对每一层次各因素的相对重要性给出判断值。

（3）权重向量是针对阶层次序和总次序计算的。根据判断矩阵，通过平方根法或乘积法计算矩阵的最大特征根对应的特征向量，即权向量。层次排序表示在前一级与其关联的元素的重要性。也就是判断矩阵的特征向量。通过使用同一级别的所有分级单级结果，可以针对先前级别（即层级的总体排序结果）计算该级别的所有因素的权重。

（4）一致性检查。为了确定期望的权重（特征向量）是否合理，有必要检查判断矩阵的一致性。对于一阶和二阶判断矩阵，CR 规则是零。如果 CR 小于或等于 0.1，则认为判断矩阵具有令人满意的一致性，权重分布合理，否则需要调整判断矩阵，直至达到满意的一致性，此时判断矩阵（归一化）的最大特征值的特征向量是期望的权重系数向量 W。

AHP 法作为定性和定量分析的集成，将其分解为多层次的目标，准确分析影响自变量的相关因素对因变量的影响程度，便于企业跟踪不利因素及有利因素。其核心是：根据发展指数、发展系数和协调系数的结果，确定其评价水平区域，并进行综合评价，可在综合评价图上清楚地观察到工业园资源价值流转与循环经济的发展轨迹。

6.4　基于工业共生的园区资源价值流转决策优化

6.4.1　决策优化的目标与原则

在决策问题上，决策目标的选择极大地影响了最终决策的结果。在制定环境成本决策时，环境和经济目标是重要的。与传统的成本导向型决策相比，环境目标与经济目标可能是相互联系和相互冲突的。目标选择成为一个棘手的问题。

会计中的资本流动理论是建立在企业物质流转的基础上，形成互动影响的联动规律。环境管理会计价值流的计算分析也遵循这一客观的变化规律，形成两个相互联系、相互作用的数据体系和过程。物流遵循企业制造过程的标准和程序，不同功能的生产车间和流程形成自己的流程规律。它的货币计量应用，可以形成相应的价值流转，不同的成本或产出、附加值等的经济表现，可作为环境管理的诊断持续改进并提供经济分析、决策、优化和评估数据。据此，企业可以区分物流的价值结构，流程和关键环节的优化，从而为改造项目的经济分析、生产的选择和决策以及规划路线的优化效果做出成本效益评估，形成 PDCA 循环模式不断改进。这一概念充分体现了"技术经济"分析的综合科学管理思想，为环境管理的可持续发展提供理论指导。

资源流转优化的目的就是促进资源的减量化投入、资源的循环利用以及资源的再生与再利用，实现环境绩效与经济效益的和谐统一。本章基于"持续改进"的环境管理战略思想，探索实务应用的 PDCA 循环管理模式，为工业生态园区资源价值流转的决策优化提供参考。在决策过程中，目标的选取遵循系统性、可比性、一致性、可测性、独立性等基本原则。

6.4.2 决策优化方法

6.4.2.1 基本方程

（1）环境效率。

环境效率也被称为生态效率（eco - efficiency），是由 Schaltegger 和 Sturm 于 1990 年首次提出的，它把生产活动与可持续发展联系起来，也是循环经济和可持续发展潜力的一个重要指标。内容是增加值与增加的环境影响之间的比例。考虑到经济活动的环境影响和经济活动的经济价值，环境效率是经济和环境效益的一个指标。这一特征使其成为价值流分析的评价方法之一。具体而言，环境效益包括以下两个方面：①选择环境管理工具来收集环境效益评估数据。一般选择产品生命周期分析、环境管理程序、ISO 14000、环境成本核算、社会责任报告等文件资料进行分析；②使用环境管理工具来评估环境效率。产业链企业要根据产业链整体规模、经营状况、上下游沟通情况制定环境效益评价策略。通过环境效益，宏观和微观经济和环境的发展可以与宏观循环经济战略相关联。

（2）资源生产率。

资源生产率是指经济和社会发展（即 GDP）和自然资源（包括能源物质资源和生态环境资源）消费的转换比例的价值，计算公式为：资源生产率等于经济和社会发展（价值量）除以资源环境消费（实物量）。

从产业链资源价值流的分析来看，资源生产率等于产值除以资源消耗，代表单位投入资源消耗得到的产值，用来衡量经济用途资源的效率。根据公式，按照一体化思想，可以计算资源生产率或清除废弃物生产率指数，前者包括单位产值能耗（物质资源生产率）、产出（能源资源生产率）或单位水消费价值（水资源生产率），后者是指固体废物产量（固体废物排放生产率）、单位废气排放量（废气排放生产率）的产值和废水产量（废水排放生产率）。

要缓解资源环境压力，从节约资源、依靠经济发展和技术进步角度来看，经济社会发展需要寻找替代资源，扩大资源供给。主要措施包括推进产业生态化，打造循环产业链，推进再制造项目，提高资源、能源和水的生产效率。

(3) 增加值产出率。

增加值的产出率代表了循环效率的经济效应。在企业中，附加值一般表示为工业增加值或经济附加值。在工业制造业和工业共生链中，工业总产值和工业增加值可以代入工业总产值和工业增加值的分析方法。增加值的产出率是指一定时期内工业增加值占产值的比重，反映了减少中间消耗的经济效益。工业增加值是指工业企业报告期内企业生产活动的最终经济效益，是企业发展循环经济后增加值，生产增加值是工业增加值与生产值的比值。

以财务变量作为环境绩效和财务绩效的环境绩效指标，可以将增加值作为变量。这是因为附加价值可以在资源利用、经济产出和环境影响之间建立更精确的内在逻辑关系。作为一个理性的经济人，企业只是负责计算资源的消耗和三废的产生。公司的环境绩效和财务绩效只与可控的生产过程有关，不包括与产品供应商相关的三项资源的浪费和排放。附加值是准确阐明产品的企业价值率，是区域工业企业盈利能力和循环经济发展水平的综合体现，高低比的增加值直接决定了区域经济发展水平的周期和环境、经济效益。

(4) IPAT 方程。

美国斯坦福大学著名人口学家 Paul R. Ehrlich 教授研究出环境负担与人口、富裕度和技术之间的关系：

$$I = P \times A \times T \qquad\qquad 式（6-3）$$

式中，I 即环境负担（Environmental Impact），以环境指标表示，在价值上就是资源消耗和环境污染物排放，也可以是特定资源、能源消耗或者浪费。P 是人口数量；A（Affluence）是富裕程度，以国民平均 GDP 替代（$A = GDP/P$）。T 是技术（Technology），表示为每一个单位的 GDP 的环境指标（$T = I/GDP$）。

6.4.2.2　总评价模式

我们设计了一种工业共生链，该共生链以企业为中心构建，这样的共生链一方面可以为其中的企业创造更多的经济价值，减少系统所需资源投入量，从而提高资源利用率，另一方面减少对环境的污染程度。

（1）资源价值流分析评价方程式。

我们基于以上的研究，从工业园集成的角度出发，将企业的环境、财务业绩结合起来，把企业资源生产率、环境效率以及增加值产出率作为一个整体。从而按照 IPAT 方程的方式，构建该整体的一个一体化方程式：

$$物质废弃排放量 = 资源投入量 \times \frac{总产值}{资源投入量} \times \frac{工业增加值}{总产值} \times$$

$$\frac{物质废弃排放量}{工业增加值}$$

即，

$$物质废弃排放量 = 资源投入量 \times 资源效率 \times 附加值产出效率 \times$$

$$环境效率$$

用数学等式表达为：

$$Ep_i = RI_i \times Rp_i \times Vp_i \times Ee_i \qquad 式（6-4）$$

其中，Ep_i——第 i 节点的实物排放废物数量；RI_i——第 i 节点投入能源用量；Rp_i——第 i 节点能源产生率（产值和能源比值投入量）；Vp_i——第 i 节点附生产值生产率（附加价值和产值的比值，表示工业产业共生效率的经济效益）；Ee_i——第 i 节点环境效率（能源废物排放量和附加价值的比值）。

我们知道，资源效率是总产值和新资源投入量的比值，那么也就是说，单位新资源投入量的总产值越高，就意味着资源效率越高；附加值产出效率是工业增加值和总产值的比值，它意味着单位工业增加值会产生多少废弃物排放量，该比值越小，就表明环境效率越高。根据以上三个公式，我们可以得到以下趋势分析：能源效率上涨，会相应减少能源的新输入数量，表明拉下来了有关转移价值，工业增加值因此上升，导致附加价值产出效率上升；同时我们也可以通过另外一种方式增加资源循环量，即减少废弃损失量，从而增加工业增值，增加资源循环效率，提高环境效率。

目前，能源资源集成、水资源集成以及社会废弃物投入成本的一体化分析可以类比于资源价值流转方程式的分析，只要将我们上式提到的环境污染物排放量换为能耗量、水耗量即可：

$$\text{废气排放量} = \text{资源投入量} \times \frac{\text{总产值}}{\text{资源投入量}} \times \frac{\text{工业增加值}}{\text{总产值}} \times \frac{\text{废气排放量}}{\text{工业增加值}}$$

$$\text{废水排放量} = \text{资源投入量} \times \frac{\text{总产值}}{\text{资源投入量}} \times \frac{\text{工业增加值}}{\text{总产值}} \times \frac{\text{废水排放量}}{\text{工业增加值}}$$

$$\text{社会废弃物排放量} = \text{资源投入量} \times \frac{\text{总产值}}{\text{资源投入量}} \times \frac{\text{工业增加值}}{\text{总产值}} \times \frac{\text{社会废弃物排放量}}{\text{工业增加值}}$$

即

$$\text{废气排放量} = \text{资源投入量} \times \text{资源生产率} \times \text{循环利用效率} \times \text{单位增加值废气排放量}$$

$$\text{废水排放量} = \text{资源投入量} \times \text{资源生产率} \times \text{循环利用效率} \times \text{单位增加值废水排放量}$$

社会废弃物排放量 = 资源投入量 × 资源生产率 × 循环利用效率 ×

单位增加值社会废弃物排放量

按照上式来看，在其他指标不变的情况下，随着资源投入量的增加，总能源包括水、社会废弃物等的排放量也会相应增加。

以上建立的指标和模型，可以解释工业生态园的企业资源物质流动以及价值流转间的内在机理，也可以用来评价企业的资源的输入、消耗、输入量以及回收再利用资源化的资源利用率，因此该模型可以为企业的循环经济管理、决策提供模式支撑。

（2）循环经济前后综合评价与分析。

根据上述内容，我们知道，前面讲到的资源机制流转方程式，可以对工业生态园的资源效率、循环效率以及环境效率等进行一个全面的、客观的评价。因此，我们可以利用该方法对工业生态园的循环经济应用、发展情况做评价，对于其内部各个环节资源与环境的关系进行详细、深刻的分析，以上述资源价值流转方程式为工具，从循环经济开展前和开展后两个时间上对工业产业园区公司的环境负担与经济效果之间非外在逻辑关系采取详尽的研究，可以完整地评估和了解工业产业园的资源、循环、环境效率三者间影响作用的关系。让环境负荷、资源能源消耗量等指标间的逻辑关系能够被我们深刻理解，让工业产业园的资源、循环、环境效率在外部利益相关者眼中更加一目了然，这样就可以对工业产业园在经济、环境、社会等方向的可持续发展状况进行更为可靠的评估。

我们将工业生态园企业生产流程中的相关数据代入，进行计算，可得到以下比较（如图 6-4 所示）。

我们根据代入数据得到的数据流图，可以对前述的循环经济前后两个截面进行资源价值流转的差异比较分析，与此同时，我们还可横

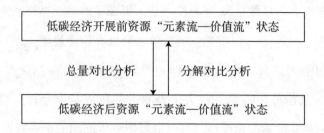

图6-4 工业生态园循环经济前后的资源价值流转比较

向对比不同品种、不同产品、不同区域、板块等并予以更加细致的分析。

6.4.3 基于 PDCA 循环的决策优化流程

6.4.3.1 PDCA 循环介绍

PDCA 这个概念是由美国的休哈特博士最先提出的，他是一位质量管理专家，PDCA 后来被戴明加以完善推广，PDCA 是一种常用的分析过程，用于全面质量管理，主要针对所生产产品进行不断加工完善。工作流程包括四个部分：P 即 plan，计划；D 即 design，设计；C 即 check，检查；A 即 action，处理。这个过程意味着对于结构进行处理，对成功的模范加以吸收、进行推广；对失败的经验多进行反思、归纳，若仍存在待解决问题，放入下一个 PDCA 中考虑。

总体来说，应用于资源价值流的 PDCA 循环管理模式内容都包括应用、调试、改善等环节，整个工业生态园以及其中的企业在进行资源价值流分析、评价、决策时都能够融入 PDCA 循环并进行有效的循环。

6.4.3.2 基于 PDCA 的工业园决策优化流程

本章中工业园应用于资源价值流转的 PDCA 决策与第 4 章中的园区企业决策优化过程相似，二者都包括以下阶段：计划与安排、计算和分析、诊断与决策、评价与持续改进四个阶段。

（1）计划与安排。

在工业生态园中开展循环经济，同时应用环境管理会计，引入上述提到的应用 PDCA 的资源价值流计算分析体系，我们必须要解决数据来源的问题，后续计算、分析的重点数据需要从企业现有的各个职能部门，比如生产部门、财务部门、能源部门、环保部门等的数据库得到，并将收集到的数据应用于后面的资源价值计算分析体系中，从而确定以企业为单位的检查方案。

（2）计算与分析。

在计算与分析阶段，企业会按照其生产过程中的资源流动情况，以资源价值流计算分析的方法，来对企业各个环节的资源损失以及相关环境损害费用进行评估，从而确定这其中需要改善的地方。工业园中上下游的企业可以在之前改善的基础上，再次应用资源价值流转计算分析，进一步发现可以改善的方向。

（3）诊断与决策。

根据待改善待选择的各个链条的连接点，实行"内部资源成本损失—外部环境损害费用"这两个维度的分析，认定出最优的改良预备节点，然后计算评估改良手段的成本效益。在这一过程中，最优的设立原因是：首先，生态受到严重危害、没有达到排放标准点的连接点，它们的改良目标是达到标准；其次，在生态污染排放达到标准的基础上，针对那些比较具有改进潜力的连接点进行改良，比如浪费率较高、废物排放量较大并且需要较大的人力物力来进行处理，会致使资源浪费较多；最后，需要按照资本的投入多少把改善的方法分成无费方案、低费方案、高费方案，首推的是前面的两种，提高资金的利用率；至于高费方案，要把那些和生态保护、内部资源耗损相关度较高的指标多加分析、对比和评估，力图实现资源投入和生态保护、经济利益与环境效益的双赢。

（4）评价与持续改善。

在这个部分，需要对决策的实行做出评估和预计，如果没有达到应有的效果，找出原因，并且进行相应的改良。此时，我们也能够考虑增加这一环节，即把废弃的物质通过回收利用再次变为有利的资源，提高资源的使用效率，还可以外包给专门的企业来进行处理，降低成本。

通过以上的分析，应当把资源价值流的分析标准当作根本依托，经过对相关数据的计算与评估、考量与优化、规整与决断等诸多的进程，形成能源价值流分析的 PDCA 总结循环反应与改进的使用模板。生态环境的消息反应和揭示有两个方法。第一，通过内部管理的层面来看，按照所要披露的各种对象的不同方法，制定出相应的披露与反馈方式，比如，如果公司对某个生产线运用"内部资源成本损失—外部环境损害费用"两维手段来决策，就需要做出报告。在外部披露的层面来说，需要严格规定报告的相应的模式，报告的标准包括一些货币信息、非货币信息或描述性说明，同时考虑到生态环境会计信息的披露方法，对于有不一样需求的，可以在财务会计报告、社会责任报告书、环境报告书或者是独立的环境会计报告里体现出来，方便管理者做出决策。第二，在资源价值流路线优化时，可从资源"入口""流转与循环"和"出口"三环节重点突出资源综合利用、能源梯级利用、资产充分利用、废物再利用等。具体优化思路包括：一是输入口大幅提高再生资源输入数量，以降低资源成本与环境成本；二是循环口主要考虑企业内资源循环利用：①主要资源的循环利用和节约，如污水零排放、能源节约、道路原料再利用、煤炭灰再出售等；②资源、资产的高效利用，能源的梯级利用；③资源循环利用投资成本效益分析问题。与一般成本效益分析方式不同，这种成本效益分析是在充分考虑符合国际环保政策、标准和规则的前提下，采用经济、环境双因素所进行的分析。三是输出口用再生资源替代原材料，以降低废弃物的产生量。剩余废弃物处理方式则可考虑：①变"废"为"宝"，作为再生资源使用；②采用无害化处理技术，进行无害化处理。

第 7 章　基于共生网络的工业生态园资源价值流转分析应用体系构建

——以综合类园区为例

7.1　基本应用框架

7.1.1　园区资源价值流转分析应用设计

生态工业的发展并不只是立足于单一的工业企业或产业的发展，而是基于许多的公司和产业相关的连接和沟通之上。需要与当地的地域特色相结合，兼有产业的优势特色和产业结构，实现公司与公司、产业与产业的多方合作与连接，建成互相连接、相关、融合发展的一体化环境保护产业链和工业体。整个工业体系中，每一个生产环节都并非独立的阶段，它们之间相互联结，以原料、能源、信息的流动连接在一起，每一阶段的物料都可以被其他阶段继续使用。在这一过程中，我们希望达到生产环节中从初始物资、半成品、废弃物再到产成品的资源回收循环，实现各种物料、资源、资本的高效使用。换句话说，就是建立各个企业、产业、项目或工艺流程之间，物料、能量与废料的横向耦合、纵向闭合、上下衔接、协同共生的动态连接体系，使系统中的企业投入产出像自然生态系统那样有序结合，在循环改造中充分利用物质和能量，实现无污染、无废物排放。

从环境保护的层面来说，工业循环链也可以被视为有机的生物群落，相当于一个从初始原材料加工环节、产品生产环节或转化环节等共同形成的企业链。也可以说，是由能源加工环节、废弃物回收利用环节形成的企业链。在这一生物群落中，资源、企业、环境之间有着上下联结、互相影响的关系。需要按照各个部分在整个工业园区里的不同地位和作用，把它们分类为生产者企业、消费者企业和分解者企业。

当下，工业园区中的网络模型有以下四种：依托型工业网络、平等型工业网络、嵌套型工业网络和虚拟型工业网络。我们现在最为常用的是依托型网络模型。之所以会产生这样的网络模型，其主要原因是在生态园区中，有表现优异的企业，为中小企业的经营做出统领作用。如果这样的公司只有一家，那么形成的就是单核心依托型网络结构。而如果这样的优秀公司数目大于等于二，就会形成多核心依托型网络结构。中心公司的大量原料与零件的需求依托于中小企业的生产，同时，中心企业运营过程中所产生的副产品，可以作为中小企业的物资。这样，就可以在经济发展的基础上，实现生态保护，达到双赢的结果。

7.1.2　资源价值流转分析在不同类型园区的应用

工业生态园是一个以循环经济理念、产业生态原理和清洁生产要求为基础的新型工业园区。它通过观念更新、体制创新、机制创新等方式接触不同的工厂、企业、行业，提供可持续发展的服务体系，以一个共享资源和产业共生相结合的副产品交换的形式，建立起"生产者—消费者—分解者"的循环模式。依据其功能可以划分为综合园区、产业园区和静脉类园区，本章主要从这三个方面来具体分析资源价值流转的应用模式。

7.1.2.1 在综合类园区的应用

（1）基本设计。

综合生态工业园区指主要由经济技术开发区、高新技术产业开发区工业园区这两个园区为依托，由不同的公司工业园区组成的工业生态园区的转型。综合性工业生态园区的基本特征是：

①国家和地方法律法规，制度和政策得到有效执行，近三年无重大污染事故和重大生态破坏事件。

②环境质量标准应符合国家和地方规定的环境质量标准。

③工业生态园区建设规划由当地人民政府或人民代表大会批准实施，并且已经由国务院环境保护行政主管部门或全国工业生态园区建设领导小组办公室示范。

④拥有通过 ISO 14001 环境管理体系认证的园区管理系统。

⑤规划范围内的建筑节能，在工业生态园建设后，符合国家或地方制定的有关建筑节能的政策和标准。

综合园区资源价值流转核算分析可分为物质流集成、能量流集成、水流集成和固体废弃物处理四大板块进行分别核算分析。

在国内外研究成果和设计规划基础上，构造一套科学的综合园区价值流评价理论和方法。可按照特征设置资源投入、产出、利用、消耗等管理指标。其指标数据有严格的要求，以《中国统计年鉴》和国家级经济技术开发区《环境保护综合统计白皮书》为基础，参考欧洲

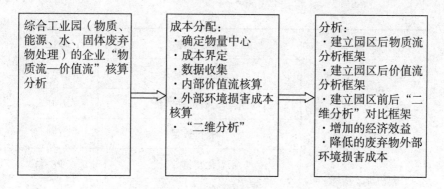

图 7 - 1　综合工业园核算分析思路

标准，中国统计年鉴对应指标数据和计算方法为主，环境指标的取样和检测按照国家环境保护标准检测方法进行。城市统计年鉴数据采用非环境指标数据。

表 7 - 1　　　　　　　　综合类工业生态园价值流指标

分类	指标名称	单位
资源投入与产出指标	人均工业增加值	万元/人
	工业增加值年均增长率	%
	资源产出率	万元/吨
	能源产出率	万元/吨标煤
	土地产出率	万元/公顷
	水资源产出率	元/立方米
资源消耗与利用指标	单位国内生产总值取水量	立方米/万元
	单位生产总值能耗	吨标煤/万元
	工业固体废物综合利用率	%
	工业用水重复利用率	%
	废旧资源综合处理量（含进口）	万吨

分类	指标名称	单位
废物排放指标	二氧化硫排放量	吨
	化学需氧量排放量	万吨
	氨氮排放量	万吨
	氮氧化物排放量	吨
	单位地区生产总值二氧化碳排放量	吨/万元
	工业固体废物排放量	万吨
	工业固体废物处置量	万吨
	工业废水排放量	万立方米
特色指标	产业链关联度	
	非石化能源占一次能源消费比重	%
	可再生能源所占比例	%
	循环经济关联企业工业总产值	万元
	循环经济关联企业工业工商税收	万元

（2）具体运用。

以某经济开发区为例（以下简称某经开区）。2014 年，园区工业总产值为 783.9 亿元，同比增长 17%；工业增加值 201.2 亿元，同比增长 14%。

根据某经开区特征，可将其分为物质流集成、能量流集成、水流集成和固体废弃物处理四大板块进行分别分析，并基于资源价值流转平衡构建适合某经开区的指标体系（见表 7 - 2）。在此基础上，参照第 5 章的进行决策优化的具体运用。

表 7 – 2   **某经济技术开发区评价指标体系**

分类	指标名称	单位
资源产出指标	资源产出率	万元/吨
	能源产出率	万元/吨标煤
	土地产出率	万元/公顷
	水资源产出率	元/立方米
资源消耗指标	单位国内生产总值取水量	立方米/万元
	单位生产总值能耗	吨标煤/万元
资源综合利用指标	工业固体废物综合利用率	%
	工业用水重复利用率	%
	废旧资源综合处理量（含进口）	万吨
废物排放指标	二氧化硫排放量	吨
	化学需氧量排放量	万吨
	氨氮排放量	万吨
	氮氧化物排放量	吨
	单位地区生产总值二氧化碳排放量	吨/万元
	工业固体废物排放量	万吨
	工业固体废物处置量	万吨
	工业废水排放量	万立方米

分类	指标名称	单位
	产业链关联度	
	非石化能源占一次能源消费比重	%
特色指标	可再生能源所占比例	%
	循环经济关联企业工业总产值	万元
	循环经济关联企业工业工商税收	万元

7.1.2.2　在行业类园区的应用

（1）基本设计。

产业类工业生态园是指由一个或多个企业作为产业的核心，通过物质和能源的整合，在工业企业之间形成一种更为相似或相互关联的共生关系，形成产业生态园区。

产业类工业生态园区基本特征如下：

①国家和地方的相关法律、法规、规章和政策得到有效实施，过去三年没有发生重大污染事故。

②环境质量标准应符合国家或地方的环境质量标准，园区企业污染物排放量不得超过总量控制指标。

③工业生态公园建设规划已经获得国家环保总局（区）批准，经地方人民政府或人民代表大会批准。

行业类工业生态园的核算可分为物质流集成、能量流集成、水流集成和固体废弃物处理四大板块进行核算分析。以行业类工业园区生态转型特征为基础，以可持续发展理论为指导，探讨工业园区生态转型指标体系建设的基本原则和步骤，并提出行业性园区生态化改造指标体系的基本内容。行业类工业生态园通过发展循环经济，主要建立起上下游产品持续成链、关联产品复合成网的生态产业系统。其路线如图7－2所示。

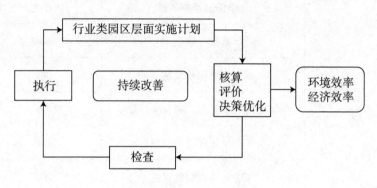

图7－2　产业园区应用框架

（2）具体运用。

行业类产业工业生态园主要是以资源为主导模式的产业共生型工业生态园，主要利用生态工业链条上企业之间地理位置相互毗邻的优越性、生产工艺的关联性等特点，对其价值流动进行核算分析。对主导企业和关联企业设置物量中心，分析其输入输出情况。行业类产业园区应用模式与综合类基本相同，不同的是在评价阶段，基于资源价值流平衡的评价指标体系稍有差异，其基本的指标体系见表7－3。行业类工业生态园价值流决策与综合类决策类似，此处不再赘述。

表7－3　　　　　　　　行业类产业园区评价指标体系

指标内容	详细指标	单位
资源消耗	单位生产总值取水量	立方米/万元
	单位生产总值能耗	吨标煤/万元

指标内容	详细指标	单位
废物排放	二氧化硫排放量	吨
	化学需氧量排放量	万吨
	氨氮排放量	万吨
	氮氧化物排放量	吨
	单位地区生产总值二氧化碳排放量	吨/万元
	工业固体废物排放量	万吨
	工业固体废物处置量	万吨
	工业废水排放量	万立方米
资源产出	铁矿石资源产出率	万元/吨
	能源产出率	万元/吨标煤
	土地产出率	万元/公顷
	水资源产出率	元/立方米
	单位产出外部损害价值	万元
行业指标	产业链关联度	
	行业特征污染物排放总量	万吨
	行业特征污染物排放达标率	%
	周边社区对产业园区满意度	%
	职工对生态工业的认知率	%

其中：行业特征污染物是指行业重点控制的污染物（常规监测指

标除外)。园区排放总量应低于当地环保部门分配的指标。

行业特征污染物排放达标率是指行业重点控制的污染物(常规监测指标除外)排放浓度达标准排放量占排放总量的比例。

周边社区对园区的满意度是指园区周边居民对园区生产满意人数占总人数的比例。

职工对生态工业的认知率是指园区职工对生态工业了解的人数占职工总人数的比例。

7.1.2.3　在静脉类园区的应用

(1)基本设计。

为了节约资源和保护环境,在确保环境安全的前提下,在静脉产业(资源再生利用产业)中,回收和循环利用废物是必要的。它主要包括两个过程:将废物转化为可再生资源,并将可再生资源加工成产品。工业生态园区传递物流或能流,连接不同工厂或企业,形成资源共享和副产品互换的共生组合,实现生产者、消费者和分解者之间的物质循环,使一家工厂的废物或副产品成为另一家工厂的原料或能源,以达到材料循环闭合回路化、能量多层利用和废物产生最小化。从事静脉产业的工业园区就是静脉产业类工业生态园区,其特征主要包括废物再利用化和资源化,在实现废物利用的同时,要注意保护环境。这一目标的实现基于以下条件:

①执行良好的法律法规,确保在过去三年没有发生重大的污染事故和重大的生态破坏事件。

②环境质量达到标准,园区内污染物排放达标,重点污染物排放量不超过规定要求。

③园区项目及产品技术符合国家产业政策。

④评价园区环境影响，通过相关部门的评审。

⑤园区建设要节约用水、节约材料、节约能源、节约用地等。

静脉产业是将固体废物转化为再生资源，再将再生资源转化为产品的产业。因此其重点是从废物到资源的转化，其核算分析也应在此特质基础上，除物质、能源、水之外，还应单列废弃物这一项子核算系统，进行具体核算分析。静脉类工业园评价指标需要有代表性，要考虑静脉产业发展的特点，适当吸收合适的非指标体系中的指标。静脉类工业生态园决策的目标应该多元化，应融入社会和环境等多重目标；另外，企业要关注国家相关法律法规的变化，预测潜在环境支出。可参考综合类和行业类决策优化，结合本类特质进行具体决策优化分析。

（2）具体应用。

以某静脉产业园为例，该园区规划面积 18 平方公里（远期规划 30 平方公里，在园区北部扩展 6000 亩作为循环经济高科技园区）。园区是湖南省重点省级工业园，"十一五"成为国家首批循环经济试点，"十二五"成为国家首批"城市矿产"示范基地，被指定为国家再生资源回收利用标准化示范基地、中国社会科学院循环经济调研基地和全省最具投资潜力园区。

①价值流核算分析。该静脉园区价值流核算分析主要是在综合、行业类基础上另外增加废弃物核算一栏，并进行具体分析。

②价值流评价分析。静脉行业类产业园区应用模式与综合类基本相同，不同的是在评价阶段，基于资源价值流平衡的评价指标体系稍有差异。其基本的指标体系与表 7 - 3 类似，其特有指标见表 7 - 4。

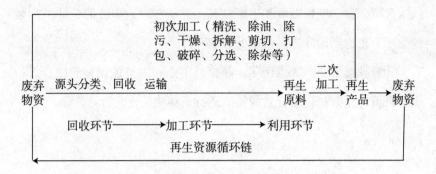

图7-3 某园区循环共生链

表7-4 行业类产业园区评价指标体系

指标内容	详细指标	单位
循环与利用指标	废物处理量	吨
	静脉产业对园区工业增加值的贡献率	%
	废物资源化率	%
	危险废物安全处置率	%
	入园企业的废物拆解和生产加工工艺	%

其中：废物处理量——报告期间废物处理总量。

静脉产业对园区工业增加值的贡献率——在报告所涵盖的期间，静脉产业增加值占整个园区工业增加值的百分比，反映了静脉产业对园区经济增长的贡献。

废物资源化率——指报告期内废物资源化量占园区废物处理总量的百分比。

危险废物安全处置率——在资源利用实施后，仍然不能避免产生的危险废物的安全处置。

入园企业的废物拆解和生产加工工艺——进入园区的企业的拆装和生产工艺达到国际先进水平的程度。

③静脉类工业园决策优化。静脉类工业园决策优化参照综合、行业类决策优化方法，结合自身特征进行具体决策优化。

7.1.2.4　三大园区的应用差异

价值流分析方法在综合类、行业类和静脉产业类工业生态园的应用根据园区特征不同而有所差异。其不同点主要在于：

（1）核算分析。核算分析方法按照工业生态园物质流分析的方法进行分类。其中，综合产业园区由多种不同类型的企业组成，根据具体的企业链核算，核算时需要画出不同的产业链，按照各产业链进行具体核算。行业类则主要是以资源为主导，其核算时需要抓住其关键企业，依托其形成的产业链，从横向和纵向、产业链前后延伸角度进行具体核算。静脉类园区以废物再生为主，因此核算时除原有的物质、能源、水等链条外，还需要增加一条废弃物综合利用链。

（2）评价分析。评价分析的差异主要体现在评价指标的选择方面。综合类工业园区指标的选取需要考虑国家级经济技术开发区的相关统计报表等，选取人均工业增加值等指标进行具体设置。而行业类指标体系的选取则需要参考行业类相关标准，设置行业特征污染物排放总量等相关特色性指标体系。静脉类园区指标选择则参考静脉类园区特点，选择废旧家电资源化率等指标来进行综合设置。

（3）决策优化。综合工业生态园的决策优化主要是由经济开发区改造而成，因此在决策优化时应在支柱行业之间的联动和共生上进一步加强，实现产业机构的优化升级。行业类的工业生态园决策优化主要应依托能量集成及能源的梯级利用，而复合实体决策的行业模式，决定了集团的某个决策失误会损害各公司的利益，在具体决策时应综合考虑。静脉类园区决策时应充分考虑到废物供应等具体问题进行综合决策优化。

7.2　综合类园区资源价值流转核算

7.2.1　综合类园区物质集成流转价值核算

7.2.1.1　典型工业园网络模型及物质集成情况

我国当前最典型的工业园网络模型为单核心依托网络模型。也就是说，在一个工业园区，许多中小企业围绕着一个核心企业，网络的构建即是单核心依托网络模型，这种模型结构较为紧凑，广泛应用于大型企业集团。

（1）A 工业园物质集成情况。

A 工业园的资源流转是以甘蔗制糖为起点，园区内的每一家企业都围绕着制糖厂这个核心企业，实现了废弃物再利用的循环经济效益。表 7-5 反映了 A 工业园物质集成情况。

表7-5 A 工业园物质输入输出

物量中心	输入		输出	
	类别	名称	类别	名称
酿酒厂	主要材料	高粱、大米、豌豆等	产品	各种酒制品
	其他材料		废弃物	废酒精液、废水
发电厂	主要材料	煤、石油、天然气	产品	电
	其他材料		废弃物	飞灰、蒸汽、废渣、废水
水泥厂	主要材料	石灰、石膏、粉煤灰	产品	水泥
	其他材料		废弃物	粉尘、NO_2、SO_2、废水
化肥厂	主要材料	浓氨水、二氧化碳、碳化氨水、氯化铵等	产品	磷肥、氮肥、钾肥、复合肥
	其他材料		废弃物	CO、SO_2、H_2S 等
制糖厂	主要材料	甘蔗	产品	各种糖制品
	其他材料		废弃物	废糖液、废糖渣、废水等
养鱼厂	主要材料	养料、鱼料	产品	各种鱼类
	其他材料		废弃物	废水、废渣
蔗田	主要材料	种子、肥料等	产品	甘蔗
	其他材料		废弃物	废蔗渣
纸浆厂	主要材料	各种木材	产品	纸浆
	其他材料		废弃物	废纸浆、废水、废渣等

物量中心	输入		输出	
	类别	名称	类别	名称
造纸厂	主要材料	纸浆	产品	纸
	其他材料		废弃物	废水、废气等

（2）B 经开区物质集成情况。

目前，B 经开区在产业上，拥有工程机械、汽车及零部件，以及电子信息等优势产业，形成了以两大支柱产业为主，多元化产业为辅的发展格局。该园区主要包括产业循环体系、资源循环利用和污染控制体系、保障体系三部分。污染控制体系主要是水资源循环利用、水污染治理、固体废物回收利用、能源多级利用等，重点污染物减排、再利用、回收利用和无害化。B 经开区物质集成情况见表 7－6。

表 7－6　　　　　　　　B 经开区物质输入输出

物量中心	输入		输出	
	类别	名称	类别	名称
汽车及零部件	主要材料	车床、模具等	产品	汽车、零件
	其他材料	电池、涂料、控制系统	废弃物	废水、废渣
新材料	主要材料	电池、颜料生产原料	产品	电池、涂料
	其他材料	包装	废弃物	废水
工程机械	主要材料	钢材、五金、焊接件等	产品	工程机械产品
	其他材料	包装、涂料、电池	废弃物	固体废弃物

物量中心	输入		输出	
	类别	名称	类别	名称
电子电器	主要材料	电路板、电子元件	产品	电子配件、控制系统
	其他材料	包装	废弃物	固体废弃物
饮料食品	主要材料	各类果汁、调味剂、糖	产品	饮料产品
	其他材料	环保治理、包装材料	废弃物	废渣、废水
其他	主要材料	包装、建筑原材料	产品	环保、包装材料
	其他材料	工程机械、电子配件等	废弃物	废水

7.2.1.2　园区的物质集成流转价值核算模型与方法

（1）物量中心的确定。

物量中心的划定是园区物质集成价值流核算的关键，如果物量中心范围过小，那么物量中心数量就会很多，核算工作量很大，如果物量中心数量划分较少，虽然可以减少核算工作量，但影响核算结果的正确性及合理性。在企业层面，资源价值流的核算过程通常以工艺流程作为核算的物量中心，而扩展到工业园区层面，必须结合工业园区的产业共生特征，把园区内的各个企业节点作为数量的中心。

（2）园区物质输入、输出端价值的确定。

根据物量中心，可把输入节点产业链和从节点产业链输出的物质划分为合格品及废弃物，并根据现场调研收集的园区和企业的生产数据资料，确定其输入、输出端各类物质的价值。

7.2.2　综合类园区能源集成流转价值核算

工业园区是我国的能耗大户，其改造的最佳切入点就是能源。因此，园区提供集中供电、供热等综合设施，不仅能降低企业在园区内的整体工程成本，而且能节约整个园区的能源消耗，并且易于实施。能源整合不仅要求工业园内的企业寻求自身的能源利用以达到最大效率，而且要求最大限度地利用可再生能源。

7.2.2.1　园区的能源使用的基本现状定位

能量梯级利用主要依据能量的品质差异，进行"能量层叠"梯级利用，如热电联产。热电联产系统是热电厂利用煤为主要能源通过锅炉加蒸汽轮机的联产系统。首先将产生的具有高品位的蒸汽通过汽轮机发电，其排气满足各种热负荷。其流程如图 7－4 所示。

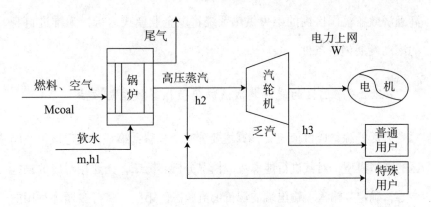

图 7－4　热电联供的基本原理

电力供应模式改变了传统的电力生产方式。长期以来，人们都认为电力生产指的是大容量、高参数、远距离、高压输电和配电网络的电力生产和手段，是一种集中的系统，追求高功率效率和规模经济效益。这种供电方式改变了传统电力生产模式。

7.2.2.2 园区的能源集成价值及变化规律

能源整合是基于对整个系统的能源供需关系的分析，通过有效的能源匹配，实现节能和合理利用能源的目标。该系统的能源整合包括减少能源消耗、能源利用与发展可再生能源和清洁能源。

B 经济开发区的供热主要是为少量的生活用户提供蒸汽，适用于集中供暖的形式。为了适应园区的逐步发展，园区采用多热源和区域网络集中供热模式，以适应负荷的变化和施工速度的变化。该多热源网络加热方式可提高操作的可靠性、安全性、灵活性和稳定性。当达到一定的尺寸时，就设置中央供暖系统。在条件成熟的情况下，考虑热发电的发展，扩大其用途和范围，用较少的热时间，开发溴化锂制冷，用热源制冷，可以节省空调的能耗，实现双效节能供热系统，提高经济效益。园区内的中央供热系统将以企业模式运行，为推进自身的滚动发展创造条件。

7.2.2.3 园区的能源集成流转价值核算模型与方法

园区能源集成价值流转核算主要分三个步骤：第一，确定该工业园区的网络模型，对其进行能源集成情况分析。第二，构建相对应的物量中心，确定其输入、输出端能源价值流状态。第三，将可被循环利用的能量进行逐步结转和核算，并进行诊断分析。其核算的步骤如下：

（1）收集数据，设定物量中心；

（2）按行业划分各物量中心，进行内部成本核算及再利用的能源成本核算；

（3）物量中心成本汇总；

（4）编制能源集成价值流转图。

7.2.2.4 能源集成价值流计算及诊断

（1）B经开区典型企业能源集成情况分析。

2013年，B区综合能源消耗为456583吨标准煤，工业综合能源消耗为362315吨标准煤。近年来，B区的综合能源消费总体上呈现增加趋势。这一现象的主要原因是，能源的结构在消费上并不符合发展趋势，高效和清洁的电力能源占工业能源消费结构的比重较大，可再生能源替代传统能源如电力的比例太低，不考虑环境容量。在园区进行集中供热有利于提高能源的综合利用率。通过分析调研数据，各产业能源成本输入输出情况见表7-7。

表7-7 B经开区各产业能源成本输入输出（年数据）

物量中心	输入能源及成本		输出废弃物及成本	
	能源	成本（亿元）	废弃物	成本（亿元）
汽车及零部件	电、轻柴油、汽油、蒸汽	54.48	有机废液、油漆废渣等	3.76
新材料	电、煤炭、太阳能、蒸汽、汽油等	7.54	废弃塑料、废油等	0.98
工程机械	电、汽油、柴油等	213.60	有机废液、有机废渣	26.44
电子电器	电、蒸汽、柴油等	15.30	有机废液等	1.51
饮料食品	电、蒸汽等	98.42	可燃废渣等	10.28
其他	电、蒸汽、煤炭、汽油、柴油等	138.59	有机废料、有机废液等	17.30
合计		527.93		60.27

B 经开区各产业能源使用产生的有机废料可循环利用，用于集中供热。工业园区的新材料、工程机械、食品加工和其他生产过程需要大量的热量，为了达成有效利用能源，发挥规模效应的目的，也为了把园区部分企业生产出的可燃废物和垃圾利用起来，需要对园区自成体系的中央供暖系统进行规划。

（2）B 经开区各物量中心能源价值计算。

计算各物量中心投入能源的成本及用于集中供热系统再利用的废弃物成本，根据园区提供的有关数据资料，可绘制 B 经开区各产业能源价值分析图，如图 7 - 5 所示。

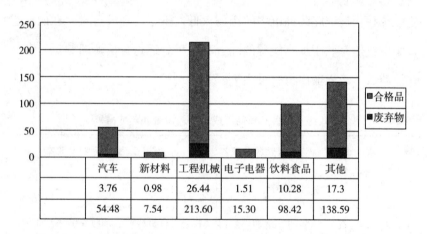

	汽车	新材料	工程机械	电子电器	饮料食品	其他
	3.76	0.98	26.44	1.51	10.28	17.3
	54.48	7.54	213.60	15.30	98.42	138.59

图 7 - 5　B 经开区各产业能源价值分析

7.2.3　综合类园区水集成流转价值核算

7.2.3.1　园区的水资源使用的基本现状定位

在工业生态系统中，水作为最关键的生态工业园区基础设施的设计和开发所需考虑的资源，水系统作为主要供给者所需要的其他系统资源，必须满足其他系统的需要。根据工业生态系统模拟自然生态系统的观点，工业生态园区的工业生态系统可以按照自然生态系统规划、设计和管理。因此，作为工业生态系统的一部分，水系统可以根据这个想法来规划和设计，以满足其系统目标。

B 经开区作为一个例子，2013 年，B 经开区工业废水排放总量 4554362 吨，企业回收水量 8526795.4 吨，废水总量 13081157.4 吨，单位工业增加值废水产生量为 6.0 吨/万元，园区计划在未来几年内通过绿色投资吸收更多的新型企业，同时加大推广企业清洁生产的理念，逐渐降低单位工业废水生产增加值。

7.2.3.2 典型工业园区的水集成模式

在 B 经开区产业生态建设过程中，废水有以下的代谢方式：(1) 处理或不需处理，进行原位再生或车间内的梯级使用；(2) 经过处理或不需处理，供周围其他企业利用；(3) 在预处理后，运送到城市污水处理厂。在 B 经开区控制范围内构建工业固体废物的分类、回收和循环利用系统。用于道路建设或建筑材料制造的少量灰尘、金属、玻璃、塑料、纸张和其他垃圾回收。收集废旧的电路板、废电子元器件、废旧电器、PCB 工业废液和其他电子垃圾，回收后提炼贵金属和非金属材料再进行利用，对废机油进行回收再生。

7.2.3.3 园区水集成价值流核算的基本方法

水集成价值流转核算主要分三个步骤：第一，确定该工业园区的网络模型，并进行水集成情况分析。第二，构建相对应的物量中心，确定其输入、输出端能源价值流状态。第三，将可被循环利用的废水按物量中心进行核算，绘制园区水集成价值流转图并诊断分析。这里以 B 经开区为例进行水集成价值流分析。

（1）B 经开区水资源利用情况分析。

2013 年，B 经开区工业用水总量为 1565.54 万吨，是经开区用水总量的 92.66%。经开区共排放废水 607.74 万吨，其中工业废水排放总量为 455.44 万吨，生活污水排放量为 152.3 万吨，均进入某污水处理厂集中处理。B 经开区生活用水量约为 1904 吨，占整个经开区新鲜用水总量的 10%。工业废水中 COD 排放量为 565.94 吨，氨氮排放量为 22.17 吨。各产业产生的工业废水量见表 7-8。

表 7-8 B 经开区各产业工业废水量 单位：万吨

行业	工业废水量
工业机械行业	57.80
电子信息行业	23.46
新材料行业	34.07
食品行业	105.71
汽车行业	48.73
其他	185.67
合计	455.44

（2）B 经开区水资源输入输出情况分析。

如果对园区的污水排放进行综合循环利用，建立水资源的回收利用梯级模型，构建生态产业链的园区系统，实现水的梯级利用，不仅可以实现"零排放"，减少环境负荷，也会增加社会效益和经济效益。B 经开区目前产生的废水均进入园区企业污水处理厂集中处理。根据调研数据，按水的梯级利用分成五个物量中心，汇总得 B 经开区水资源用量的输入输出表（见表 7－9）。表中的序号（1、2、3、4、5）分别代表"各生产行业、企业污水处理厂、城市污水处理厂、中水回收、居民生活区"五个物量中心。园区 2013 年共使用新鲜水量3107.45 万吨，经循环利用最终排入河中废水 120.19 万吨，水资源利用效率高达 96.13%。

表 7－9　　B 经开区各物量中心水资源输入输出数量（2013 年）　单位：万吨

序号	物量中心	输入						输出					排放的废水
		自来水	转入其他物量中心再利用					转入其他物量中心再利用					
			1	2	3	4	5	1	2	3	4	5	
1	各生产行业	712.86	—	253.42	—	301.2	—	—	521.67		—	—	0
2	企业污水处理厂	187.19	521.67	—	—	—	—	253.42	—	455.44	—	—	0
3	城市污水处理厂	303.4	—	455.44	—	—	152.3	—	—	—	874.35	—	36.79
4	中水回用	52.55	—	—	874.35	—	—	301.2	—	—	—	542.3	83.4
5	居民生活区	1904	—	—	—	542.3	—	—	152.3	—	—	—	0
	合计	3107.45	521.67	708.86	874.35	843.5	152.3	554.62	521.67	607.74	874.35	542.3	120.19

7.3 综合类园区资源价值流转评价分析

7.3.1 评价指标体系的构建

为实现 B 经开区经济可持续发展，依据循环经济的发展要求，B 经开区价值流发展程度的指标见表 7 – 10。

表 7 – 10　　　　　　　B 经开区资源流转评价指标体系

指标类型	详细指标	单位	标准值或要求
资源投入指标	单位工业增加值综合能耗	吨标煤/万元	9
	单位工业增加值新水能耗	吨/万元	9
	人均工业增加值	万元/人	15
	工业增加值年均增长率	%	15
消耗与循环指标	单位工业增加值废水产生量	吨/万元	8
	单位工业增加值固废产生量	吨/万元	0.1
	工业用水重复利用率	%	75
	工业固体废物综合利用率	%	85
	能源价值流	万元	620
	废旧资源综合处理量（含进口）	万元/吨	40

续　表

指标类型	详细指标	单位	标准值或要求
	危险废物处理处置率	%	100
	生活污水集中处置率	%	85
	生活垃圾无害化处理率	%	100
资源输出指标	单位工业增加值 SO_2 排放量	万元/吨	1
	单位工业增加值 COD 排放量	万元/吨	1
	单位产出外部损害价值	万元	35
	"两型"企业工业总产值	万元	220
	"两型"企业销售收入占全部企业销售收入比	万元	85

7.3.2　评价的基本步骤

（1）构建判断矩阵。

根据同一层次各因素之间的相对重要性构建判断矩阵 A，一般通过所选专家按照的比例标度对每一层次各因素的相对重要性给出判断值。

（2）计算权重向量。

用和积法对判断矩阵的各列向量进行归一化，得到标准矩阵，然后按行求和，归一化，所得的各列向量即为矩阵的特征向量。进一步计算判断矩阵 A 的最大特征根、一致性指标和检验系数 RI，其中 RI 为平均一致性指标，从而对矩阵 A 进行一致性检验。

（3）判断矩阵 A 的修正。

对于一致性不满意的判断矩阵，按下列步骤对其进行修正：

步骤 1：求出判断矩阵 A 的导出矩阵 $C = (c_{ij})_{m \times m}$ 及偏差矩阵 $D = (d_{ij})_{m \times m}$，并找出偏差矩阵 D 中绝对值最大的元素 d_{ij}。

步骤 2：当 $d_{ij} > 0$ 时，若 $a_{ij} > 1$，则令 $a_{ij}^* = a_{ij} - 1$；若 $a_{ij} < 1$，则令 $a_{ij}^* = \dfrac{a_{ij}}{a_{ij} + 1}$；当 $d_{ij} < 0$ 时，若 $a_{ij} > 1$，则令 $a_{ij}^* = a_{ij} + 1$，若 $a_{ij} < 1$，则令 $a_{ij}^* = \dfrac{a_{ij}}{1 - a_{ij}}$。

步骤 3：令 $a_{ij}^* = \dfrac{1}{a_{ij}}$，对于判断矩阵 A 其他位置的元素保持不变，构造矩阵 $A^* = (a_{ij}^*)_{m \times m}$。

步骤 4：对矩阵 A^* 进行一致性检验，若矩阵 A^* 具有满意一致性，计算其相应的权重向量 w；若矩阵 A^* 不具有满意一致性，按上述步骤继续对矩阵 A^* 进行修正，直到其具有满意一致性为止。

（4）权重向量 w 的修正。

当标度把握不准并丢失部分信息，可通过熵技术对由层次分析法得到的权重向量进行修正，具体步骤在后续案例分析时列出。

7.3.3　数据采集与分析

首先，由五位专家独立评判并确定各层判断矩阵的参数，再将结果取算术平均整数，得到指标权重，计算各层判断矩阵的结果。求得二级和三级相对权重后，可确定和计算园区评价指标体系中理想值。理想的评价值应对接园区清洁生产标准的最好水准。并依据实际确定指标的上下限，将相关指标标准化处理后，逐级计算可得各阶段评价指数和综合发展指数（见表 7 - 11）。

表7-11　　B 经开区资源流转综合发展指数结果

指标层（三级指标）	指标值	理想值	三级指标相对权重	各级指标评价	二级指标权重	一级指标评价
单位工业增加值综合能耗	10.2	9	0.29			
单位工业增加值新水能耗	11	9	0.14			
人均工业增加值	12	15	0.28			
工业增加值年均增长率	13.8	15	0.29	0.856	0.4300	
单位工业增加值废水产生量	10.4	8	0.39			
单位工业增加值固废产生量	0.23	0.1	0.21			
工业用水重复利用率	70	75	0.29			
工业固体废物综合利用率	81.6	85	0.11			
能源价值流	550	620	0.13			0.8975
废旧资源综合处理量（含进口）	35.8	40	0.54			
危险废物处理处置率	98	100	0.14			
生活污水集中处置率	80.7	85	0.19			
生活垃圾无害化处理率	89.9	100	0.29	0.924	0.3530	
单位工业增加值 SO_2 排放量	1.2	1	0.14			
单位工业增加值 COD 排放量	1.18	1	0.28			
单位产出外部损害价值	50.1	35	0.29			
"两型"企业工业总产值	189.3	220	0.39			
"两型"企业销售收入占全部企业销售收入比	83.7	85	0.21	0.851	0.217	

7.3.4 结果评价

从上文可知，计算该园区 2011 年资源流转综合发展评价指数为 0.8975（H），和理想值相比较，该园区资源流转总体处于一个良性循环中；此外，资源输入指数（A）、资源流转循环指数（B）及资源输出指数（C）分别为（0.856，0.924，0.851），与理想值相比较，资源输入指数处于较高循环阶段。其中资源循环利用情况是最好的，而资源输出指数较低。这表明，资源的产出与废物处理及其理想价值之间仍存在较大差距。协调系数与循环系数见表 7-12。

表 7-12　　　　　　　　园区资源流转协调指数结果

A	B	C	标准差 Si	协调系数 Hi
0.856	0.924	0.851	0.0385	0.9731
A	B	C	平均值 Fi	循环系数 Ci
0.856	0.924	0.851	0.8912	0.8942

从表 7-12 可以看出，协调指数为 0.9731。数值较高，说明协调较好，指标间关系是相对均衡的。在确定好 2011 年园区的资源流转发展系数及协调系数后，对 2006—2010 年的数据进行计算，综合评价结果见表 7-13 及图 7-6。

表 7-13　　　　　　　园区 2006—2010 年协调指数结果汇总

年份 系数	2006	2007	2008	2009	2010
协调系数	0.8675	0.8321	0.9012	0.9391	0.9611
循环系数	0.8421	0.81	0.8232	0.8675	0.8875

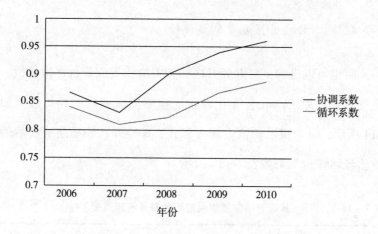

图 7 − 6　B 经开区资源价值流综合评价

　　通过计算得出结果，2006—2010 年该园区在实施资源管理与环境保护措施后，成效显著。虽然两系数值有一些波动但仍属较高水平，2007 年增长速度较慢，而在 2008—2010 年，循环系数和协调系数增长很快。从资源流转发展指数趋势看，评价指标体系中指标值与目标值逐年接近，总体发展水平进入良性发展状态。循环经济完成情况中资源消耗情况较好，说明 B 经开区资源利用效率高；但是在成本控制、效率提高方面还须加强，需要从技术和管理入手，加强工业链企业间的合作，以提高企业的发展能力。

7.4　综合类园区资源价值流转决策优化

7.4.1　基于流转方程式的评价

对 B 经开区可从物质集成、能源集成、水集成来进行评价分析。

7.4.1.1 B 经开区物质集成评价

同时也可以进一步对 B 经开区的相关物质集成进行评价分析。通过数据整理和加工，可求得 B 经开区物质集成前后的相关数据如表 7-14 所示，基于资源价值流转方程式，B 经开区物质集成前后的资源价值流转评价结果如表 7-15 所示。

表 7-14　　　　B 经开区物质集成前后的资源流转数据

项目	单位	2006 年	2011 年
物质资源投入量	万元	892.8	1181.3
产值	万元	401.8	511.1
工业增加值	万元	218.6	270.4
物质废弃物排放量	吨	209.3	213.9

表 7-15　　　　B 经开区物质集成前后的资源价值流转评价结果

项目	单位	物质集成层面	
		2006 年	2011 年
资源生产率	万元/吨	2.78	2.71
增加值产出率	元/吨	0.32	0.30
环境效率	吨/万元	11.23	11.01
单位产值的环境负荷比率	吨/万元	4.98	5.21
单位资源的环境负荷比率	吨/万元	13.94	12.51

由表 7-15 可见，B 经开区形成产业链前后物质集成的资源生产

率、增加值产出率等都有了不同程度的改善，说明 B 经开区的物质集成正在往更好更高层次发展，符合循环经济的发展要求，有利于提高园区经济、环境和社会效益。

7.4.1.2　能源集成工业共生链评价

目前，B 经开区能源主要以原煤、电力、蒸汽、生物质能为主。园区能源主要特征：能够获取的能源种类多，获取能源的渠道众多；不同能源的关系杂乱且替代的可能性大，综合利用潜力大。能源按特征分类，有常规能源、闲置能源和新能源之分。具体计算方法与物质集成相同。

表 7 - 16　　　　　　B 经开区能源集成前后评价

项目	单位	能源集成层面	
		2006 年	2011 年
资源生产率	万元/吨	2.15	2.0
增加值产出率	元/吨	0.42	0.38
环境效率	吨/万元	12.2	11.6
单位产值的环境负荷比率	吨/万元	5.5	5.6
单位资源的环境负荷比率	吨/万元	9.76	8.98

从 B 经开区能源集成前后评价表来看，建立产业链能源集成之后，通过能源集成使得产业之间联系更加紧密，以循环经济链条来实现产业间互联，促进园区循环经济发展，在资源生产率、增加值产出率和环境效率等方面取得了较好的效果。

7.4.1.3　水集成工业共生链评价

综合类工业生态园水集成资源投入量主要包括水的投入量。

表 7 -17　　　　　　　B 经开区水集成前后评价

项目	单位	园区水集成层面	
		2006 年	2010 年
资源生产率	万元/吨	1.420	1.38
增加值产出率	元/吨	0.42	0.41
环境效率	吨/万元	9.6	10.9
单位产值的环境负荷比率	吨/万元	3.5	4.1
单位资源的环境负荷比率	吨/万元	8.7	8.54

通过表 7 -17 分析可知，随着循环经济的深入开展，综合类工业生态园产业共生链的建立，方程式因子表现值呈现越来越好的趋势，资源消耗减少、经济效益增加、环境负荷降低，三者的共生效益均比较显著，且两两关联也越加协调。从不同年度来看，2006 年因子指标值较差，经济效益和环保效果相对不够理想，2011 年，各项因子值都有了显著效果，体现了综合类工业生态园建立的环境和经济效果，进一步推动了综合类工业生态园产业共生链循环经济的发展。

7.4.2　基于 PDCA 循环的决策分析

（1）计划与安排阶段。根据 B 经开区循环经济园区建设要求，按照循环经济发展模式，调整优化产业结构，建立符合循环经济要求的产业体系，从物质集成、能源集成和水集成三个层面进行相关分析决策。

（2）计算与分析阶段。加强对高效清洁能源如天然气、电力的推广，分阶段逐渐减少原煤的使用，但燃煤锅炉仍然存在于部分工业企业。除此之外，常规能源如电力仍然是能源消耗类型的主体，使用可再生能源的占比过低，对环境的压力仍然很大。

（3）诊断与决策。精确定位经开区的功能和特色，调整战略方向，分析碳减排的产业之间的结构变化趋势，完善低碳产业的体系构建。推广可再生能源，如太阳能和生物质能的使用；率先推广清洁能源如感光太阳能路灯在公共基础设施和公共场所中的使用，鼓励企业在生产和办公场所中使用清洁能源，全面提高可再生能源的使用率。

（4）评价与持续改善。对能源链物质集成设计之后，通过资源流转方程式对其环境效率、资源生产率进行再计算。为缩小与目标间差距，可指定决策措施进行改善，包括开拓新的市场等。标准化处理经过实践检验行之有效的措施，有利于推广。总结遗留问题，尽力找出效果不佳的原因。对于存在的问题，认真做好总结评价，便于在下一轮 PDCA 循环中改进与推广。

7.4.3　园区资源价值流决策优化

B 经开区资源价值流优化方案可以从物质、能源、水集成三个方面实施。

7.4.3.1　物质集成资源价值流优化方案

（1）延伸园区产业链条，促进三大集成发展。产业集群形成的最初特征是 B 经开区产业发展的自发性，但这种政策的力度不够，导致产业结构不合理，降低了产业结构升级动力。截至目前，园区内还没有完整的产业链，并且绝大部分企业还处于低成本竞争阶段，这就导致产业生态链的延伸度不够。

（2）加强回收利用废旧物资，使园区内使用的各种物质达到循环流动的效果，2010 年 B 经开区全年共产生固体废弃物 12722.6 吨，废弃物综合利用程度达到 80%。通过对废弃物的综合处理，10178.08 吨的废弃物再次进入园区循环，通过燃煤锅炉改造等途径，能够减少固体废弃物的排放量，单位工业增加值固废产生量为 0.005 吨/万元和 0.0021 吨/万元，为园区创造了巨大经济价值，同时减少了废弃物的对外排放，保护了环境。

（3）企业之间通过互相之间的物质集成，实现因建立工业园区而产生的工业共生和代谢关系，企业内部推广清洁生产，降低物质和能源的消耗。B 经开区已经设立了专门的管委会网站，将完善工业信息平台的信息，定期发布园区企业的污染物排放及处理情况，主导行业的清洁生产技术信息的更新动态。

7.4.3.2　能源集成资源价值流优化方案

（1）多热源分区域联网集中供热。B 经开区采用多热源分区域联网集中供热的方式，适应园区循序渐进、分步开发及负荷的变化，并适应建设速度。这种多热源分区域联网供热方式能够提高运行的可靠性、安全性、灵活性和稳定性。

（2）推进水资源循环利用管理方案，包括区域和废水厂内循环利用。其中，厂内循环利用的重点是要控制产生废水的源头，并且直接回用经过处理后的生产流程中的废水，而不是与其他废水混合后再实行集中处理。

（3）开发利用生物质能等新能源。由于技术、管理等因素对新能源的影响，新能源在园区内仍然未被大量开发与利用。

7.4.3.3　水集成资源价值流优化方案

（1）增设污水处理设施，实行污水集中处理。建立污水集中处理中心，集中处理污水不仅可以节约企业成本，而且集中处理后的污水可以重新输入企业进行利用。

（2）推进水资源循环利用管理方案，包括区域循环利用和废水厂内循环利用。其中，厂内循环利用比如 B 经开区工业废水循环利用的重点是要控制产生废水的源头，并且要能直接回用经过处理后的生产流程中的废水，而不是与其他废水混合后再实行集中处理。

第四篇　政策保障

第8章 工业生态园政策保障体系设计

在新型工业化和城市化进程中，我国工业生态园的政策保障体系存在诸多问题。首先政府未有效起到政策、法规引导作用和行业组织的桥梁作用，迫切需要加快经济政策体系建设；而且工业生态园没有形成支撑循环经济发展的技术服务体系，不能适应低碳绿色发展的需要，要注重企业技术创新能力建设，为工业生态园的循环经济发展构建技术支撑体系和技术标准体系；同时，由于我国整体循环经济法制建设起步较晚，循环经济法律法规体系相对落后，加之我国工业生态园区发展尚处于部分地区示范试点向全国全面推进阶段，在工业生态园区发展低碳经济、循环经济法律法规保障体系尚不健全，所以构建政策保障执行与监管体系势在必行。

8.1 园区政策保障现状及问题剖析

园区相关政策涉及四个方面：经济政策、技术支撑与标准政策、法律法规、保障执行与监管政策。

8.1.1 园区经济政策体系构建的现状及问题剖析

（1）经济政策体系构建的现状分析。

从产业角度看，工业增速的持续下滑，是缺乏有力的增长支撑点、产业集聚效应较弱以及产业结构欠合理等因素共同作用的结果。同时生产型工业比重过大，消费型工业比重偏低。

此外，在税收政策、财政补贴政策以及投融资政策上仍有待改进，这些政策有一定的作用，需要更进一步优化产业经济政策，参考国外的相关政策经验改善我国的财政政策。财政支出政策在循环经济发展的背景下，总体思路应是：国家财政除应承担起市场不能或不愿干预的投资责任外，更要采取各种财政手段，在环保投资的市场化改革中推波助澜。这是提高环境保护资金投入量，增加环保投资效益的治本之道。

（2）经济政策体系构建的问题剖析。

经过近年来的发展调整，园区的产业布局已逐步有序，但是整体规划水平不高、园区和产业能源与资源循环利用问题及产业集聚发展目标不明确的问题仍然十分突出，园区产业经济政策效果不明显。

在园区政策效果方面，存在三个问题：第一，资源循环利用优惠政策效果不明显；第二，过度依赖财税优惠政策；第三，绿色产业集群优惠政策缺乏。

在园区产业转型方面，存在三个问题：第一，园区产业链不长，资源循环利用率不高；第二，园区产业同构现象严重；第三，绿色产业升级压力加大。

8.1.2　技术支撑与标准体系建设的现状及问题剖析

（1）循环经济发展的技术思路。

对经济系统进行能流和物流分析，采用生命周期理论对其进行评价估计，以最大程度降低生产消费过程的资源、能源消耗及废弃物的排放。因此，建立循环经济技术支撑体系和标准体系十分必要。目前国外关于循环经济的技术支撑体系已经相当完善。从生产过程的源头到中间循环再利用再到末端治理都有所考虑，此外还把环境的状况考虑在内，其中具体的各项技术也处于一个相当高的水平。如美国、英国、日本这些发达国家对于循环经济与可持续发展的重视程度非常高，所以在相关技术支撑体系方面的建设力度和资金投入也相当大。循环经济的体系建设也初有成效，包括国际原子能机构的可持续发展能源指标体系（EISD）、世界能源理事会（WEC）的能源效率指标体系、欧盟（EU）的能源效率指标体系、英国能源行业指标体系（IAEA），另外还有一些可持续发展的指标体系。这些体系中关于资源循环利用和能源效率的指标研究较多，但并未针对资源化和再利用建立相应的指标体系。

我国在循环经济中的资源利用技术研究领域取得了一些实质性的突破，但总体来看，该方面的深入研究与应用还较为滞后，大多数企业缺乏关键技术以提高资源综合利用水平，并且从技术方面还无法实现企业向循环经济模式的转型升级。主要表现：循环经济技术创新力量主要还是集中于科研机构、高等院校，企业科技创新的主体地位相对薄弱，政府未有效起到政策、法规引导作用和行业组织的桥梁作用，循环经济认证的覆盖范围较窄，技术产业化缺乏资金支持，技术支撑体系尚未形成。我国在循环经济技术标准方面下了很多功夫，颁布了许多相关的国家标准及地方标准，在实际生产过程中能够起到比较好的规范和指导作用。企业的标准化意识也在不断提升，标准化建设增强，标准体系不断完善。综合利用、清洁生产和减量化等领域技术标准体系建设起步晚、难度大、无借鉴，五个分领域发展不平衡。标准的协调性和配套性还有待加强，整体布局、结构还需要进一步优化，各领域标准体系亟待建立和完善，尤其需要补充技术性标准。

（2）技术支撑建设的问题剖析。

循环经济的核心就是技术的创新与集成。目前，在循环经济技术的深入研究与应用方面，我国还较为滞后。大多数企业缺乏关键技术以提高资源综合利用水平；国家对循环经济技术的发展缺乏总体规划与配套措施的建设；工业企业基础设施建设落后，缺乏专项的研发资金投入；构建循环经济技术支撑的法律法规仍不健全。

中国正处于加快推进新型工业化和城市化进程中，转型跨越发展面临严峻挑战。循环经济的技术创新力量主要集中于科研机构、高等院校，企业进行技术创新的意识不强、投资成本较高、风险较大，技术创新动力不足。政府未有效起到政策、法规引导作用和行业组织的桥梁作用，尚未确立产学研合作的利益共享和分配机制，同时激励科技成果转化的机制仍然有待完善，没有形成支撑循环经济发展的技术服务体系，不能适应低碳绿色发展的需要，迫切需要加快企业技术创新能力建设，为产业园区的循环经济发展构建技术支撑体系。

（3）标准体系构建的问题剖析。

近年来，国家实行标准化战略，标准体系建设取得了显著成效，建设了清洁生产标准体系、工业和通信业综合利用领域"十二五"技术标准体系、信息技术标准体系等，标准化推进工作全面覆盖了一、二、三产业和社会事业，标准化管理体系和运行机制、标准实施监督体系和人才培养体系也逐步建设中，为国家循环经济和工业生态园的发展提供了重要的参考和支撑。《循环经济促进法》明确要求建立健全完善的循环经济标准体系，制定和完善相关标准，比如节水、节材和废物再利用、资源化等方面的标准。然而，目前我国的循环经济关键技术的研制力度与现实需求尚不匹配，必须加大循环经济标准体系的构建力度和关键技术标准的研制力度。

8.1.3　法律法规建设的现状及问题剖析

（1）法律法规建设的现状分析。

目前，国家和园区两个维度的循环经济法律法规体系构成了园区产业循环经济发展的法制环境，为工业生态园区资源价值流转分析提供了一定的基础。

国家层面。国家层面的循环经济法律法规体系、园区循环经济发展的总指挥是 1989 年颁布并实施的《环境保护法》，也是我国唯一一部综合性环境资源保护法律。《环境保护法》虽然没明确提到工业生态园的概念，但是在法律条文的字里行间都体现了可持续发展和循环经济的理念，为工业生态园的立法提供了上位法依据。专项基本法涉及的范围比较广泛，有《固体废弃物污染环境防治法》《节约能源法》《可再生能源法》《大气污染防治法》《环境影响评价法》等，均体现了发展循环经济的要求。2002 年 6 月出台的《中华人民共和国清洁生产促进法》，是我国第一部以污染预防为主要内容，专门规范企业清洁生产的循环经济法律，它促进企业改进生产工艺，更新生产技术，把企业清洁生产提升到法律层次，让政府的监督有法可依，标志着我国循环经济发展步入法制化和规范化阶段。2008 年颁布了我国首部促进循环经济发展的综合性法律《循环经济促进法》，该法在宏观层面对工业生态园区的建设和管理做出了总括性的规定，提出国家鼓励各类产业园区进行资源综合利用、能量梯级利用、废物交换、水的分类综合利用、土地集约利用和循环使用。

园区层面。2003 年，国家环境保护总局会同商务部出台了《国家工业生态园区申报、命名和管理规定（试行）》，确立了园区建设的四项原则：自愿性、高起点、因地制宜、经济社会和环境协调发展。2006 年，国家环境保护部发布了《行业类工业生态园区标准（试行）》，将工业生态园分为行业类、综合类、静默产业三大类，并依据不同类型生态园区的具体情况，就经济发展、物质减量与循环、污染控制、园区管理四大项分别制定了不同的量化评价标准，明确了工业生态园区管理的基本要求和评价的基本标准。2007 年，国家环保总局发布了《国家工业生态园区示范园区管理办法（试行）》，制定了国家生态工业示范园区建设考核验收的程序和绩效评估规划。国家和园区层面的相关法律法规如表 8 - 1 所示。

表 8 - 1　　　　　　　　国家和园区层面的相关法律法规

规制范围	法律法规名称
国家	《环境保护法》
	《固体废弃物污染环境防治法》
	《节约能源法》
	《可再生能源法》
	《大气污染防治法》
	《环境影响评价法》
	……

续　表

规制范围	法律法规名称
园 区	《国家工业生态园区申报、命名和管理规定（试行)》
	《行业类工业生态园区标准（试行)》
	《国家工业生态园区示范园区管理办法（试行)》
	《关于进一步加快工业生态园发展的意见》
	……

（2）法律法规建设的问题剖析。

工业生态园的良性发展离不开法律法规的支持，近年来，国家、地方颁布了一系列法律法规，有效地促进了工业生态园循环经济的发展，但是由于我国整体低碳经济、循环经济法制建设起步较晚，低碳经济、循环经济法律法规体系相对落后，加之我国工业生态园区发展尚处于部分地区示范试点向全国全面推进阶段，低碳经济、循环经济法律法规保障体系尚不健全。

工业生态园在循环经济法制建设方面取得了一定的进步，但仍存在以下方面的不足：第一，现有的法律法规条款过于原则性，可操作性弱，法律责任不完善，软约束较多；第二，鼓励园区发展循环经济的配套法规制度尚不完善，生产者责任延伸制度尚未系统化；第三，科技法律制度表现出明显的经济至上性，科技成果转化制度有待完善。循环经济技术创新体系和先进适用技术推广机制不健全；第四，工业生态园循环经济发展评价制度不健全；第五，循环经济能力建设、宣传教育、服务体系等相关法律法规均有待完善。上述问题严重制约着工业生态园循环经济的发展水平，阻碍了工业生态园资源价值流转分析的推广应用。

8.1.4 政策保障执行与监管体系建设的现状及问题剖析

（1）政策保障执行与监管体系建设的现状分析。

工业生态园区的运作和发展利用了工业生态学原理，是循环经济的一种模式，也是实现社会可持续发展的必经之路。我国工业生态园建设尚处在初级阶段，建设规模小且运行效果都有待改进。政策和法律法规体系的构建对工业生态园区顺利建设及有效运行具有引导和保障作用，但目前所需的政策和法律法规体系也尚不完善，这对工业生态园的发展造成一定的局限。

当然，现阶段我国财政、国家能源和国家发改委等政府部门已经制定了针对我国工业生态园发展、实行循环经济的相关政策规定，但在执行与政策保障方面还有所欠缺，致使现有的相关政策法规也不能很好地落实。在体制建设方面，目前我国的工业生态园大多采取政企合一型体制。这种体制是指建立园区管委会，政府将某些行政管理的权力赋予管委会，此外将经济开发职能赋予园区开发总公司，使得管委会在具有管理者职能的同时具有开发商的职能。这样做会形成管委会和公司之间形成"两块牌子、一套人马"，两者之间在一定程度上形成交叉，内部设立的机构则同时兼具管理机构职能。在这样一种制度安排下，政府的管理就具有了双重性，它不仅具有行政管理职能，还负责具体的经营事务。管委会的管理在此时呈现出统一性和权威性的特点。公司基本上不具有自己做出决策的权利。在这种模式下，办事的效率被极大地提高了，管理者能动作用较大，在面对具体的事情时，可以使用政府的权力，运用行政手段解决。但是这种方式同样是存在弊端的，例如，它会导致政企不分、机构膨胀、内部职责不清、摊子过大等，还容易使得企业背上较重的财政负担。

（2）政策保障执行与监管体系建设问题剖析。

在社会文化教育保障方面，第一，我国目前没有专门针对环境教育的相关法律法规出台。关于环境和立法之间的联系，就目前来看，还仅限于在某些法律条文的个别词条中，在法律上面也没有明确的地位、目的、目标和制度等。第二，保障公众参与的相关法律法规不健全，特别是缺少利益激励机制；环境信息公开途径少、内容模糊，导致公众参与环保的积极性不高；参与形式也仅限于单一的末端参与，参与深度浅；相关法律法规对公众参与制度的规定过于单薄，仅限于公民对环境污染与破坏的检举、控告权，而忽视了公众的知情权与表达权等环境权利，导致公众参与的渠道不畅，或流于形式；民众的环境意识薄弱，主体意识不足。第三，目前工业生态园区低碳消费模式尚不成熟，缺乏健全的引导绿色低碳消费的法律法规体系，缺乏一定的经济诱导条件，导致企业生产低碳产品和公众购买低碳产品的积极性较低。

在政策保障执行与监管方面，存在下列问题：法规建设不完善；介于政府与企业之间，管委会面临角色冲突；园区与政府的责权不明，影响了行政效率；绩效考核偏重招商引资，助长无序竞争；过度依赖行政权力，企业主体作用发挥不够。

8.2 园区经济政策体系构建

8.2.1 园区基本经济政策体系构建原则

根据不同产业的发展特点，园区经济政策体系的设计应遵循以下三个原则：

（1）整体性原则。关于园区的产业经济政策的建立从来都不是一个简单的工程，它的建立涉及资源、环境、经济、技术、法律等多个方面的内容。它的设计要求从系统论观点出发，并且需要政府、企业和社会公众的共同努力。

（2）关联性原则。工业生态园经济政策的建立有其核心依据，这个核心依据要求根据产业相互之间的联系不断构建和完善产业链，要做到这一点就必须明确园区和产业之间的相互联系，以及它们之间的共生关系。

（3）协调性原则。工业生态园的发展依赖产业的共生和关联。要实现产业、资源、环境的共同发展，必须要遵循协调性原则，从多个层面综合设计，不仅要考虑产业技术、产业经济，还要考虑环境保护，实现各个方面的协调持续发展。

8.2.2 园区经济政策体系设计

根据整体性、关联性、协调性原则，借鉴国内外先进经验，设计园区经济政策体系（如图 8 - 1 所示）。

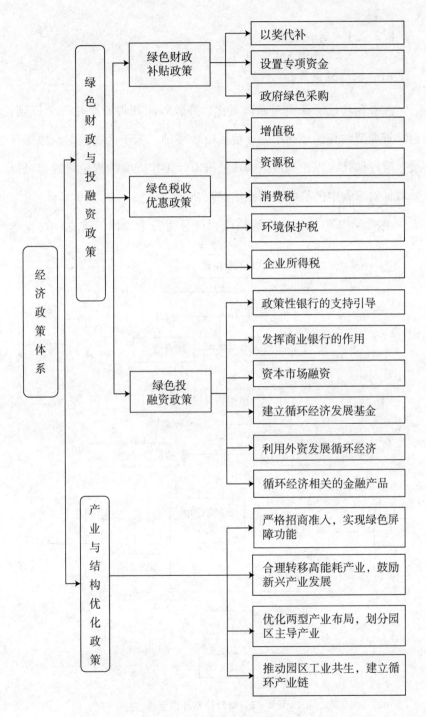

图 8-1 产业经济政策体系框架

8.2.2.1 财税政策

（1）财政补贴流程。

发展循环经济需要遵循减量化、高效利用和再资源化三个原则，追求资源节约和循环利用、环境污染物减排。基于这些原因，根据环境风险评估技术，还有根据循环经济审计工作方面的理论研究，可以采取针对流程中的某些步骤提供财政补贴。

由图8-2可知，这个评估流程被分为三个阶段。首先，在企业

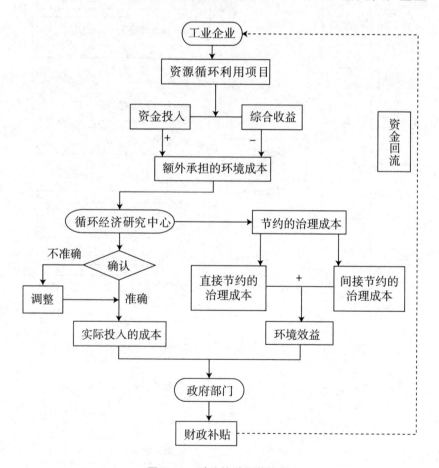

图8-2 财政补贴评估流程

的生产流程中加入资源循环项目之后，对相关资源方面的投入进行核算；其次，就是循环经济研究中心确认，以及在有必要时相应地调整企业的内部核算，开展周边环境的调研；再次，评估企业的环境效益；最后，在企业的内部，将核算材料及循环经济研究中心出具的证明文件提交当地政府，经审核无误后，政府对该企业的资源循环利用项目进行补贴。

（2）财政补贴方式。

要发展我国的财税政策，需要积极地借鉴外国的先进经验，利用财政支出政策来支持循环经济发展，其整体的思路应该是国家财政承担无法由市场承担的相关投资责任，与此同时，采用各种财政手段，努力实现环保投资市场化，最大限度地提高园区的环保效益。

为了激励企业选择并坚持开展资源循环利用的经济活动，政府可以采取财政补贴的手段。将财政补贴与园区企业的资源循环利用情况相结合，并在生产、消费、监管、反馈环节都给予一定的财政补贴，形成完整的信息管理系统，充分发挥财政补贴的积极效应。在生产环节，对资源循环利用技术进行补贴；在消费环节，针对环保的消费品进行补贴。具体可采取以下四种财政补贴政策：

以奖代补。设置循环经济类奖励金。发展循环经济，必须要由中央财政安排发展所必需的引导资金，同时，对于有些循环经济工程，采取"以奖代补"方式予以适当支持和奖励，奖励标准参照技术改造后取得的成果和相关标准确定。

设置专项资金。整合目前用于循环经济的各项财政资金投入，建立国家循环经济专项资金。形成规范、稳定的资金投入渠道，发挥政府财政投入在推动工业企业循环经济方面的引导作用。如设置污染物减排专项资金和新能源汽车示范推广财政补助金等。

各级政府需要相应地加大财政扶持力度，努力支持相关企业进入开发区。对于那些存在资金困难，但是对于构建区内产业共生链条有重要作用的企业，政府需要给予财政扶持，吸引其进入园区。对于在改造过程中出现的链接节点上的企业，如果出现运营困难，政府要发挥作用，帮助其走出困境，以维持园区的稳定。

政府绿色采购。2002 年，我国颁布的《政府采购法》明确规定"政府采购应当有助于实现国家的经济和社会发展政策目标，包括保护环境"。2006 年，国家出台了《环境标志产品政府采购实施意见》和首批《环境标志产品政府采购清单》，明确规定各级政府机构使用财政性资金进行政府采购活动时，在技术、服务等指标满足采购需求的前提下，要优先采购环保产品。

8.2.2.2 税收优惠政策

我国在税收优惠方面仍存在不足和缺陷，需要加快对税制的更大幅度和更深层次的改革，努力做到绿色税制，为工业企业循环经济价值分析努力营造适宜的发展氛围，实现资源节约、经济价值增值和环境负荷降低（三赢）。

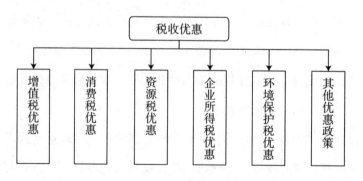

图 8 - 3　税收优惠政策

（1）抓紧制定节水和资源综合利用的增值税税收优惠政策。

由于我国现行的生产型增值税不允许企业对固定资产所含税金进行抵扣，环保企业设备更新改造方面受到限制，因此应制定相应的节水和资源综合利用的税收优惠政策。在环保的固定资产的购置方面，要努力在全球范围内实现率先的消费型增值税，以此来鼓励技术进步、技术创新。

对园区企业采用减少原材料和能源消耗的新设备，可以实行增值税前加速折旧；此外，就是那些废旧物资、资源综合利用产品，要努力实现优惠的增值税。此外对于综合利用资源的企业，允许将其从外部有偿或者是无偿取得的相关循环物料纳入增值税抵扣链条中。

（2）调整消费税的课税范围，合理设计税负水平。

我国现行的消费税侧重于对奢侈品实行相关方面的调控，消费税在资源节约和环境保护方面还没有发挥出其应当具有的调节作用。根据财政部、国家税务总局《关于调整和完善消费税政策的通知》（财税〔2006〕33 号文）规定，自 2006 年 4 月 1 日，针对消费税，我国将进行相关方面的修订，税目数量也从 11 个调整为 14 个。此外，还将木制一次性筷子、实木地板等 6 个税目纳入核算。将汽油和柴油税目合并至成品油税目。此外，财政部、国家税务总局《关于对电池涂料征收消费税的通知》（财税〔2015〕16 号文）中规定，自 2015 年 2 月 1 日起，对电池、涂料征收消费税，消费税税目增至 16 个。这一次关于消费税税目、税率及相关政策的调整，充分将国家利用税收手段来调节和促进循环经济发展的作用体现了出来，反映了环境保护型、资源节约型的政策导向。

建议从以下两个方面加以完善：一是根据产品习性，调整消费税范围，扩大范围，将非循环经济范畴内的其他重要的消费品也纳入消费体系，以此来拉开两者之间的税负差距。二是对于具有下列特点的产品取消消费税的征收，包括资源消耗量小、能循环利用资源的，以及资源环境友好型的产品。

（3）强化资源调节性税收作用。

我国资源税征税范围过于狭窄，只限于对矿产品和盐征税，这样的设置会导致企业园区对那些不征收消费税的资源的非正常开采、盲目性和掠夺性的开采，不利于环境保护和资源节约的实现。

因此在资源税方面，一方面，应当对征税的范围予以扩大，对非可再生资源课征税款，以此来刺激园区发展替代能源。另一方面，推行差别税制，对于非再生、非替代性的资源，将各种税之间的差距拉大，刺激园区的企业在创新、升级技术方面不断做出努力，力求节约资源。例如，对于铁、煤、石油等实行复合计税办法，将定额税率和比例税率结合。完善计税依据，将原有定额征收的应税资源由销售量或使用量改为实际开采量或生产量。

第一，调整企业所得税税收优惠政策范围。

首先，对用"三废"（废气、废水、废渣）进行再生产利用的企业实行税收优惠；其次，制定税收激励政策，鼓励循环经济、环境研究与开发（R&D）和相关方面的技术创新；最后，调节税收优惠方式，努力实现政策稳定性。

第二，借鉴国际经验，开征必要的资源循环利用税收新税种。

多年来，OECD（经济合作与发展组织，Organization for Economic Co–operation and Development）组织中的成员国，从来没有放弃过努力寻找一种环境经济手段，力求兼具广泛应用性和一致性，最后，确定环境税为各国普遍适用的手段。其内容主要表现在：一是以保护环境资源为目的，对污染环境、破坏环境、浪费资源的企业行为征收专门性的税。例如，OECD 的成员国中，废水废气和固体废物排放会导致征税。二是在其他的一般性税制之中加入其他的税收调节措施。如在适当的情形中，采取税收优惠措施或者是重税收负担。

我国的工业生态园区发展政策中也没有专门的环境保护税，结合我国的实际情况，目前有机会、有条件建立的税种包括碳税、硫税、水污染税、固体废物税和垃圾税等。结合这些税种，将有可能建立一个涉及气体、水、噪声、固体污染物的征税体系。

①大气污染税。对于某些园区和单位，其生产用的设备、设施如锅炉、工业窑炉等，会在生产中排放烟尘和有害气体，如二氧化硫、二氧化碳、氮氧化合物等，其排放物就会作为课税对象，产生不同的税。

②水污染税。以园区企业、单位生产活动排放的含有污染物质的废水为课税对象。

③垃圾税。以园区企业、单位生产活动排放的各种固体废物为课税对象。

（4）其他优惠政策。

对于那些严格执行制定的环境保护政策的企业、集体和个人，由于政策的实施所导致的损失，政府应当予以生态补偿，以此来鼓励相关主体的环保行为。第一，关于设备的采购，鼓励园区企业尽量购买那些先进的环保设备，国家可以在进口关税等多个方面给予税收优惠或者是其他方面的补贴，以此来推动绿色关税体系的建立。第二，园区企业中实现资源节约的企业，如果存在纳税困难的，可以按照相关的审批流程向有关部门反映，政府酌情减免。

8.2.2.3 投融资政策

完善对园区企业的投融资优惠政策，有利于增强企业的发展能力，促进其开展环保项目，实现循环经济的可持续发展。

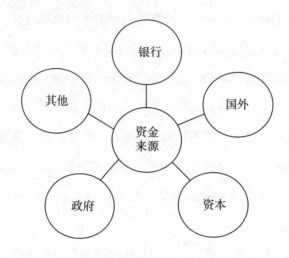

图 8－4 工业生态园区（企业）融资资金来源

（1）政策性银行支持引导。

各级财政部门在拓展融资渠道方面，必须重点支持国家政策性银行开发新的道路。以无息、低息、贴息、优先贷款或者延长信贷周期等方式对园区进行经济援助。在循环经济的发展领域中，政府要将"减量化、再利用、资源化"列为重点，加大投资力度。

（2）建立商业银行融资渠道。

此外，也要发挥商业银行的作用，在确保信贷安全的前提下，努力支持循环经济建设。投资重点项目，为园区企业建立循环经济生产系统提供信贷；提供低息贷款开发清洁生产工艺或者是给予信贷优惠。通过一系列政策的实施，帮助企业增强其产品的市场竞争力，为循环型企业的发展营造宽松的经营环境。

（3）资本市场融资。

循环经济在我国发展的时间不长，除传统的公共财政支持和银行信贷之外，还需要利用资本市场开拓丰富的融资渠道，资本市场是我国循环经济企业融资的重要场所。一方面，我国政府和证券监管机构建立起鼓励该类企业上市融资的资本市场准入制度、上市发行制度、信息披露制度、市场退出制度；另一方面，制定相应的证券发行政策，促进园区内循环经济企业上市融资，为循环经济企业建立上市的"绿色通道"，鼓励循环经济企业通过创业板市场上市，同时也要为已上市的循环经济企业提供融资的方便。支持已上市企业进行资产重组，也要鼓励循环经济企业发行债券进行融资。

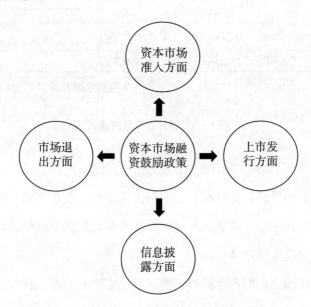

图 8 - 5　设立园区环保企业资本市场融资优惠政策

（4）建立循环经济专项基金。

对于各级政府的要求是，政府要在其预算中建立循环经济发展基金，吸引社会资金，为其他相关方面需要的主体提供资金安排，大力发展民间循环经济基金。

（5）利用外资发展循环经济。

目前，就我国的工业生态园区来说，主要的融资渠道一般为一些传统意义上的融资，包括企业自筹（股市募集）、银行贷款和政府财政拨款等。而一些新型的融资方式，例如风险投资基金、国外金融机构贷款、国外政府贷款等则很少见，资金的来源比较狭窄，必然会造成园区建设资金不足的局面。

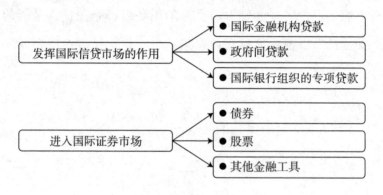

图 8-6　国际市场融资渠道

（6）开发循环经济相关的金融产品。

在发展循环经济的过程中，要积极探索能够提高环境质量、转移环境风险、促进循环经济发展的以市场为基础的金融创新，从而开发出成功的环境金融产品。

努力构建合适的产品结构，拓宽资金来源和渠道。目前，国外常见的环境金融产品包括绿色抵押等银行类环境金融产品、生态基金等基金类环境金融产品、巨灾债券（巨灾风险证券化）、天气衍生品和排放减少信用等金融衍生品。

8.3　园区技术支撑体系构建

8.3.1　技术支撑体系的构建原则和基本框架

8.3.1.1　技术支撑体系构建原则

（1）"3R"核心原则。"3R 原则"，即减量化（Reduce）原则、再使用（Reuse）原则和再循环（Recycle）原则。

（2）与实际相结合的原则。循环经济技术支撑体系的建设应因地制宜，从各自实际出发构建符合当地经济和社会发展需要的技术支撑体系。

（3）多层次支撑原则。当前，我国开展的循环经济实践，主要是从三个不同的层面，包括微观、中观、宏观等三个层面。因此，循环经济技术支撑体系的构建也必须要适应我国循环经济实践的分层次现象，有针对性地进行循环经济技术的分层建设。

（4）动态性原则。随着我们国家循环经济发展的不断变化，其相应的技术支撑体系也应与时俱进，进行相应的调整。

8.3.1.2　技术支撑体系基本框架

在构建循环经济技术支撑体系时，应围绕生产、流通和消费三个环节，面向企业、园区和社会三个层次，统筹谋划重点技术推广应用和关键技术的储备，不断进行技术创新和改进，优化生态产业链规划和设计过程中的关键技术环节。循环经济技术主要包括减量化技术、再利用和再制造技术、资源化技术、系统化技术等。

（1）减量化技术。对于工业企业来说，循环经济的减量化主要包含两个层次的含义：一是资源投入阶段，物料和能源消耗的减量化；二是输出阶段"三废"产生的减量化。

（2）再利用和再制造技术。对工业企业，再利用和再制造技术用于对生产过程中产生的废物或使用的产品进行加工再制造，实现多次反复使用，从而延长原料或产品的使用周期，减少资源的消耗。

（3）资源化技术。对于企业中的工业生产企业来说，将生产过程产生的废弃物转化为可用物的技术被称为资源化技术。

（4）系统化技术。从系统工程的角度考虑，将产品组合、产业组合、技术组合，进行合理构建的技术称为系统化技术，它能够实现物质、能量、资金、技术的优化组合。循环经济技术支撑体系的框架如图 8 - 7 所示。

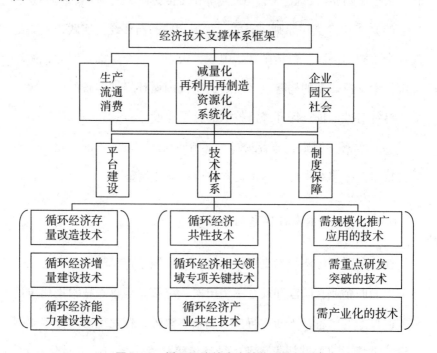

图 8 - 7　循环经济技术支撑体系的框架

8.3.2　技术支撑体系设计

完善、系统的技术支撑体系主要包括以下三个方面：一是产业和工业园发展循环经济的技术选择；二是加快技术研发、转化和共享的支撑平台建设；三是加快促进循环经济技术进步的制度保障建设。

（1）技术选择。

技术选择按照以下原则：

①坚持以实际可行、政府选择与市场选择相结合以及全面筛选与重点突破的原则，科学筛选一批需要重点研发的关键、共性和通用的技术；

②坚持成熟性、安全性、经济性原则，推广应用一批重大循环经济技术；

③坚持以市场导向为主、产学研广泛参与的原则，支持发展一批重大循环经济技术产业化项目。

结合各地区工业生态园的特征和发展实际，设计的重点领域为火电行业、化工行业、建材行业、机械制造行业以及行业之间的共生。

（2）平台建设。

技术服务平台的建设主要包括技术研究开发平台、技术成果转化平台、技术资源共享平台的建设。

①技术研究开发平台建设。

充分调动有能力开展循环经济技术研究开发的相关主体——政府、企业、高校、社会组织和公众，将政府、高校和科研院所确立为共性技术、关键性技术研发的主体，企业作为技术实践基地以及专门技术研发的主体，同时发挥公众和社会组织辅助力量，运用政府的引导和激励机制，搭建良好的循环经济技术研发平台。

②技术成果转化平台建设。

在地区建立一批循环经济的技术试点示范基地,如成果转化推广基地、新技术引进推广基地和新技术培训基地等。加强与高等院校合作建立基地,将循环经济的发展成果转化为实际,努力为各个科研组织提供转化和推广服务,优化和拓展产业链条。积极引进国外循环经济的成熟技术,在单位实行试点,在试点单位内实现消化吸收,结合园区特征和资源禀赋不断整合,取得经验后进行大范围推广。

③技术资源共享平台建设。

进一步完善我国科技信息平台,组建或创建新型科技中介机构;建立循环经济专家咨询库;充分利用信息网络,将再生资源和社会废旧物资供求信息在企业、产业、部门、地区间进行公布,抓好包括大型科学仪器设备、图书文献资源等方面的建设。

(3)保障制度建设。

国家应进行必要的制度安排来激励和保护技术的创新、传播与扩散,例如技术产权激励、产业技术政策、政府财税激励、环境政策规范等。

同时,本书对于技术支撑体系构建,提出以下几点保障措施:

①编制循环经济科技创新规划。科学研究并编制循环经济科技创新规划,明确其技术研发、推广和产业化的重点范围、主要领域、基本路径、重要任务和工程,以及建设时序。

②加大循环经济技术创新扶持力度。建立完善有关工业生态园循环经济技术创新的政策制度体系,包括出台实施财政政策、税收优惠、政府采购制度、金融支持、土地政策、人才政策,全面落实自主创新政策、排污权交易制度、环境成本收费制度等。

③完善循环经济技术创新人才激励机制。优化人才发展环境,设

立相应奖项，奖励在推进工业生态园循环经济工作中有突出贡献的人才和团队。

④健全科研管理和技术评价制度。建立和完善工业生态园循环经济技术有关科研经费管理制度体系，完善监督体系的建立和完善，对于科研经费的使用，要加强监督和绩效考核评价，以提高科研水平。

8.4 园区技术标准体系构建

8.4.1 技术标准体系构建原则和基本框架

8.4.1.1 技术标准体系构建原则

（1）继承性原则。目前，在资源节约与环境保护方面，国家已经建立了很多相关的国家及行业层面的标准，在此基础上，有必要建立标准体系，用于工业循环和综合利用。

（2）完整性原则。要注意确保体系建设涵盖工业循环利用与综合利用各领域，并且要对现有的以及正在制订中的国家和行业标准进行全面梳理。

（3）科学性原则。在提出循环利用与综合利用重点领域时，要以建立绿色低碳工业体系为目标，同时，还要考虑多个影响因素，包括这些工业制造企业从资源输入到废弃产品回收等全生命周期。

（4）先进性原则。在建立标准体系的过程中，要积极采用国际标准和国外先进标准，与此同时，密切关注相关领域的发展成果，以反映国内外和行业发展现状和趋势为原则。

（5）创新性原则。要做到与国家和行业标准体系协调一致，同时要结合相关领域的重点和体现行业特色。

（6）操作性原则。在建立标准体系的过程中，要根据相关的标准进行工作分工、力求做到协调分工、团结合作，得到的成果能够对各行业标准化工作具有指导作用。

8.4.1.2　技术标准体系基本框架

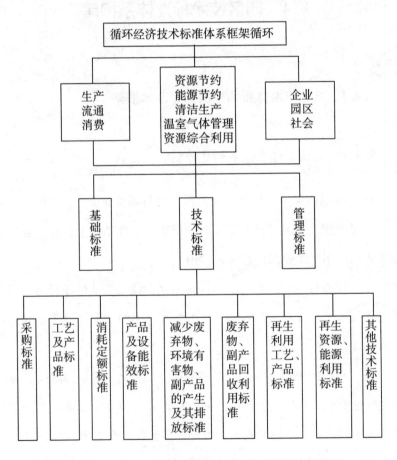

图 8-8　工业生态园循环经济标准体系的基本框架

根据循环经济的内在规律，对园区内生产、流通和消费环节进行系统跟踪研究和评估，建立一套能够反映工业生态园区循环经济特征及其内在关联关系的完整的标准体系框架。

按照循环经济标准化的内涵，以及涉及的领域、对象和重点环节进行分析，生产、流通和消费是涵盖在其中的三个环节，这三个环节针对不同的对象和领域，建立一个多维度的指标体系，追求减量化、再利用、资源化目标，致力于产业衔接。

8.4.2　技术标准体系设计

借鉴国内外先进的技术标准体系，根据继承性、完整性、科学性、先进性、创新性、操作性原则，技术标准体系的设计方案有以下几点。

（1）确定技术标准体系建设的重点行业。

根据全国各经济技术开发区以及循环经济工业园的产业链、工业废物代谢链的现状，围绕火电行业、化工行业、建材行业和机械制造行业等重点行业，基于园区内企业层面的小循环、园区层面的中循环和综合示范城市层面的大循环，构建有机统一的资源（能源）价值流转分析的技术标准体系。

（2）制定反映能源资源节约与循环利用情况的相应评价指标体系。

根据循环化生产的原则要求，同时指标必须做到可以度量。可以对指标进行分类，有定量评价和定性评价两类，在此划分的基础上，进行再划分，划分为一级指标和二级指标。一级指标的特征为普适性、概括性，二级指标具有代表性、具体性的特征，同时易于考核。

在选取定量评价指标时，选择关于"降耗""减污"和"增效"等具有代表性的能反映有关循环化生产目标的指标，建立相应的评价模式。然后对各项指标进行计算和评分，得到实际达到值、评价基准值和指标的权重值，可以对循环化生产改造的状况和园内企业的实际生产状况进行综合考评。

在定量评价指标体系中，符合循环化生产基本要求是衡量该项指标的基准。已有明确要求值的就应当选取相应的值，尚无明确要求值的，选用典型、先进企业近年来实际达到的中上等以上水平的指标。这个指标体系中的评价基准值，代表该行业循环经济实现程度的平均水平。一级指标可包括：能耗指标、资源指标、生产技术指标、综合利用指标、污染物指标等。二级指标可包括：综合能耗、单位能耗、工艺能耗、工序能耗、电耗、原材料单耗、回收率、重复利用率、设备运转率、循环效率、产品合格率、三废排放达标率等。

将国家推行有关循环经济的产业发展、资源环境、技术进步的政策规定作为定性评价指标的选取标准。然后，根据各类发展规划选取用于考核的指标。

在定性评价指标体系中，在衡量某项指标时按照国家有关政策、法规，有"是"或"否"两种选择。一级指标可包括：国家行业重点鼓励发展技术和行业先进技术，淘汰一切落后生产力，此外环境管理体系的建立要符合相关规定，要贯彻执行相关法律法规，保证合法性。二级指标可包括相应技术指标、标准或法规规范的符合性。可根据反映该指标在整个循环化生产评价指标体系中所占的比重来确定评价指标的权重分值，其对工业生态园区企业循环化生产实际效益和水平的影响决定了该项指标的值。

同时，本书对于技术标准体系构建，提出以下几点保障措施：

第一，加强实施标准体系建设宏观管理。

循环经济标准化体系是循环经济执法认证的重要基础，也是评估循环经济绩效的重要依据。各级政府（有关部门、单位）应当建立健全循环经济指标和标准体系建设责任制，加强规划指导，抓紧制订和完善各行业节水、节地、节材和污染物减排标准，为推动各行业领域资源循环利用工作的开展提供技术依据。

第二，加强重点标准研制和统计指标体系建设。

建立健全涵盖园区全产业链的能源资源生产、流通、消费、区域间流入流出及利用效率的统计指标体系和调查体系，建立核算制度。进一步健全循环经济体系，包括统计、监测和考核三个方面，此外还要对标准进行统一，要实现数据共享，提高统计的准确性和及时性。

第三，加强标准宣传与实施。

加大对标准体系建设方案的宣传，指导工业领域各行业按照方案开展行业标准的制定工作；建设面向行业、服务企业的标准库、信息服务平台。在园区内选择经济规模和能源资源消耗规模排名靠前的行业和领域，以国内同类企业能效或排放先进水平作为参照值，组织开展达标活动，促进经济结构调整优化和产业升级。

第四，扩大对外合作和交流。

积极跟踪和研究相关领域国内外标准的制定，有计划、有组织地参与相关组织的活动，积极开展与国际标准化机构和相关政府机构的交流与合作。与此同时，进一步加强国内各地区的交流合作，积极将国际先进标准转化为本国的标准，代表性行业或重点园区、重点企业的标准。

8.5 园区政策保障执行与监管体系构建

8.5.1 园区相关法律法规保障体系构建

8.5.1.1 园区法律法规保障体系构建原则与基本框架

（1）园区法律法规保障体系构建原则。

①经济激励与强制约束并重原则。通过价格政策、财政补贴、税收优惠、绿色信贷、奖励机制等法律法规或政策制度来鼓励园区的企业、社区或个人开展循环经济；同时制定明确具体的规范，对主要高能耗、高污染、高排放的"三高"行业或企业实行严格的市场准入制，扩大资源税的征税范围，提高稀缺资源税率，对"三高产品"制定较高的消费税税率，并对不履行循环经济、低碳经济义务的企业、家庭或个人处以适当的罚款。

②多元主体原则。即以政府为主导，以企业为主体，以社会公众参与为原则。政府制定强制性、引导性和支持保障性法律法规为主导，引导企业自觉开展循环经济、低碳经济，同时赋予社会公众监督权、决策权以及建立相关的权利救济渠道，为企业、社会公众参与园区环境管理创造良好的法律环境。

③可操作性与灵活性并重原则。在以基本母法为指导原则的基础上，进一步细化相配套的条例或实施细则，明确具体地规定企业和社会公众的权利与义务，以及相应的奖惩机制，保障园区产业循环经济、低

碳经济的顺利实施。灵活性原则强调法律法规的及时调整和修正，以顺应国际形势和我国基本国情的变化，保障循环经济的顺利开展。

④统筹兼顾，协调利益原则。我国园区产业循环经济法制建设要统筹兼顾资源节约、环境保护和经济发展，协调企业行为的内部效应与外部效应，调整企业之间，企业与园区、园区与地区之间的利益关系，用法制来保障园区产业的健康发展，实现经济效益、环境效益和社会效益的三赢。

（2）园区法律法规保障体系基本框架。

法律法规保障建设是指运用政府公共权力，政府主导，自上而下地建立带有强制性的规章制度、政策法规等。政府立法是循环经济发展的重要保障，通过建立诱导性和强制性的权威力量，可以弥补市场失灵的缺陷（如图 8 - 9 所示）。

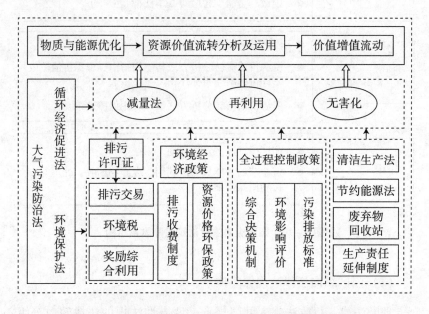

图 8 - 9　资源价值流转分析及运用的政府规制与法律保障

我国工业生态园区循环经济试点虽然在实践中取得了一定的成

绩，但是由于配套措施不力，总体成效有限。因此，要实现工业生态园循环经济发展还必须依赖于法律法规的保障（见图8-9），确保资源物质流路线优化后能够在价值流信息中反馈积极的成果，价值增值后能够对物质流发挥生态引导作用，从而为资源价值流转分析及应用提供有力的法律保障。

8.5.1.2　园区法律法规保障体系设计

借鉴国外先进的法律法规体系，结合我国现阶段园区发展现状，建立适合工业生态园区自身发展的特殊法律法规体系，设计方案见图8-10。

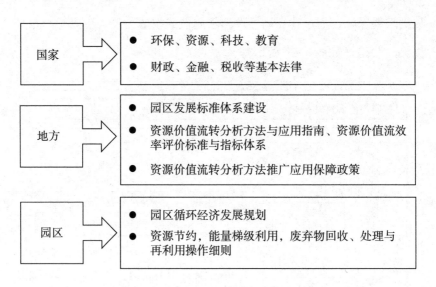

图8-10　园区纵向法律法规保障体系结构

（1）园区纵向法律法规保障体系。

理顺法律、行政法规、部门规章、地方性法规的法律效力等级，形成一套完整的"国家—地方—园区"法律法规保障体系。

①国家层面。加强园区财政、税收、金融、投资、科技、教育等

方面的支持性政策立法，从国家战略层面支持园区发展，提高园区企业的竞争力。

②地方层面。对于地方人民政府中有关部门的要求，要配套地建立管理体系和政策，方便园区产业发展和激励。地方配套保障措施要不断强化。对园区的各种有利于资源节约、环境保护的项目要先审批立项，并且在有必要时给予财政补贴、贴息贷款和税收优惠。

③园区层面。结合园区自身的特点，制订园区循环经济发展规划与行动计划、资源节约和综合利用、能量梯级利用、废物处理和再利用的管理制度和操作细则。

（2）园区横向法律法规保障体系。

通过园区循环经济相关法律法规建设，将循环经济理念贯穿于设计—生产—消费—回收—循环—再使用整个生命周期。在生产环节，进一步完善、细化企业清洁生产法律制度。

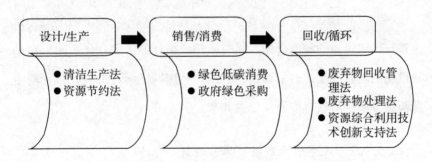

图 8-11 园区产品生命周期角度法律法规保障建设结构

8.5.2 园区文化教育保障体系构建

8.5.2.1 园区文化宣传教育体系设计

借鉴国外先进的人才培养体系，结合我国现阶段园区发展现状，文化宣传教育体系设计包括以下四个方面：

（1）建立完善的园区循环经济宣教工作体系。第一，加强园区组织领导，各园区要把循环经济的宣教工作放在重要位置，纳入工作全局研究部署、检查落实；第二，要加强人才队伍培养，对循环经济宣教人才、骨干队伍建设工作，要坚持不懈，要加大相关的指导和帮助力度；第三，加强部门协作，园区各个部门建立健全协调机制，要各负其责，统一规划、指导、协调、规范循环经济宣教工作。

（2）建立园区循环经济宣教工作绩效评估体系。深入调研、科学规划，建立合适的绩效评估指标体系，全面评估循环经济宣教工作业绩，定期表彰、奖励先进，将评估情况列入考核内容。

（3）发展园区循环经济文化产业。支持循环经济图书出版工作，编辑出版反映工业生态园区资源循环利用技术、资源价值流转分析方法等循环经济、低碳经济理论与实务前沿的学术论文。

（4）建设园区循环经济宣教系列工程。建设循环经济内电视传播工程与传统媒体的深度合作。同时，建设循环经济信息化工程，在基础设施的配套方面，追求高效、实用，利用网络学习渠道，开发网络课程，发展优质教育资源，促进共享。

8.5.2.2 人才培养及教育体系设计

借鉴国外先进的人才培养体系，结合我国现阶段园区发展现状，人才培养及教育体系设计包括以下四点：

（1）通过高校和科研院所创造的良好学习环境。充分利用高等院校和科研院所先进的硬件和软件条件，建立比较稳定的工业生态园循环经济人才培训基地。

（2）加强对政府工作人员、园区管理人员的培养。通过持续开办循环经济专题培训班，分期培训园区管理人员和工程技术人员等，提高他们的循环经济意识和专业素质。

（3）建立工业生态园区高层次人才引进机制。在人才机制建立方面，要追求规范化、体系化，并且结合工业生态园区的循环经济发展的需要，大胆创新。

（4）培养一批优秀的企业经营管理者。根据工业生态园区循环经济发展的具体情况，培养一批专业素质高、环保意识强的优秀管理型人才。可采取"送出去"的办法，鼓励企业有计划、有重点地选派素质较强、有一定管理能力的中层管理人员参加专门的培训以及到国内外先进工业生态园学习考察；采取"请进来"的办法，邀请国内外知名专家学者、高等院校教授、大型企业高管以集中培训形式对企业现有高层管理人员进行短期培训，提高企业管理人员的管理素质和管理水平。

8.5.3　园区监管保障体系构建

就像政策执行中的相关操作一样，针对执行情况，也需要对不同的执行层级的相应的监管机构或部门进行监督和管理。在监管体系的运行中，其生产过程会运用到低碳减排、清洁生产等技术，由于技术本身的特点，相应的监管体系也比行政机关更加复杂，因此，需要在以下几个方面对监管体系结构进行完善。

首先，监管体系的建立应当在政府部门、产业或园区与企业个体之间展开，即上述提到的所有部门都要按照相关政策和规定落实。同时这些主体之间要明确分工。根据需要，方便产业或园区这一层级有关制度或政策对执行情况进行监管。

其次，不断完善相应的绩效考核体系。第一，在建立建设工业生

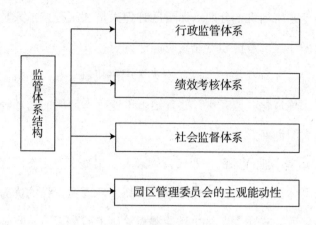

图 8 – 12　监管体系结构图

态园及内部企业奖惩机制时，需要考虑多方面的因素，包括经济绩效、社会绩效、环保绩效等。在监管中，尤其需要重视技术指标方面。第二，由于要保证绩效考核的顺利进行，在工业生态园及园区内企业经营运作各方面的相关信息，也需要进行公开，方便利益相关者使用；政府部门也要通过各种可能的方式进行政务公开，实现政企的双向监督。

　　最后，园区管理委员会要积极发挥主观能动作用。园区管理委员会处在政府部门和企业个体之间，在做好传统的协调工作，将政府部门的政策下发执行的同时，也要主动地将园区内存在的问题和一些需求向相关部门汇报，并且要根据园区内具体的情况制定一些规章制度，引导园区企业的发展。按照制度先试、园区先行的原则，授予园区管委会相应的经济管理权限，实施分类行政审批制度，精减审批事项，完善"一站式"服务，加强审批监督，在园区快速落实优惠政策、简化行政审批程序、提高办事效率，为建立和维护园区产业生态系统、营造良好的创业创新环境提供有力保障，实现政府主导作用和企业主体作用的有机结合，从而更好地调动起全社会建设园区、发展产业的积极性。

对于建设园区监管保障体系，我们提出以下几点保障措施：

（1）政府参与引导。

要求政府部门在制定政策与监管政策执行过程中时刻防范相关政策的风险，并在以下几个方面具体落实：

①在制定相关政策前，必须进行充分必要的调研，此后由了解相关情况的专业人员制定相关的政策。在制定政策时，要以当时具体的市场情况为准，这就对相关人员提出了更高的要求，在必要时，可以考虑聘请有关专家参与工作。

②在不违反相关政策及相关法律法规的前提下，结合自身实际情况，产业园区可以制定自身适用的规定，再由政府相关部门来进行审核。

③做好政策宣传，提高参与力度，将政策落到实处。有关工业生态园区建设、低碳经济、清洁生产等方面的政策，在通常情况下会给企业带来损失，主要表现为经济利益的消减，因此，会遭到园区内企业的排斥。

④对相关政策的执行效果，实行定期检测，以便及时修正。与此同时，信息沟通必须得到加强，以保证信息在各层级之间的传达有效率，及时发现和解决问题。

（2）园区（企业）主动求变。

政府政策的变动不可能对所有的园区（企业）都产生积极的影响，总是不可避免地会影响到某些园区（企业）的正常生产运作。在这种情况下，园区（企业）不能仅仅依靠政府的一些保障政策或救济措施，要采取一些适当的风险预防、风险控制及风险转移等风险管理措施，如建立风险准备金、研究与开发先进的生产技术、与其他企业进行项目合作等，以降低政策变动对企业的不利影响。

（3）征询公众意见。

征询公众意见的主要内容有：①当地居民对园区建设的总体看法和支持态度；②园区建设施工期和营运期对当地空气环境、水环境、声环境、生态环境以及当地居民生活质量是否会产生有利或不利影响；③对园区建设最关键的环境问题；④公众提出意见的方式主要有信函、传真、电子邮件、来电或填写公众参与意见调查表。

第五篇　案例研究

第9章 案例研究
——以宁乡经开区为例

9.1 宁乡经开区基本情况介绍

湖南宁乡经济开发区是省人民政府批准、国务院审核设立的省级开发区，并纳入了长株潭城市群"两型社会"综合配套改革试验区的"大河西先导区"规划范围。自 2003 年，园区开始努力导入循环经济理念，在各个层级中发展循环经济，成效显著。2008 年 4 月成为全省首批循环经济试点园区。园区总规划控制面积 60 平方公里，已建成面积 25 平方公里。目前基本形成了以食品、机电、新材料和现代服务业及以再制造为主导的战略性新兴产业"3 + 1 + 1"的发展格局，拥有规模企业 213 家，高新技术企业 25 家，分别拥有国家级、省级企业技术中心 1 家和 3 家，省级工程技术研究中心 2 家。

宁乡经开区从产业基础上，围绕食品、机电、新材料等三大主导产业，大力发展循环经济，已形成了三个区域循环经济链条：一是园区热电厂废渣、废水资源再利用产业链；二是工程机械零部件、机床零部件、医药设备零部件等三大类再制造产业链；三是"酒渣、酱渣、薯渣—生物肥料、饲料—农副产品深加工"等食品产业循环经济产业链。

9.2 典型企业资源价值流转分析实证研究

本节将运用前文所述的资源价值流转分析框架对宁乡经开区的天宁热电厂与天宁建材厂进行案例分析。由于案例分析流程基本一致，而天宁热电厂是园区核心企业，在此对天宁热电厂进行详细分析，对建材厂做简述处理。

9.2.1 天宁热电厂资源价值流转分析

9.2.1.1 天宁热电厂基本情况介绍

天宁热电厂的主要业务为：向开发区内的用户集中供热、供冷；电力设备的修造安装及技术服务；发电生产的煤灰、煤渣等副产品的加工销售。项目一期总投资 2.7 亿元，企业于 2010 年 6 月正式投产，全面覆盖了经开区工业园用热企业，目前已有青岛啤酒、双华纸业、加加集团、宏全集团、海大铝材等近 30 家企业用上了安全、经济、环保的蒸汽，日供汽量在 600 吨左右。按企业发展目标，"三炉两机"全面投产之后，天宁热电厂日供汽量可达 3600 多吨，可保证经开区所有企业同时用汽。

9.2.1.2 天宁热电厂资源价值流计算及诊断

（1）天宁热电厂工艺流程简介。

企业主要的生产流程为：使用一级、二级碎煤机对原煤进行破碎，使用输煤栈桥和输煤胶带，通过一次风机将其送入环流化床锅炉炉腾，与此同时，加热石灰石粉把水转化为高温高压蒸汽，带动各种能量之间的转化，带动做功，最后转化为电能，产生的电力经变压器送往电网供电。另外在发电的同时抽出部分蒸汽作为商业及民用热源。企业生产工艺流程见图 9 – 1。

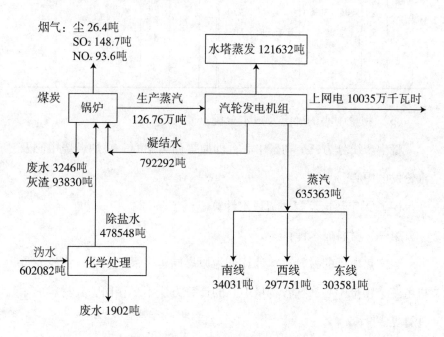

图 9 – 1 天宁热电厂工艺流程

（2）天宁热电厂资源物质的输入与输出。

在天宁热电厂的生产过程中，其物料资源输入与产出并非是单一的，而是多重和多维度的，而且还包括中间投入工序之间的转移和逆向物流及内部循环。天宁热电厂资源输入输出情况见表9－1。

表9－1　　　　　天宁热电厂资源输入输出情况（年数据）

类别	序号	名称	单位	数量	类别	序号	名称	单位	数量
输入					产品	1	电力	万千瓦时	2104
						2	蒸汽	吨	475308
	1	原煤	吨	115400	输出	1	灰渣	吨	93830
原料及能耗	2	石灰石	吨	9210		2	废水	吨	5142
	3	柴油	吨	24	废弃物	3	尘	吨	26.4
	4	液酸（30%）	吨	315		4	SO_2	吨	148.7
	5	液碱（30%）	吨	230		5	NO_x	吨	98.6
	6	电	万千瓦时	2104		6	石膏	吨	—

（3）物量中心的确定及成本分配。

将生产线分为三个物量中心，即原煤储运中心、锅炉燃烧中心及汽轮发电中心。

（4）天宁热电厂资源流成本计算。

第一，材料成本计算。

天宁热电厂的材料成本计算分为原煤储运、锅炉燃烧、汽轮发电机组三个物量中心，且各物量中心的计算方法不尽相同。其材料成本计算见表9－2。

①原煤输送物量中心材料成本计算。

该物量中心煤炭损失量为115400－113700＝1700（万吨），生产废弃率＝1700÷115400＝1.47%。根据原煤的单价及输入数量，燃煤物量中心投入成本为11.54×535＝6173.90（万元）。投入的煤炭经制粉系统制成了合格品碎煤、石灰石粉与废弃物煤矸石及其他杂质。本文按照合格品碎煤和废弃物的重量比分配投入的成本为 6173.90（万元）。因此碎煤材料成本为 $11.37 \times 535 = 6082.95$（万元），煤矸石和其他杂质和损耗材料成本为 $0.17 \times 535 = 90.95$（万元）。

②锅炉燃烧物量中心材料成本计算。

该中心输入物质为燃煤物量中心输出的合格品碎煤 11.37（万吨）、石灰石粉 119.73（万元）、液酸（6.67 万元）、液碱（18.86 万元）以及水 150.54（万吨）（水可按照工业用水市场价 1.90 元/吨来计算）。产生的合格品蒸汽成本为 5889.84（万元），主要废弃物数据见表 9 - 2。

表 9 - 2　　　　　　　　天宁热电厂材料成本计算

物量中心		输入或输出	材料			材料单价（元/吨）	合格品及废弃物材料数量计算			材料成本计算		
序列	名称		类别	序号	名称		投入数量（万吨）	合格品数量（万吨）	废弃物数量（万吨）	投入成本（万元）	合格品成本（万元）	废弃物成本（万元）
1	原煤储运中心	输入	原料	1	原煤	535	11.54	—	—	6173.9	—	—
				2	石灰石	130	0.921	—	—	119.73	—	—
					小计	—	12.461	0	—	6293.63	—	—
		输出	合格品	1	碎煤	—	—	11.37	—	—	6082.95	—
				2	石灰石粉	—	—	0.921	—	—	119.73	—
			废弃物	3	煤矸石及杂质	—	—	—	0.17	—	—	90.95

续 表

物量中心		输入或输出	材料			材料单价（元/吨）	合格品及废弃物材料数量计算			材料成本计算		
序列	名称		类别	序号	名称		投入数量（万吨）	合格品数量（万吨）	废弃物数量（万吨）	投入成本（万元）	合格品成本（万元）	废弃物成本（万元）
2	锅炉燃烧中心	输入	原料	1	碎煤	535	11.37	—	—	6082.95	—	—
				2	石灰石粉	130	0.921	—	—	119.73	—	—
				3	液酸	290	0.032	—	—	9.28	—	—
				4	液碱	820	0.023	—	—	18.86	—	—
				6	水	1.9	79.23	—	—	150.54	—	—
			合格品	小计		—	91.576	—	—	6381.36	—	—
		输出		1	蒸汽	—	—	126.76	—	—	5889.84	
			废弃物	1	烟尘	—	—	—	0.0026	—	—	
				2	SO_2	—	—	—	0.0149	—	—	19.26
				3	NO_x	—	—	—	0.0099	—	—	
				4	废水	—	—	—	0.386	—	—	
				5	石膏	—	—	—	0.782	—	—	36.33
				6	灰渣	—	—	—	9.383	—	—	435.93
			小计			—	—	—	10.5784	—	—	491.52

续 表

物量中心		输入或输出	材料			材料单价（元/吨）	合格品及废弃物材料数量计算			材料成本计算		
序列	名称		类别	序号	名称		投入数量（万吨）	合格品数量（万吨）	废弃物数量（万吨）	投入成本（万元）	合格品成本（万元）	废弃物成本（万元）
3	汽轮发电机组中心	输入	原料	1	蒸汽	—	126.76	—	—	5889.84	—	—
		输出	合格品	1	电	—	—	10035	—	—	4005.09	—
				2	蒸汽（出售）	—	—	63.5363	—	—	1579.02	—
					小计	—	—	10098.536	—	—	5584.11	—
			废弃物	1	蒸汽（蒸发）	—	—	—	12.16	—	—	302.18
				2	废水	—	—	—	0.128	—	—	3.181
				3	废气	—	—	—	0.014	—	—	0.369
					小计	—	—	—	12.302	—	—	305.73

③汽轮发电机组物量中心材料成本计算。

本中心用于发电的高温蒸汽为 126.76 万吨，输出物质为 10035 万千瓦时的电能和少量废水和噪声等废弃物（此处能量利用率一般，约 68%），计算合格品电能的材料成本，可采用能源利用率来分配合格品和废弃物成本。汽机发电量 10035 万千瓦时的材料成本为：5889.84×0.68＝4005.09（万元）。

第二，物量中心成本计算。

物量中心成本计算分原煤运输、锅炉燃烧、汽轮发电机组三个物量中心单独进行，且存在各物量中心成本转入下一物量中心的结转过程。

第三，物量中心成本汇总。

将各物量中心以及其上一级转入的材料、能源、间接成本，还有合格品和废弃物的材料成本、能源成本、间接成本予以汇总，可反映天宁热电厂生产各物量中心输入、输出成本情况。各物量中心资源流成本汇总见表9－3。

表9－3　　　　　　　天宁热电厂各物量中心资源流成本汇总　　　　单位：万元

项目分类	内容	燃料储运	锅炉燃烧	汽机发电
上一物量中心转入	材料成本	—	6202.68	5889.84
	能源成本	—	319.06	334.89
	间接成本	—	653.60	654.25
本物量中心投入	材料成本	6293.63	178.68	0
	能源成本	323.75	43.77	15.86
	间接成本	663.214	55.23	64.61
合计	材料成本	6293.63	6381.36	5889.84
	能源成本	323.75	362.83	350.75
	间接成本	663.214	708.83	718.86
合格品成本	材料成本	6202.68	5889.84	5，584.11
	能源成本	319.06	334.89	332.55
	间接成本	653.60	654.25	681.55
	合计	7175.34	878.98	6598.21

项目分类	内容	燃料储运	锅炉燃烧	汽机发电
废弃物成本	材料成本	90.95	491.52	305.73
	能源成本	4.69	27.94	18.20
	间接成本	9.614	54.58	37.31
	合计	105.254	574.04	361.24

第四，资源流成本计算结果。

①资源价值流转表反映各物量中心的资源流成本的流转情况，本表的数据来自物量中心成本汇总表。

②投入成本累计数、废弃物成本累计数是根据各物量中心的价值流转情况予以累计的数据而得。从投入成本、废弃物成本累计数中可以得出，天宁热电厂生产线投入成本总额为7638.74万元，废弃物成本总额为1040.53万元。天宁热电厂资源流成本汇总见表9-4。

表9-4　　　　天宁热电厂资源价值流成本汇总（年数据）　　单位：万元

		材料成本	能源成本	间接成本	合计
合格品	金额（万元）	5584.11	332.55	681.55	6598.21
	占总成本比率（%）	73.10	4.35	8.92	86.37
废弃物	金额（万元）	888.2	50.83	101.504	1040.53
	占总成本比率（%）	11.63	0.67	1.33	13.63
合计	金额（万元）	6472.31	383.38	783.054	7638.74
	占总成本比率（%）	84.73	5.02	10.25	100

为了反映各物量中心的资源流成本的价值流转以及电力生产资源的投入成本、废弃物成本的情况，可根据各物量中心资源流成本的流转情况绘制天宁热电厂资源价值流图（见图9-2）。

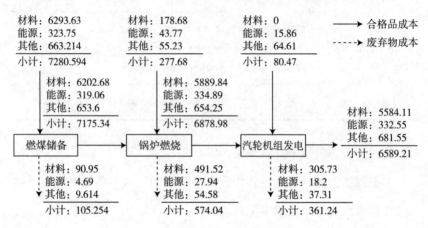

材料：6293.63　能源：323.75　其他：663.214　小计：7280.594
材料：178.68　能源：43.77　其他：55.23　小计：277.68
材料：0　能源：15.86　其他：64.61　小计：80.47

→ 合格品成本
- - → 废弃物成本

材料：6202.68　能源：319.06　其他：653.6　小计：7175.34
材料：5889.84　能源：334.89　其他：654.25　小计：6878.98

材料：5584.11　能源：332.55　其他：681.55　小计：6589.21

燃煤储备 → 锅炉燃烧 → 汽轮机组发电 →

材料：90.95　能源：4.69　其他：9.614　小计：105.254
材料：491.52　能源：27.94　其他：54.58　小计：574.04
材料：305.73　能源：18.2　其他：37.31　小计：361.24

单位：万元

图9-2　天宁热电厂资源价值流

（5）天宁热电厂资源流成本诊断。

企业废弃物的重复利用具有较大空间，应根据损失具体情况进行分析，提出相应改善措施，使资源损失降到最低，尤其是煤炭资源的损失。

①燃煤储运物量中心。从表9-5中可以看出，在碎煤制造过程中合格品成本为7175.34万元，废弃物成本为105.254万元。

表9-5　　　　　　　　燃煤储运物量中心资源流成本汇总

		材料成本	能源成本	其他成本	合计
合格品	金额（万元）	6202.68	319.06	653.6	7175.34
	占总成本比率（%）	85.19	4.38	8.98	98.55

续　表

		材料成本	能源成本	其他成本	合计
废弃物	金额（万元）	90.95	4.69	9.614	105.254
	占总成本比率（%）	1.27	0.06	0.12	1.45
合计	金额（万元）	6293.63	323.75	663.214	7280.594
	占总成本比率（%）	86.46	4.44	9.10	100

　　②锅炉燃烧物量中心。与燃煤储运物量中心计算相同，在蒸汽生产过程中合格品成本为 6878.98 万元，废弃物成本为 574.04 万元，蒸汽产生废弃物的主要环节为锅炉燃烧环节和主蒸汽管道的散热损失。首先锅炉燃烧环节锅炉热效率偏低，锅炉热效率均低于 91.00%，远低于设计值 93.11%；其次排烟温度稍高，过量空气系数过大，锅炉炉膛过量空气系数为 1.38，较设计值 1.14 相比偏高 0.23，增加了排烟热损失、风机耗电率。

　　③汽轮机组发电物量中心。在电力的生产过程中，产生 10035 万千瓦时合格品的总成本为 6959.45 万元，废弃物的总成本为 361.24 万元。由此可知汽轮机发电过程产生的废弃物较少，电力的生产主要经过汽轮机转动、发电机发电两个环节，这两个环节产生的废弃物较少，但机组运行热耗率高，导致能量转化效率偏低，仅有 68%。

9.2.1.3　天宁热电厂资源流成本分析

（1）天宁热电厂外部环境损害成本计算。

根据物量中心的废弃物质流量以及 LIME 计算方法，天宁热电厂废弃物外部环境损害价值计算结果见表9-6。

表9-6　　　　　　　**各物量中心废弃物外部损害成本计算**

物量中心	废弃物	废弃物数量（吨/年）	标准化（千克）	LIME 值（日元/千克）	汇率	外部损害成本（万元）
燃料储运	煤矸石及杂质	1700	1700000	1.27	19.39	11.13
	合计	1700	1700000	—	19.39	11.13
锅炉燃烧	灰渣	93830	93830000	0.738	19.39	357.13
	硫氧化物	149	149000	141	19.39	108.35
	氮氧化物	99	99000	101	19.39	51.57
	烟尘	26	26000	0.695	19.39	931.92
	废水	3860	3860000	1.18	19.39	23.49
	合计	97964	97964000	—	19.39	1472.46
汽机发电	废水	1280	1280000	1.18	19.39	7.79
	废气	140	140000	121	19.39	87.36
	合计	1420	1420000	—	19.39	95.15

（2）天宁热电厂内部资源价值与废弃物外部环境损害价值流的融合分析。

根据相关的计算结果，编制了天宁热电厂内部资源价值与废弃物外部环境损害价值比较（见表9-7）。

表 9 - 7　　　企业内部资源价值流与废弃物外部环境损害价值比较

物量中心	废弃物	内部资源流成本（万元/年）	外部损害成本（万元/年）
燃煤储备	煤矸石	90.95	11.13
锅炉燃烧	灰渣、废水	491.52	1472.46
汽机发电	废气、废水	305.73	95.15
合计		888.2	1578.74

根据表 9 - 7 可绘制天宁热电厂各物量中心废弃物"内部资源流损失价值—外部环境损害价值"比较图（见图 9 - 3）。

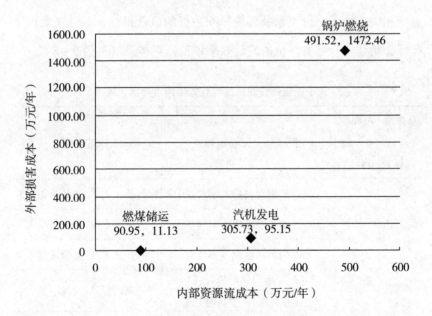

图 9 - 3　天宁热电厂废弃物"内部资源流损失价值—外部
环境损害价值"比较

由图 9 - 3 可知，内部资源流损失价值较小的为燃煤储运和汽机发电，而最大的为锅炉燃烧中心，针对此类环节，企业应当重点改进。此外，由此带来的外部环境损害价值，解决的方法是，利用园区共生关系，实现对废弃物资源的综合利用，做到将一家企业的废料转化为另一家企业的原材料，以最终的结果为核算标准，确定产业价值链中的价值流转。比如，灰渣进行资源化再利用，输送给水泥、建材企业做原材料，而废水处理厂污泥经毒性特性溶出程序后进行无害化处理等。

9.2.1.4 天宁热电厂资源价值流转的综合评价

（1）评价指标的选择。

根据资源输入、循环利用及输出三个环节的基本特征，再结合该企业相关实物量、价值量及环境影响数据的可获得性，本书选取以下指标，构建该企业资源价值流转效率评价指标体系（见表9-8）。

表9-8　　　　　天宁热电厂资源价值流转效率评价指标体系

总体层（一级指标）	准则层（二级指标）	指标层（三级指标）	计算公式
热电厂资源流转综合评价指标（C）	资源输入指标C1	C11：销售材料成本率（%）	材料投入成本/产品销售收入
		C12：销售能源成本率（%）	能源成本/产品销售收入
		C13：销售间接成本率（%）	间接成本/产品销售收入
		C14：单位供电标煤耗（克标准煤/千瓦时）	耗用标煤量/发电量
		C15：单位供热标煤耗（千克标准煤/百万千焦）	耗用标煤量/供热量
		C16：全厂热效率（%）	（供热量＋发电量×3600）/（发电和供热使用标准煤量×29271）
		C17：热电比（%）	供热量/（发电量×3600）

续　表

总体层 （一级 指标）	准则层 （二级 指标）	指标层（三级指标）	计算公式
热电厂资源流转综合评价指标（C）	资源流转循环指标C2	C21：材料成本损失率（%）	材料成本损失/全部材料成本
		C22：能源成本损失率（%）	能源成本损失/全部能源成本
		C23：内部资源价值与 外部损害价值比	内部资源价值/外部损害价值
		C24：水资源循环利用率（%）	重复用水量/用水总量
		C25：灰渣综合利用率（%）	灰渣利用量/灰渣产生量
		C26：石膏综合利用率（%）	石膏利用量/石膏产生量
	资源输出指标C3	C31：万元产值粉尘排放量 （千克/万元）	粉尘排放/总产值
		C32：万元产值 SO_2 排放量 （克/万元）	SO_2 排放量/总产值
		C33：万元产值 NO_x 排放量 （克/万元）	NO_x 排放量/总产值
		C34：万元产值废水排放量 （千克/万元）	废水排放量/总产值
		C35：单位产出外部损害价值	废弃物外部损害/总产值

（2）AHP 确定指标权重。

本书选择 AHP 法确定各评价指标权重，根据相对重要程度，计算天宁热电厂资源流转评价指标体系的相对权重，各级指标相对权重的计算结果汇总后见表 9-9。

表9-9   天宁热电厂循环经济评价指标体系相对权重

一级指标	二级指标	二级指标相对权重	指标层（三级指标）	三级指标相对权重
热电厂资源流转综合评价指标（C）	资源输入指标C1	0.3	C11：销售材料成本率（%）	0.1045
			C12：销售能源成本率（%）	0.1377
			C13：销售间接成本率（%）	0.1187
			C14：单位供电标煤耗（gce/kW·h）	0.1009
			C15：单位供热标煤耗（kgce/GJ）	0.1418
			C16：全厂热效率（%）	0.1495
			C17：热电比（%）	0.1205
	资源流转循环指标C2	0.4	C21：材料成本损失率（%）	0.1051
			C22：能源成本损失率（%）	0.0969
			C23：内部资源价值与外部损害价值比	0.0583
			C24：水资源循环利用率（%）	0.2652
			C25：灰渣综合利用率（%）	0.2810
			C26：石膏综合利用率（%）	0.1935
	资源输出指标C3	0.3	C31：万元产值粉尘排放量（克/万元）	0.2122
			C32：万元产值SO_2排放量（克/万元）	0.3798
			C33：万元产值NO_x排放量（克/万元）	0.1480
			C34：万元产值废水排放量（千克/万元）	0.1870
			C35：单位产出外部损害价值	0.0729

（3）指标理想值的确定。

指标理想值是指各项指标的最优值。确定理想值的目的是将指标实际值与理想值进行比较，找出其中的差距，为循环经济的运行状况制定一个标杆值，从而对评价结果做出合理的判断。因此理想值的确定是否合适，将对评价结果及其判断和分析产生重要影响。

在对实际值及理想值取值时，由于评价指标数据的难获取性以及其指标设置的超前性，使得相关指标数值无法获取，故本书采用相关技术方法对指标值进行模拟，使之尽可能接近企业实际，客观反映天宁热电厂的资源价值流转效率概况。

（4）指标标准化处理。

在指标体系中，各个指标之间存在着属性、计量单位、数值量级等多方面的差异，造成综合评价结果的误差，如成本投入指标属于用货币计量的极大型指标，而废弃物排放则是物理单位计量极小型指标。因此必须对指标进行标准化处理。此处为简化起见，采用线性比例变换法对指标进行标准化处理。设各指标的理想值为 X_j，则

$$\begin{cases} Y_{ij} = X_{ij}/x_j & \text{正向指标} \\ Y_{ij} = X_j/x_{ij} & \text{负向指标} \end{cases} \qquad \text{式（9-1）}$$

式中，i 表示第 i 个样本，j 表示第 j 个指标。X_{ij} 表示第 i 个样本中的第 j 个指标值。定义 $Y = (y_{ij})_{m*n}$ 为标准化后的指标评价值矩阵。

由样本数据中取得理想值的成本型指标采用如下公式进行标准化处理：

$$Y_{ij} = \frac{\max X_{ij} + \min X_{ij} - X_{ij}}{\max X_{ij}} \qquad \text{式（9-2）}$$

（5）计算加权综合评价指标。

将各指标数量化，再经统一处理后，就可以得到所有评价指标值，但要得到资源价值流效率的综合评价值，还需要采用一定的方法

对指标进行综合。加权平均法是指标综合的基本方法，具有两种形式：加法规则与乘法规则。

加法规则的加权平均法下，评价对象 i 的综合评价值 ψ_i 的计算公式为：

$$\psi_i = \sum_{j=1}^{n} w_j k(v)_{ij}, i = 1, 2, \cdots, m \qquad 式（9-3）$$

其中关联函数 $k(v_i)$ 表示待评物元 R_0 关于 Ci 的具体值 v_i 属于 N 的程度，w_j 为权系数，且满足 $0 \le w_j \le 1, \sum_{j=1}^{n} w_j = 1$ 条件。

乘法规则计算方案的综合评价值 ψ_i：

$$\psi_i = \prod_{j=1}^{n} k(v)_{ij}^{w_j}, i = 1, 2, \cdots, m \qquad 式（9-4）$$

根据上述指标的权重，结合该热电厂的实际指标值以及所在行业各指标的理想值（参考先进企业指标值、行业平均值等）进行加权综合评分。以天宁热电厂 2011 年的相关数据为基础，计算该热电厂循环经济资源价值流效率综合评价值。其计算结果见表 9-10。

表 9-10　天宁热电厂循环经济资源价值流效率综合评价值计算结果

指标层（三级指标）	指标值	理想值	评价值	三级指标相对权重	各级指标综合评价	二级指标相对权重	一级指标综合评价
C11：销售材料成本率	0.3647	0.29	0.80	0.1584			
C12：销售能源成本率	0.0222	0.018	0.81	0.1417			
C13：销售间接成本率	0.0454	0.036	0.79	0.1311			
C14：单位供电标煤耗（克标准煤/千瓦时）	543.7	342.01	0.63	0.1318	0.7670	0.3	0.7398
C15：单位供热标煤耗（千克标准煤/百万千焦）	39.44	37.64	0.95	0.1381			
C16：全厂热效率	0.6812	0.81	0.84	0.1490			
C17：热电比	5.568	10.13	0.55	0.1500			

指标层（三级指标）	指标值	理想值	评价值	三级指标相对权重	各级指标综合评价	二级指标相对权重	一级指标综合评价
C21：材料成本损失率	0.1372	0	0.86	0.1051			
C22：能源成本损失率	0.1326	0	0.87	0.0969			
C23：内部资源价值与外部损害价值比	0.5626	0.63	0.89	0.0583	0.9345	0.4	
C24：水资源循环利用率	0.7916	0.90	0.88	0.2652			
C25：灰渣综合利用率	1	1	1	0.2810			
C26：石膏综合利用率	1	1	1	0.1935			
C31：万元产值粉尘排放量（千克/万元）	1.5299	0	0.72	0.2122			0.7398
C32：万元产值 SO_2 排放量（千克/万元）	8.6170	0	0.36	0.3798			
C33：万元产值 NO_x 排放量（千克/万元）	5.7138	0	0.45	0.1480	0.4530	0.3	
C34：万元产值废水排放量（千克/万元）	297.97	0	0.21	0.1870			
C35：单位产出外部损害价值	0.0915	0	0.79	0.0729			

根据以上计算结果，该热电公司循环经济资源价值流效率综合评价值为：

$$0.7670 \times 0.3 + 0.9345 \times 0.4 + 0.4530 \times 0.3 = 0.7398$$

本书参照热电行业清洁生产指南，结合开展头脑风暴法、咨询专家评分法，确定热电企业的资源流转效率评价等级区域（见表 9 - 11）。

表 9 - 11 热电企业资源流转效率等级评价标准

资源流转效率等级	综合评价得分	资源流转效率状况
Ⅰ	0. 80—1. 00	优
Ⅱ	0. 60—0. 80	良
Ⅲ	0. 40—0. 60	中
Ⅳ	0. 20—0. 40	差
Ⅴ	0. 00—0. 20	极差

该热电厂循环经济资源价值流效率综合评价值为 0. 7398，对照等级评价标准，其综合评分处于 0. 60—0. 80，则该企业的循环经济资源价值流效率评价等级应为Ⅱ级（良）。

与理想值比较，资源输入指数处于较高循环阶段；资源流转循环指数相对最高，处于可循环阶段，与理想值最接近；资源输出指数也处于较好水平。其中资源循环利用情况最好，而资源输出指数较低，说明在资源输出及废弃物处理方面和理想值比较还有一定差距。协调系数与循环系数见表 9 - 12。

表 9 - 12 天宁热电厂资源流转协调指数结果

C1	C2	C3	标准差 Si	协调系数 Hi
0. 7670	0. 9345	0. 4530	0. 2444	0. 6597
C1	C2	C3	平均值 Fi	循环系数 Ci
0. 7670	0. 9345	0. 4530	0. 7182	0. 7398

表 9 - 12 指数为 0. 6597，数值居于（0. 6，0. 8），说明资源输入、资源循环利用以及资源废弃物产出指标间基本协调，指标间关系基本均衡。在确定该企业 2011 年的资源流转发展系数及协调系数后，本

书对该企业 2007—2011 年的 5 年连续数据予以计算，计算结果见表 9 - 13。通过对 2007—2011 年的数据计算，可对其发展趋势、速度和协调性进行综合评价。

表 9 - 13　　　　　　　电厂 2007—2011 年协调指数结果汇总

年份 系数	2007	2008	2009	2010	2011
协调系数	0.5656	0.5432	0.6115	0.6238	0.6597
循环系数	0.6733	0.6684	0.7057	0.7109	0.7398

通过计算得出结果，该企业在实施资源管理与环境保护措施后，成效较显著。该企业 2007—2008 年两系数略有波动，2009—2011 年两系数值均呈增长趋势。从资源流转发展指数趋势看，评价指标体系中指标值与目标值逐年接近，其整体发展水平进入良性发展状态；从协调系数发展看，资源输入指数、资源流转循环指数、资源输出指数等不断接近，从基本协调发展向协调发展逐步接近。

循环经济完成情况中资源循环利用情况较好，说明该企业废弃物循环利用高（如粉煤灰、石膏等直接运至天宁建材做原料）；而资源利用效率较低，废水、废气等废弃物处理不够，可以从技术和管理入手加强废弃物处理，提高资源有效利用，同时提高产品价值。

9.2.1.5　天宁热电厂资源价值流的评价与决策优化

（1）基于资源价值流转方程式的评价分析。

基于资源效率、附加价值产出效率以及环境效率一体化的资源价值流转评价方程式，对天宁热电厂的资源价值流转效率进行评价（见表 9 - 14）。

表 9 – 14 天宁热电厂资源生产率与环境效率计算

项目	单位	数值	项目	单位	数值
资源投入量	万元	267128.2	资源生产率	元/元	1.0289
产值	万元	17256.55	增加值产出效率	元/元	0.1330
工业增加值	万元	36558	环境效率	吨/万元	20.5751
环境废弃物排放当量	吨	752182.82	单位产值的环境负荷比率	吨/万元	0.4021
			单位资源投入的环境负荷比率	吨/万元	2.8158

注：单位产值的环境负荷比率＝环境废弃物排放当量/产值；单位资源投入的环境负荷比率＝环境废弃物排放当量/资源投入量。

由表 9 – 14 可知，天宁热电厂生产工艺流程共划分为三部分：燃煤储运、锅炉燃烧和汽机发电。通过资源价值流转方程式计算各个节点的资源效率、附加值产出效率及环境效率值（结果见表 9 – 15）。

表 9 – 15 天宁热电企业资源价值流转方程式模型计算结果

项目	企业层面	燃料储运	锅炉燃烧	汽机发电
资源效率（元/元）	1.0289	1.0790	67.1402	46.1355
附加值产出效率（元/元）	0.1330	0.1330	0.1330	0.1330
环境效率（吨/万元）	0.0122	11.61	20.5615	0.0006
单位资源环境负荷率（吨/万元）	2.8158	0.0017	183.6292	0.0037

注：由于无法精确计算该企业四个物量中心的产值和工业增加值，所以在计算各物量中心指标时使用的是整个企业的总产值和工业增加值。

从表 9 - 15 中可知，锅炉燃烧环节的单位资源环境负荷率最高，意味着此环节各方面的综合效益最低。同时，此环节因子的环境效率值也最高，说明此环节大量排放废弃物，环保效果最差；资源效率值也最大，说明该环节的资源消耗量大，资源利用率较低。应用与此环节合格品、废弃物及循环利用的材料、能源间接成本相关联的分解模型，结果发现，该流程的废弃物资源价值损失率较高（7.7%），尤其是由于弃渣土、烟气及二氧化硫排放等造成的价值损失（包括原材料、能源和系统成本分配损失等）比较高。因此，有必要针对这个环节采取相应技术、减少资源价值损失，提高循环利用率。如通过锅炉技术改造，将高速流化改低速流化；增加锅炉过热器改造，降低烟温，提高主汽温度，提高锅炉以及其他设备的能源利用效率。对于外部环境损害价值，则可以通过提高废弃物综合利用和处理，如废水集中处理循环利用，废气中二氧化硫含量较高，可以加强脱硫技术等。

（2）天宁热电厂 PDCA 决策。

①计划与安排。调整优化产业结构，建成达到循环经济要求的生产结构。借助资源流转公式进行，在进行决策时考虑通过资源综合利用、能源梯级利用、废弃物再利用予以实现。

②计算与分析。通过比较分析实际作业成本和目标作业成本，确认可实施的改进活动，减少内部资源损失和外部环境破坏的关键作业点，使得企业各个物量中心可以及时采用适当的科学控制。

③诊断与决策。具体优化思路包括：一是输入口大幅提高再生资源输入数量，以降低资源成本与环境成本；二是循环口主要考虑企业内资源循环利用；三是输出口用再生资源替代原材料，以降低废弃物的产生量。

就该热电企业而言，其后续发展的优化决策措施如下：①严格控制入炉煤的质量，加强控制，保证机组在经济负荷下运行；②资源、资产的高效利用，能源的梯级利用；③对锅炉、汽轮机等进行节能改造，降低因机组负荷变化而造成能源和水的浪费，进而提高全厂的能源利用效率和水利用效率；④将废弃物变"废"为"宝"：热电厂的废渣制成建材；安装脱硫装置，将废气中的 SO_2 收集综合利用；污水零排放。

④评价与持续改善。通过资源流转方程式对其环境效率、资源生产率进行再计算，确定与目标之间的差距，为缩小差距，可指定决策措施进行改善，包括控制原材料质量，对设备进行调整改造等，对经过实践证明并且确实有效的措施可以进行规范化处理，制定成未来工作的标准，有利于今后的继续实施和推广反馈。总结还存在差异的遗留问题，找出效果不理想或没有效果的原因所在，对方案效果不是特别明显的问题，以及在实施过程中新发现的问题，在评估阶段进行总结，便于在下一次 PDCA 循环中进行推动。

经过上述一系列的优化改善后，该热电企业的资源价值流转效率得到较大提高，优化改善前后对比见表 9 – 16。

表 9 – 16　　　　天宁热电厂资源价值流转优化改善前后比较

项目	单位	2011 年（改善前）	2013 年（改善后）
资源生产率 Rp_i	元/元	1.0289	1.18
增加值产出效率 Vp_i	元/元	0.1330	0.19
环境效率 Ee_i	吨/万元	20.5751	11.28
单位资源的环境负荷 Rw_i	吨/万元	2.8158	2.56

从表 9 – 16 可知，到 2013 年，天宁热电厂循环经济建设较 2011 年取得较大成效，工业生产生态化水平明显提高，资源利用效率大大提升，对环境的负面影响大幅度降低；重点领域的资源再生利用技术得到重大突破；资源生产率、增加值产出率、环境效率、单位资源的环境负荷比率等都有了不同程度的改善。下一步仍需要在废弃物综合利用、能源梯级利用、资源高效利用等方面加大力度。

9.2.2 天宁建材厂资源价值流分析

9.2.2.1 天宁建材厂基本情况介绍

天宁建材厂项目每年可消化粉煤灰 13.5 万吨，工业废水 20 万立方米，企业总投资约 8000 万元，该企业对拉动长宁乡经开区循环经济产业，实现园区节能减排和能源综合利用，均具有十分重要的意义。

9.2.2.2 天宁建材厂资源价值流计算及诊断

（1）天宁建材厂工艺流程简介。

粉煤灰是煤粉在一千四百度高温炉膛中燃烧以后从烟气中收集下来的细粉状球体且具有玻璃质感的颗粒，粉煤灰的主要化学成分是：二氧化硅、氧化铝，还有少量的氧化钙、三氧化二铁、氧化镁、三氧化二硫等。一些未燃烧彻底的不同粉煤灰活性相差很大，对加气混凝土砌块的性能和生产工艺也会造成较大的影响，天宁建材厂主要采用天宁热电厂的灰渣，以提高园区资源的有效利用率。

（2）天宁建材厂资源物质的输入与输出。

天宁建材厂原材料及产成品输入输出情况见表 9 – 17。

表 9 - 17　　　　　　　天宁建材厂资源输入输出年度情况

类别	序号	名称	单位	数量	类别	序号	名称	单位	数量
输入 原料及能耗	1	尾矿砂	吨	28408.8	产品	1	正品	吨	79128.6
	2	粉煤灰	吨	5397.12					
	3	石灰	吨	10243.7					
	4	水泥	吨	4994.75					
	5	铝粉	吨	52.84	输出 废弃物	1	次品	吨	5225.45
	6	石膏	吨	492.48		2	废水	吨	8658.6
	7	洗洁精	吨	36.97		3	粉尘	吨/年	3.45
	8	废机油	吨	59.97					
	9	外加剂	吨	24.66					
	10	水	万吨	20					
	11	电	万千瓦时	63.45					
	12	蒸汽	立方米	148.96					

（3）物量中心的确定及成本分配。

根据天宁建材厂的工艺流程及物料能源消耗情况，可将其生产线分为两个物量中心，即灰浆制备中心、发泡蒸养中心。

（4）资源流成本计算。

参照前文天宁热电厂相似的资源流成本计算流程，此处省去计算过程，直接给出计算结果汇总（见表 9 - 18）。

表 9 - 18　　　　天宁建材厂各物量中心资源流成本汇总　　　　单位：万元

项目分类	内容	灰浆制备	发泡蒸养
上一物量中心转入	材料成本	—	729.04
	能源成本	—	39.102
	间接成本	—	156.38

续　表

项目分类	内容	灰浆制备	发泡蒸养
本物量中心投入	材料成本	743.915	22.8
	能源成本	39.9	215.844
	间接成本	159.574	166.086
合计	材料成本	743.915	751.84
	能源成本	39.9	254.946
	间接成本	159.574	322.466
合格品成本	材料成本	729.04	736.8
	能源成本	39.102	249.84
	间接成本	156.38	316.02
	合计	924.522	1302.66
废弃物成本	材料成本	14.875	15.04
	能源成本	0.798	5.106
	间接成本	3.194	6.446
	合计	18.867	26.592

表 9-19　　　　天宁建材厂资源价值流成本汇总（年数据）　　　　单位：万元

		材料成本	能源成本	间接成本	合计
合格品	金额（万元）	736.80	249.84	316.02	1,302.66
	占总成本率（%）	54.65	18.53	23.44	96.62

续　表

		材料成本	能源成本	间接成本	合计
废弃物	金额（万元）	29.915	5.904	9.64	45.459
	占总成本率（%）	2.22	0.44	0.72	3.38
合计	金额（万元）	766.715	255.744	325.66	1348.119
	占总成本率（%）	56.87	18.97	24.16	100

　　为了反映出各个物量中心的资源流成本的价值流转和建材生产资源的投入成本、废弃物成本的基本情况，可根据各物量中心资源流成本的流转情况绘制天宁建材厂资源价值流图（见图9-4）。

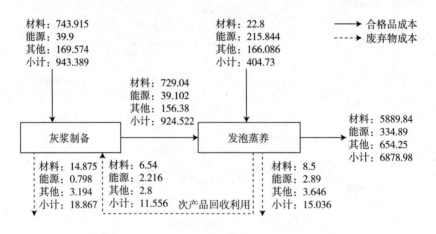

图9-4　天宁建材厂资源价值流

9.2.2.3　天宁建材厂资源流成本分析

（1）天宁建材厂外部环境损害成本计算。

天宁建材厂废弃物的外部损害成本计算结果见表9-20。

表 9 – 20　　　　　各物量中心废弃物外部损害成本计算

物量中心	废弃物	废弃物数量 （吨/年）	标准化 （kg）	LIME 值 （日元/kg）	汇率	外部损害 成本（万元）
灰浆制备	粉尘	2589	2589000	0.738	19.39	9.85
发泡蒸养	废水	34500	34500000	1.18	19.39	209.95

注：发泡蒸养物量中心的内部资源流成本只包括废水，不含次产品成本。

（2）天宁建材厂融合分析内部资源价值流和废弃物外部环境损害价值。

编制天宁建材厂内部资源价值流与废弃物外部环境损害价值比较表，可由内部资源价值流计算过程和废弃物外部环境损害价值计算的最终结果得出（见表 9 – 21）。

表 9 – 21　天宁建材厂内部资源价值流与废弃物外部环境损害价值比较

物量中心	内部资源流成本（万元/年）	外部损害成本（万元/年）
灰浆制备	14.875	9.85
发泡蒸养	15.04	209.95
合计	74.125	219.8

根据表 9 – 21 可绘制天宁建材厂生产流程各物量中心废弃物"内部资源损失价值—外部环境损害价值"比较图（见图 9 – 5）。

由图 9 – 5 可知，发泡蒸养物量中心内部资源价值损失比较大，两项指标均远高于灰浆制备过程的资源损失价值，企业应提出重点改进对策。

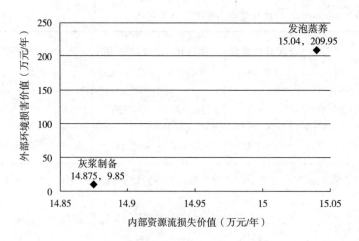

图9-5 天宁建材厂废弃物"内部资源流损失价值—外部环境损害价值"比较

9.2.2.4 天宁建材厂资源价值流转的综合评价

（1）评价指标的选取。

同样依据前文天宁热电厂相似的指标选取流程，本企业生产系统循环经济评价指标体系相对权重见表9-22。

表9-22 天宁建材厂生产系统循环经济评价指标体系相对权重

一级指标	二级指标	二级指标相对权重	指标层（三级指标）	三级指标相对权重
建材厂资源流转综合评价指标（C）	资源输入指标C1	0.3	C11：销售材料成本率（%）	0.1757
			C12：销售能源成本率（%）	0.1374
			C13：销售水资源成本率（%）	0.1303
			C14：销售间接成本率（%）	0.1222
			C15：单位建材产品用水量（m^3/m^3）	0.1467
			C16：单位产品热耗（kJ/m^3）	0.1438
			C17：单位产品电耗（$kW \cdot h/m^3$）	0.1438

续　表

一级指标	二级指标	二级指标相对权重	指标层（三级指标）	三级指标相对权重
建材厂资源流转综合评价指标（C）	资源流转循环指标C2	0.4	C21：材料成本损失率（%）	0.2937
			C22：能源成本损失率（%）	0.2041
			C23：内部资源价值与外部损害价值比	0.2235
			C24：水资源循环利用率（%）	0.2787
	资源输出指标C3	0.3	C31：单位产品粉尘排放量（g/m³）	0.3571
			C32：万元工业增加值废水排放量（kg/万元）	0.3571
			C33：单位产出外部损害价值	0.2858

（2）确定指标理想值。

指标理想值是指每个指标的最优值。将指标实际值与理想值进行比较是确定指标理想值的目的，找出这两者中的差距，为循环经济的运行情况定一个合适的标杆值，继而对评价结果做出更加合理的判断。所以理想值的确定是不是合适，会对评价结果以及判断和分析产生重大影响。

在对实际值及理想值取值时，由于评价指标数据的难获取性以及其指标设置的超前性，使得相关指标数值无法获取，故本书采用相关技术方法对指标值进行模拟，使之尽可能接近企业实际，客观反映天宁建材厂的资源价值流转效率概况。

（3）指标标准化处理。

指标选取流程同前案例，此处直接列出结果。

表 9 - 23　　　　天宁建材厂循环经济综合发展指数结果

指标层（三级指标）	指标值	理想值	评价值	三级指标相对权重	各级指标综合评价	二级指标相对权重	一级指标综合评价
C11：销售材料成本率（%）	1.8571	1.2	0.80	0.1757			
C12：销售能源成本率（%）	0.5980	0.5	0.81	0.1374			
C13：销售水资源成本率（%）	0.4020	0.2	0.79	0.1303			
C14：销售间接成本率（%）	0.0000	0.3	0.63	0.1222	0.7711	0.3	
C15：单位建材产品用水量（m³/m³）	2.0089	1.5	0.95	0.1467			
C16：单位产品热耗（kJ/m³）	120	150	0.84	0.1438			
C17：单位产品电耗（kW·h/m³）	300	160	0.55	0.1439			0.7084
C21：材料成本损失率（%）	0.30	0	0.7	0.2937			
C22：能源成本损失率（%）	0.26	0	0.74	0.2041			
C23：内部资源价值与外部损害价值比	6	10	0.6	0.2235	0.7416	0.4	
C24：水资源循环利用率（%）	0.9	1	0.9	0.2787			
C31：单位产品粉尘排放量（g/m³）	0.7705	0	0.51	0.3571			
C32：万元工业增加值废水排放量（kg/万元）	0.9794	0	0.71	0.3571	0.6014	0.3	
C33：单位产出外部损害价值	5.6000	0	0.58	0.2858			

该建材厂循环经济资源价值流效率综合评价值为：

$$0.7711 \times 0.3 + 0.7416 \times 0.4 + 0.6014 \times 0.3 = 0.7084$$

本书参照建材行业清洁生产指南，结合头脑风暴法、咨询专家评分法，确定建材企业的资源流转效率评价等级区域（见表 9 - 24）。

表 9 - 24　　　　　建材企业资源流转效率等级评价标准

资源流转效率等级	综合评价得分	资源流转效率状况
Ⅰ	0.80—1.00	优
Ⅱ	0.60—0.80	良
Ⅲ	0.40—0.60	中
Ⅳ	0.9—0.40	差
Ⅴ	0.00—0.10	极差

该建材厂循环经济资源价值流效率综合评价值为 0.7084，对照等级评价标准，其综合评分处于 0.60—0.80，则该公司的循环经济资源价值流效率评价等级应为 Ⅱ 级（良）。

相比较于理想值，资源输入指数处在一个循环的阶段；资源流转循环指数相对来说比较高，说明还处在可循环阶段；资源输出指数相对来说比较低，说明资源输出以及废弃物处理这两方面和理想值相比较还有差距。协调系数与循环系数见表 9 - 25。

表 9 - 25　　　　　天宁建材厂资源流转协调指数结果

C1	C2	C3	标准差 Si	协调系数 Hi
0.7711	0.7416	0.6014	0.0907	0.8713

C1	C2	C3	平均值 Fi	循环系数 Ci
0.7711	0.7416	0.6014	0.7047	0.7084

从表 9 - 25 可知，协调指数为 0.8713，数值居于（0.8，1），这说明资源循环利用、资源输入和资源废弃物的产出指标之间的协调较好，指标间关系相对比较平衡。在确定好该企业 2011 年的资源流转发展系数及协调系数后，对该企业 2008—2012 年的 5 年连续数据予以计算。通过对 2008—2012 年的数据计算就可以对它的未来发展形势、发展速度和发展的协调性进行综合评价。通过综合评价所得出的结果见表 9 - 26。

表 9 - 26　　　　天宁建材厂 2008—2012 年协调指数结果汇总

年份 系数	2008	2009	2010	2011	2012
协调系数	0.8038	0.8297	0.8521	0.8713	0.8849
循环系数	0.6409	0.6798	0.6966	0.7084	0.7604

通过计算得出结果，从 2008 年到 2012 年，该企业在实施资源管理与环境保护措施后，成效较显著。该企业自 2008 年正式投产起，2008—2012 年两系数值均呈现增长的形势。如从资源流转发展指数的趋势来看，评价指标体系的指标值和目标值逐年渐近，整体的发展水平进入一个良性发展的区间；从协调系数的发展方面看，资源输入、资源流转循环、资源输出等指数越来越接近，从基本协调发展向协调发展逐步接近。

循环经济完成情况中资源循环利用情况较好，说明该企业废弃物循环利用率高（天宁建材利用工业废料如粉煤灰、石膏做原料）；而资源利用效率较低，废水、废气等废弃物处理不够，可以从技术和管理入手加强废弃物处理，提高资源有效利用，同时提高产品价值。

9.2.2.5　天宁建材厂资源价值流的评价与决策优化

（1）基于资源价值流转公式的评价分析。

基于附加价值产出的效率、资源的效率以及环境的效率一体化的关于资源价值流转评价的公式，对天宁建材厂的资源价值流转效率进行评价见表 9 - 27。

表 9 - 27　　　　天宁建材厂资源生产率与环境效率计算

项目	单位	数值	项目	单位	数值
资源投入量	万元	267128.2	资源生产率	元/元	1.0289
产值	万元	274839	增加值产出效率	元/元	0.1330
工业增加值	万元	36558	环境效率	吨/万元	20.5751
环境废弃物排放当量	吨	752182.82	单位产值的环境负荷比率	吨/万元	0.4021
			单位资源投入的环境负荷比率	吨/万元	2.8158

注：单位产值的环境负荷比率＝环境废弃物排放当量/产值；单位资源投入的环境负荷比率＝环境废弃物排放当量/资源投入量。

如前所述，根据该建材企业生产工艺流程，共划分为灰浆制备和发泡蒸养两个物量中心，通过资源价值流转公式计算出不同节点的资源的效率、附加值产出的效率及环境的效率值（见表 9 - 28）。

表 9 - 28　　　　　天宁建材厂资源价值流转方程式模型计算结果

项目	企业层面	灰浆制备	发泡蒸养
资源效率（元/元）	1.0289	1.0790	67.1402
附加值产出效率（元/元）	0.1330	0.1330	0.1330
环境效率（吨/万元）	0.0122	11.61	20.5615
单位资源环境负荷率（吨/万元）	2.8158	0.0017	183.6292

注：由于无法精确计算该企业四个物量中心的产值和工业增加值，所以在计算各物量中心指标时使用的是整个企业的总产值和工业增加值。

由表 9 - 28 可知，发泡蒸养环节的单位资源环境负荷率最高，意味着此环节资源、环境及经济的综合效益最差。

（2）天宁建材厂 PDCA 决策。

①计划与安排。调整和优化产业结构，创建适合循环经济的生产体系。借助资源流转公式进行，如循环经济发展情况下，依据方程式，该企业的固态物质投入量以每年10%的比例增长，若想保持环境污染排放量不变，则单位资源环境污染排放量以9.09%的比例降低。为达到这一循环经济发展目的，该企业进行决策时可以考虑通过资源综合利用、能源梯级利用及废弃物再利用等方式实现。

②计算与分析。用建材企业的两个物量中心去归集和分摊成本，按照资源价值流来进行归集各项，然后根据作业成本以及标准成本分配到各项作业活动中去，分别核算出物量中心各个作业材料费用、人工费用以及制造费用，从而归集出正制品及负废弃物成本。通过对实际作业成本与目标作业成本比较分析，确认可以进行实施改进活动、

降低内部资源损失和外部环境损害的关键节点，使企业各个物量中心可以采取相对应的科学控制措施。

③诊断与决策。从资源"输入"环节、"消耗与循环"环节、"输出"环节三个方面重点凸显资源综合利用、能源梯级利用、资产充分利用和废物再利用。具体优化思路包括：一是输入口大幅提高再生资源输入数量，以降低资源成本与环境成本；二是循环口主要考虑企业内资源循环利用；三是输出口用再生资源替代原材料，以降低废弃物的产生量。

就该建材厂而言，其后续发展的优化决策措施如下：严格控制生产现场的环境质量，加强管控；促进资源、资产的高效利用，能源的梯级利用；提高全厂的能源利用效率和水利用效率；将废弃物变"废"为"宝"：废气、废水、废渣综合利用。

④评价与持续改善。通过资源流转方程式对其环境效率、资源生产率进行再计算，确定与目标之间的差距，为缩小差距，可指定决策措施进行改善，包括控制原材料质量，将设备进行整改等，对于一些经过实践证明了的并且确实有效的措施可进行标准化处理，可成为今后工作的标准，对今后的持续推行和推广反馈有利。总结还存在差异的遗留问题，找出效果不理想或没有效果的原因所在，对方案效果不是特别明显的问题，以及在实施过程中新发现的问题，在评估阶段进行总结，便于在下一次 PDCA 循环中进行推动。

经过一系列的优化改善后，该建材厂的资源价值流转效率得到较大提高，优化改善前后对比见表 9－29。

表9-29　　　　天宁建材厂资源价值流转优化改善前后比较

项目	单位	2011年（改善前）	2013年（改善后）
资源生产率 Rp_i	元/元	1.0289	3.45
增加值产出效率 Vp_i	元/元	0.1330	0.51
环境效率 Ee_i	吨/万元	0.0122	0.09
单位资源的环境负荷 Rw_i	吨/万元	2.8158	0.16

由表9-29可知，到2013年，建材厂循环经济建设较2011年取得较大成效，工业生产生态化水平明显提高，资源利用效率大大提升，对环境的负面影响大幅度降低；重点领域的资源再生利用技术得到重大突破；资源生产率、增加值产出率、环境效率、单位资源的环境负荷比率等都有了不同程度的改善。仍需要在废弃物综合利用、能源梯级利用、资源高效利用等方面做出进一步的努力。

9.3　基于工业共生网络的园区资源价值流核算与诊断

9.3.1　物质集成价值流分析

9.3.1.1　食品产业链价值流分析

加加集团每年生产酱渣1487吨（干重），青岛啤酒公司年产酒渣4000吨，废渣数量相对较多且营养价值极高，所以废渣的再利用是经

开区食品链实现物质集成再循环、再利用的关键。宁乡经开区构建的
"酒渣、酱渣、薯渣—生物肥料、饲料—农副产品深加工"食品产业
循环经济产业链是物质集成的典型，同时也是对宁乡经开区食品产业
链价值流进行分析的基础。宁乡经开区食品链物质集成企业布局见图
9 – 6。

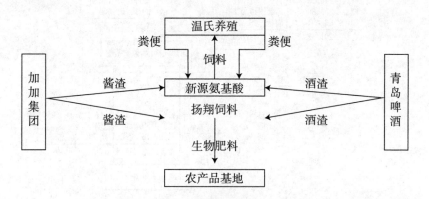

图 9 – 6 宁乡经开区食品链物质内部循环示意

园区的饲料企业将废渣用于饲料生产，每吨成本节省 200 元左
右，每年增加收入 5000 万元。与此同时，废渣被转化成饲料以后，
对养殖业起到显著推动作用，依靠资源集团和温氏集团，采取公司
加农户的养殖模式，实现了绿色养殖和无公害化处理，对家畜实行
产品深加工销售，不仅增加了农民的收入还扩大了规模养殖业的
生产。

宁乡经开区食品链的内部物质集成主要是以废渣的流转为主线，
通过宁乡经开区各食品企业提供的数据资料，结合物质的内部流动情
况，以及资源流成本计算方法（注：计算过程略），可以绘制宁乡经
开区食品链物质集成价值流转图（见图 9 – 7）。

从图 9 – 7 可以看出，食品链物质集成的流转以扬翔饲料和新源
氨基酸这两个企业为核心，通过这两个企业对链内废弃物的吸收来实

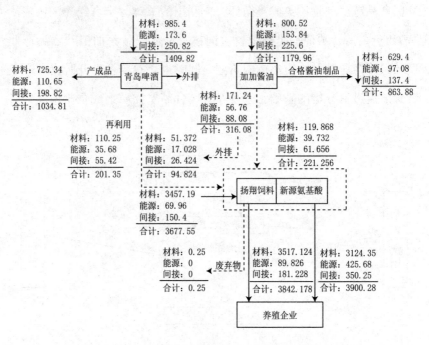

图 9 - 7　宁乡经开区食品链物质集成价值流转示意

现物质集成的再循环、再利用，且通过数据计算结果，可以看出废弃物的利用率较高，达到了 70%，因此，宁乡经开区食品链的物质集成下一步的目标，应注重实现物质的减量化，加强与外部企业的联系，争取实现更大程度的物质交换，实现园区的物质回收利用最大化目标。

9. 3. 1. 2　热电、建材链物质集成价值流分析

根据数据，天宁建材厂项目每年可消化粉煤灰 13.5 万吨，工业废水 20 万立方米，天宁热电和天宁建材全年的物质输入量主要包括原煤、尾矿砂等，具体为原煤 1154 吨、尾矿砂 28408.08 吨、粉煤灰 5397.12 吨、石灰 10243.7 吨、水泥 4994.75 吨、铝粉 52.84 吨、石膏 492.48 吨、洗洁精 59.9 吨、废机油 24.66 吨，上述原材料的购置

成本为 13922.065 万元，占企业生产成本的绝大部分。同时在产出上，两企业全年共产出电力 4104 万千瓦时、蒸汽 475308 吨、建筑材料 79128.6 立方，根据天宁热电厂和建材厂价值流转过程的核算结果及相关资料，可绘制宁乡经开区热电、建材链物质集成价值流转图（见图 9 – 8）。

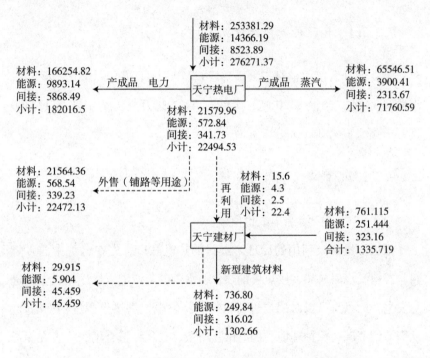

材料：253381.29
能源：14366.19
间接：8523.89
小计：276271.37

材料：166254.82
能源：9893.14
间接：5868.49
小计：182016.5

产成品　电力　天宁热电厂　产成品　蒸汽

材料：65546.51
能源：3900.41
间接：2313.67
小计：71760.59

材料：21579.96
能源：572.84
间接：341.73
小计：22494.53

材料：21564.36
能源：568.54
间接：339.23
小计：22472.13

外售（铺路等用途）

再利用　材料：15.6　能源：4.3　间接：2.5　小计：22.4

材料：761.115
能源：251.444
间接：323.16
合计：1335.719

天宁建材厂

材料：29.915
能源：5.904
间接：45.459
小计：45.459

新型建筑材料

材料：736.80
能源：249.84
间接：316.02
小计：1302.66

图 9 – 8　宁乡经开区热电、建材链物质集成价值流转示意

从图 9 – 8 可以看出，宁乡经开区热电、建材产业链物质集成程度较高，在天宁热电的蒸汽、电力生产过程中会排放大规模的废渣。粉煤灰是由天宁建材产出的主要原料之一，其他的废渣材料也可作为其他建筑材料（如铺路等）。由此，天宁热电产生的主要固体废弃物，可外售给建筑企业作为直接建筑材料，也可以作为下游企业天宁建材的原材料，特别是热电厂和建材厂相邻，使热电厂产生的废渣直接通过传送带输送到建材厂的生产车间，从而提高了废弃物材料的利用效

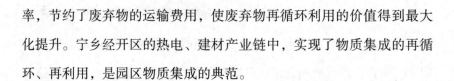

率，节约了废弃物的运输费用，使废弃物再循环利用的价值得到最大化提升。宁乡经开区的热电、建材产业链中，实现了物质集成的再循环、再利用，是园区物质集成的典范。

9.3.2 能源集成价值流分析

9.3.2.1 园区能源消耗情况

宁乡经开区能源消耗总量334178.25吨标准煤，原煤187964吨，汽油6838吨，柴油8320吨，天然气422.19万立方米，热力177390百万千焦，电力36582万千瓦时。

9.3.2.2 能源集成效益分析

（1）热电联产能源集成价值流。

根据能量梯级利用的原理来进行的热电联产，先在锅炉中放入燃料，燃料燃烧后放热，放热后加热水，水变成蒸汽进入燃气轮机做功进行发电，而蒸汽可以对用户进行供热，将发电、供热生产过程相结合，从而节约资源、保护环境、提高供热质量，是一种符合国家一直在提倡的新型能源的利用方法。天宁热电厂年产电力2104万千瓦时，蒸汽475308吨，分别输往园区内30多家企业以及周边居民。天宁热电厂能量损失主要集中在散热和机械未完全燃烧两部分，分别为15%和8%，能量总有效利用率为70%，共80832吨标准煤，这部分能量用于园区供热、供电。

经测算（见表9-30），企业共投入电力、柴油等能源成本以及原煤成本共计7211.23万元，能源损耗成本为2163.37万元。

表 9-30   天宁热电厂能源输入输出成本计算

	序号	名称	单位	数量	金额(万元)		序号	名称	单位	数量	金额(万元)
输入	1 2 3	原煤 柴油 电 合计	吨 吨 万千瓦时	115400 24 21704	6173.9 167211.89 1020.44 7211.23	输出	1 2 3 4	有效能源： 电力 蒸汽 损耗能源	万千瓦时 吨	2104 475308	5047.86 2163.37

（2）"猪—沼—林—蔬"四位一体能源集成。

长沙市沙龙畜牧有限公司以种植吸纳与养殖排放实现动态平衡为基本理念，以品质提升、环境友好为基本出发点，采取粪便干捡堆沤发酵和固液分离、沼气发电、沼液三级或四级沉淀与沼渣肥地、清液灌溉的粪污处理模式进行生态农庄的建设（见图9-9）。

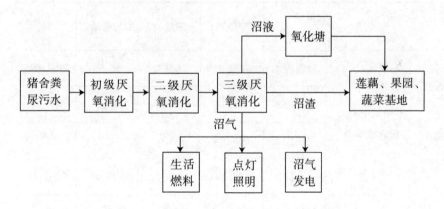

图 9-9 "猪—沼—林—蔬"四位一体能源集成

图9-9显示，此模式以沼气工程为链接，把养殖业和种植业进行有机结合。沼气工程采用三级厌氧消化工艺，强化对高浓度有机物的降解率和对病菌虫卵以及病毒等有害生物的杀灭效果。经过厌氧消化所产生的沼气可用作生活燃料、点灯照明、母猪产房消毒灭菌、仔猪舍加温保暖，以及发电加工饲料、抽水、带动高压泵输送

沼肥上果园等；产生的沼液、沼渣作为果园、蔬菜基地的有机肥料。实现了物流、能流的多层次综合利用，为农业生态良性循环创造了多重效益。

所以，两条工业生态链将园区企业产出的副产品和废弃材料作为可生产的再生资源，可以将工业生态系统能量有效利用的概念展现出来。

9.3.3　水资源循环利用价值流分析

根据企业的资源价值流分析资料，宁乡经开区各企业水资源成本见表9－31。

表9－31　　　　宁乡经开区各企业水资源成本（年数据）

项目	物量中心	天宁热电厂	天宁建材厂	加加酱油厂	总计
本物量中心投入成本	材料成本	6472.31	766.72	55.66	7294.685
	能源成本	383.38	255.744	8.22	647.344
	间接成本	783.054	325.66	11.72	1120.434
	小计	7638.744	1348.12	75.6	9062.46
产成品成本	材料成本	5584.11	736.8	52.45	6373.36
	能源成本	332.55	249.84	8.09	590.48
	间接成本	681.55	316.02	11.46	1009.03
	小计	6598.21	1302.66	72	7972.87

续　表

项目＼物量中心		天宁热电厂	天宁建材厂	加加酱油厂	总计
排放的废弃物成本	材料成本	888.2	29.915	3.21	921.325
	能源成本	50.83	5.904	0.13	56.864
	间接成本	101.504	9.64	0.26	111.404
	小计	1040.534	45.459	3.6	1089.593
排放的废水成本	材料成本	21.164	15.04	0.16	36.364
	能源成本	1.211	2.97	0.006	4.187
	间接成本	2.42	4.847	0.13	7.397
	小计	24.795	22.857	0.296	47.948

天宁热电厂、天宁建材厂、加加集团生产排放的废水均回收到园区的污水处理厂进行集中处理，处理后的中水可供一些对水质要求低的企业使用，可将排出的废弃污泥进行一些特殊的处理，处理后的产物可以作为肥料用于农业生产中。根据表 9 – 31 中的数据，可绘制上述三个企业的水资源循环利用价值流图（见图 9 – 10）。

图 9 – 11 显示，宁乡工业生态园水的梯级利用关系为：自来水—工艺水—回用水—冷却水—卫生保洁、绿化用水—污水（经处理后）—再生水。在这一链条中，水资源的价值循环率得到最高的体现。宁乡工业用水每吨 1.9 元，水资源利用成本为 2048.68 万元（1078.2505 × 1.9），有效成本为 1869.81 万元（984.1105 × 1.9），损耗成本为 178.866 万元（94.14 × 1.9），具体数据见表 9 – 32。

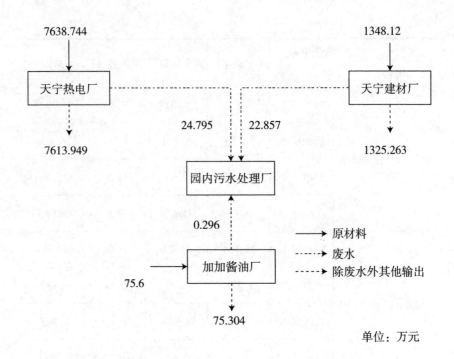

图 9 - 10 宁乡经开区典型企业水资源循环价值流转示意

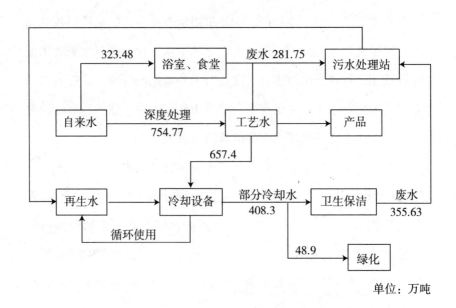

图 9 - 11 宁乡工业生态园水资源集成梯级利用模式

表 9 – 32　　　　　宁乡工业生态园水资源成本数据（2013 年）

序号	名称	数量（万吨）	金额（万元）
1	总成本	1078. 2505	2048. 68
2	有效成本	984. 1105	1869. 81
3	损耗成本	94. 14	178. 866

在园区水资源的梯级利用中，这里主要考虑将热电耗水大户处理过的废水通过修建管道，将 80%（约 510 万吨）的处理水回用到建材厂制浆、切割车间，热电厂汽轮发电车间等，作为生产中的工业冷却用水，实现工业生态园内部的水循环利用。另一部分废水（约 127 万吨）回用到整个园区内部，如用作景观水系、生活杂用水、公共绿地浇水、园区内杂用等。

9.3.4　固体废物资源综合利用价值流分析

宁乡经开区固体废弃物资源的综合利用主要可以分为两部分：一是工程机械再制造产业，主要从事高铁制梁泵和各种混凝土输送泵的再制造，现有 7 家主要企业，从业人员 875 人，年产值 16 亿元，已形成一定的产业规模；二是废旧物品的回收再利用产业，包括回收利用废旧塑料、废旧电子产品等，区内企业以蓝田再生企业的废旧塑料再生为主。本书着重对协力液压、蓝田再生进行了实地调研和详细研究，限于篇幅，本部分以再制造产业中协力液压为例进行研究、分析。

（1）宁乡经开区再制造产业的基本现状。

宁乡再制造产业专区是依托宁乡经济技术开发区坚实的产业基础，在园区内成立的再制造产业区，宁乡经开区再制造基地的建设与形成是建设"两型社会"的客观要求,其理念在于实现低资源能源消耗、低污染排放、少生态破坏和高经济效益;再制造是循环经济"再利用"的高级形式,它让产品的生命周期由厂商制造—用户使用—产品报废—废品回收利用,变为厂商制造—用户使用—产品报废—厂商再制造—用户再利用—产品再报废—废品回收利用,深度挖掘了制造产业的最高潜在价值,使能源尽量少浪费,符合循环经济所提倡的"减量化、再利用、资源化"的原则。

（2）宁乡再制造典范与应用实例——协力液压油缸再制造。

①企业简介及工艺流程。

湖南协力液压有限公司系国内液压油缸集设计与制造于一体的专业厂家,产品广泛用于工程机械、建筑机械、冶金机械、地铁建筑机械及油田等领域,是目前国内最大的混凝土泵送主油缸生产厂家,其主要产品液压油缸的工艺流程见图9-12。

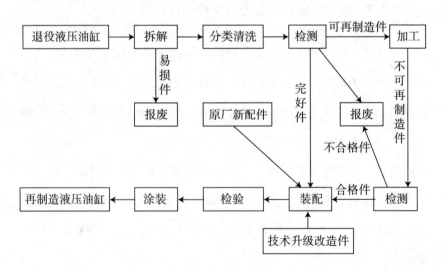

图9-12 液压油缸再制造工艺流程

②液压油缸再制造价值流成本计算。

利用企业提供的成本数据,可进行液压油缸再制造的成本计算,

表 9 - 33 为企业液压油缸再制造的成本计算情况。

表 9 - 33　　　　　　　液压油缸再制造成本计算（年数据）

输入				输出			
名称	数量（支）	单价（元）	成本（万元）	品种	数量（支）	单位成本（元）	成本总额（万元）
旧零件	12800	30	38.4	液压油缸	12800	30	38.4
—	—	—	—	能源成本	12800	150	192
—	—	—	—	间接成本	12800	880	1126.4
—	—	—	—	合计	—	—	1356.8

根据企业生产部门提供的成本数据，对液压油缸进行再制造消耗原材料 30 元/支，消耗能源 150 元/支，人工管理费、设备折旧费等间接费用需要 880 元/支，该企业一年大概生产总量为 12800 支，则液压油缸再制造的材料成本 = 12800 × 30 = 38.4（万元）；能源成本 = 12800 × 150 = 192（万元）；间接成本 = 12800 × 880 = 1126.4（万元）。

③液压油缸再制造的效益对比分析。

经济效益。根据测定，液压油缸新品制造周期远远大于再制造生产，再制造所需生产成本及新品制造生产所需成本见表 9 - 34。

表 9 - 34　　　　新液压油缸与再制造液压油缸生产周期　　　　单位：天/支

类别	生产周期	拆卸	清洗	修复/制造	装配测试
再制造液压油缸	0.8	0.1	0.1	0.3	0.3
新制造液压油缸	2.1	0	0.2	1.5	0.4

从表 9-35 可以看出，新制造品每一支的生产成本大约在 2600 元，出厂时价格为 3500 元左右，中间差价为 900 元即所获得的利润，从协力液压提供的生产数据来看，协力每年大概可生产 12800 支油缸，那么年制造成本为 3328 万元，销售收入为 4480 万元，得到的利润为 1152 万元左右；每个再制造液压油缸制造成本为 1060 元，售价约为新制造产品的出厂价格的 70% 左右，再制造产品售价为 2400 元，得到的利润为 1340 元，并且再制造产品生产效率高，回收废旧油缸具有比较高的附加价值，从中看出再制造 12800 支液压油缸的成本大约为 1356.8 万元，销售收入为 3072 万元，获利 1715.2 万元。因此，液压油缸再制造具有良好的经济效益基础。再制造液压油缸与新油缸制造成本见表 9-35。

表 9-35　　　　再制造液压油缸与新油缸制造成本（年数据）　　　单位：万元

类别	原材料费	能源消耗费	人工管理费	设备折旧费	废旧液压油缸剩余价值	总计
再制造液压油缸	38.4	192	448	166.4	512	1356.8
新制造液压油缸	1152	768	384	1024	0	3328

环境效益。占 95% 以上的废旧液压油缸的金属能对其进行继续利用，资源浪费大大减少，同时免除了对油缸进行再循环处理有可能造成的二次污染。表 9-36 列出了回炉冶炼 1 吨金属能耗与 CO_2 排放数据。

表 9-36　　　　回炉冶炼 1 吨金属能耗与 CO_2 排放数据

材料/t	能耗/kW·h	CO_2 排放/t
钢材	1784	0.086

材料/t	能耗/kW·h	CO_2 排放/t
铜材	1726	0.25
铝材	2000	0.17

通过对再制造液压油缸的经济效益和环境效益的深度分析，可从中看到再制造液压油缸不仅可以达到原产品的质量和性能，而且还大大减少了生产周期，给企业和用户带来可观的经济效益，对落实国家可持续发展战略，减少环境污染，推动新兴产业的形成具有重要意义。

（3）宁乡经开区再制造价值流分析。

再制造区域的输入端为生产时消耗的资源，也就是回收的废旧物件，废旧物件的整体使用率达到80%以上，另外在生产时还会消耗水、电、汽等能源，能源消耗一般会比新制造的节能60%；在再制造区域的输出端，则会产出生产合格的再制造产品以及再制造过程中产生的废弃物50%—60%，节能60%，节约原材料70%，则新制造的材料成本、能源成本和间接成本也可得出，表9-37为宁乡经开区再制造成本与新制造成本的比较。

表9-37　　　　　　宁乡经开区再制造与新制造成本分析　　　　单位：亿元

	新制造			再制造		节约额
输入	材料成本	8.8	输入	材料成本	2.65	6.15
	能源成本	11.25		能源成本	4.5	6.75
	间接成本	33.55		间接成本	22	11.55
	合计	53.6		合计	29.15	24.45

续　表

	新制造			再制造		节约额
	材料成本	7.67		材料成本	2.52	5.15
合格品	能源成本	9.73	合格品	能源成本	4.28	5.45
	间接成本	28.90		间接成本	20.89	8.01
输出	合计	46.3	输出	合计	27.69	18.6
	材料成本	1.13		材料成本	0.13	1
废弃物	能源成本	1.53	废弃物	能源成本	0.22	1.31
	间接成本	4.65		间接成本	1.11	3.54
合计		7.31	合计		1.46	5.85

表 9 - 37 中，再制造的合格品率为 95%，废弃物率为 5%，则再制造产生的废弃物为：$29.15 \times 0.05 = 1.46$ 亿元。另据统计资料，再制造的废物排放量可以降低 80%，由此可知，新制造的废弃物为：$1.46 \div 0.2 = 7.3$ 亿元。由表 9 - 37 可以看出，与制造新品相比，再制造具有良好的节能节材效益，其所带来的经济效益和环境效益是显而易见的。

9.4　基于工业共生网络的园区资源价值流评价与分析

9.4.1　宁乡经开区价值流评价指标体系构建

通过查阅和收集国内外现有的循环经济方面有关统计资料，运用理论分析法、频度统计法和专家分析法等方法对适合宁乡经开区的指标体系进行初选，再对初选之后的指标进行分析，建立了指标集，并确定了相关定量指标的标准值。

表 9 –38　　　　　宁乡经开区资源流转评价指标体系

指标类型	详细指标	单位	标准值或要求
资源投入指标	单位国内生产总值能耗	吨标煤/万元	0.865
	非化石能源在一次能源消费结构中比例	%	11.4
	非石化能源占一次能源消费比重	%	12.1
	可再生能源所占比例	%	15.3
消耗与循环指标	二氧化硫排放量	万吨	1
	化学需氧量排放量	万吨	0.0065
	氨氮排放量	万吨	1
	煤气利用率	%	1
	单位地区生产总值二氧化碳排放量	万吨	0.8
	余热利用率	%	31
资源输出指标	工业固体废物处置量	吨/万元	1.2
	工业废水排放量	万吨	0
	矿石资源产出率	万元/吨	0.95
	能源产出率	万元/吨标煤	1.18
	土地产出率	万元/吨	1.2

指标类型	详细指标	单位	标准值或要求
资源输出指标	水资源产出率	万元/吨	1.9
	单位产出外部损害价值	万元	35
	产业链关联度	%	100
	循环经济关联企业工业总产值	万元	150
	循环经济关联企业工业工商税收	万元	20
	工业固体废物综合利用率	%	0.98
	工业用水重复利用率	%	1
	废旧资源综合处理量（含进口）	万元/吨	40

9.4.2 宁乡经开区价值流评价基本步骤

（1）构建判断矩阵。

将每个评价指标关于某个评价目标的重要程度做两两比较得到判断矩阵：$A = (a_{ij})_{m \times m}$，式中 a_{ij} 表示比较标度，其形式如下：

$$A = \begin{bmatrix} a_{11} & a_{12} & a_{13} & \cdots & a_{n1} \\ a_{21} & a_{22} & a_{23} & \cdots & a_{n2} \\ \vdots & \vdots & \vdots & \vdots & \vdots \\ a_{n1} & a_{n1} & a_{n1} & \cdots & a_{nn} \end{bmatrix}$$

表 9 – 39 　　　　　　　　　　　判断矩阵评判标度

标度	定义	说明
1	两个元素同样重要	判断矩阵的主对角线元素为 1
3	i 元素比 j 元素稍重要	$\alpha_{ij} = 1/\alpha_{ji}$ 或 $\alpha_{ji} = 1/\alpha_{ij}$
5	i 元素比 j 元素较重要	
7	i 元素比 j 元素明显重要	
9	i 元素比 j 元素十分重要	此为两元素间最高差别
2、4、6、8	上述两相邻判断的中间值	

（2）计算权重向量。

用和积法对矩阵 A 的各列向量进行归一化，得到标准矩阵 B = $(b_{ij})_{m \times m}$，其中 $b_{ij} = \dfrac{a_{ij}}{m}$（$i,\ j = 1,\ 2,\ \cdots,\ m$）；然后按行求和，归一化，所得的列向量 $w = (w_1,\ w_2,\ \cdots,\ w_m)^{\mathrm{T}}$，即为矩的特征向量，其中 $w_i = \dfrac{1}{m} \displaystyle\sum_{i=1}^{1} b_{ij}$（$i,\ j = 1,\ 2,\ \cdots,\ m$）。

进一步计算矩阵 A 的最大特征根：$\lambda_{\max} = \displaystyle\sum_{i=1}^{m} \dfrac{(Aw)_i}{mw}$，其中 $(Aw)_i$ 表示 Aw 的第 i 个元素；一致性指标 CI $= \dfrac{\lambda_{\max} - m}{m - 1}$，检验系数 CR $= \dfrac{CI}{RI}$，其中 RI 为平均一致性指标，查表可得；从而对矩阵 A 进行一致性检验。一般若 CR < 0.1，可判断矩阵 A 具有满意的一致性，w 为其相应的权重向量；若 CR $\geqslant 0.1$，需对判断矩阵 A 进行修正，使其具有满意的一致性。

表 9 – 40 平均随机一致性指标

阶数	1	2	3	4	5	6	7	8	9	10
RI	0	0	0.58	0.90	1.12	1.24	1.32	1.41	1.45	1.49

（3）判断矩阵的修正。

对于一致性不满意的判断矩阵，按下面的步骤对其进行修正。

步骤 1：求出判断矩阵 A 的导出矩阵 $C = (c_{ij})_{m \times m}$ 及偏差矩阵 $D = (d_{ij})_{m \times m}$，其中 $c_{ij} = \dfrac{b_{ij}}{w_{ij}}$，$d_{ij} = c_{ij} - 1$；并找出偏差矩阵 D 中绝对值最大的元素 d_{ij}。

步骤 2：当时 $d_{ij} > 0$，若 $a_{ij} > 1$，则令 $a_{ij}{}^* = a_{ij} - 1$；若 $a_{ij} < 1$，则令 $a_{ij}{}^* = \dfrac{a_{ij}}{a_{ij} - 1}$；当 $d_{ij} < 0$ 时，若 $a_{ij} > 1$，则令 $a_{ij}{}^* = a_{ij} + 1$，若 $a_{ij} < 1$，则令 $a_{ij}{}^* = \dfrac{a_{ij}}{1 - a_{ij}}$。

步骤 3：令 $a_{ij}{}^* = \dfrac{1}{a_{ij}}$，对于判断矩阵 A 其他位置的元素保持不变，构造矩阵 $A^* = (a_{ij}{}^*)_{m \times m}$。

步骤 4：对矩阵 A^* 进行一致性检验，若矩阵 A^* 具有满意一致性，计算其相应的权重向量 w；若矩阵 A^* 不具有满意一致性，按上述步骤继续对矩阵 A^* 进行修正，直到其具有满意一致性为止。

（4）权重向量 w 的修正。

当层次分析法采用专家咨询方式时，容易产生循环而不满足传递性公理，从而导致标度把握不准并丢失部分信息。通过熵技术对由层次分析法得到的权重向量进行修正，是解决这些问题的有效途径。其具体步骤如下。

步骤 1：根据标准矩阵 $B = (B_{ij})_{m \times m}$，计算第 j 个指标 x_j 的输出

熵：$E_j = -K \sum\limits_{j=1}^{m} b_{ij} ln b_{ij}$（$j = 1, 2, \cdots, m$），其中常数 $K = (lnm)^{-1}$；

步骤 2：求指标 x_j 的偏差度 d_j：$d_j = 1 - E_j$（$j = 1, 2, \cdots, m$）；

步骤 3：计算指标 x_j 的信息权重 μ_j：$m_j = \dfrac{d_j}{\sum\limits_{j=1}^{m} d_j}$（$j = 1, 2, \cdots, m$）；

步骤 4：利用信息权重 μ_j 修正由层次分析法得到的权重向量 w，

得到 $\lambda = \dfrac{m_j w_j}{\sum\limits_{j=1}^{m} m_j w_j}$（$j = 1, 2, \cdots, m$）。

通过上述步骤得到各指标较为合理的权重向量 $\lambda = (\lambda_1, \lambda_2, \cdots, \lambda_m)^T$

9.4.3 宁乡经开区价值流数据采集与处理

第一步，每一层判断矩阵的参数让五位参与咨询的专家独立地公正评判确认，然后将各个不同结果实行算术平均并取整，获得所需的指标权重，最终进行计算并取得结果，上述全部运算过程运用软件 DPS3.01 与 Excel 2003 完成。

表 9-41　　　　准则层相对目标层次判断矩阵 A：B_1—B_3

A	B_1	B_2	B_3	B_4	B_5	B_6	W_i	
B_1	1	5	4	6	7	9	0.46	$\lambda_{max} = 3.3$
B_2	1/5	1	3	3	5	7	0.21	CI = 0.1 RI = 1.24
B_3	1/4	1/3	1	2	5	7	0.15	CR = 0.08 < 0.1

经过计算求出此指标中的二、三级的相对权重之后，就可确认并计算园区评价指标体系中的理想值。求出的评价理想值要和园区

清洁生产标准、国家循环经济标准的最高水平相对应。然后根据企业的实际情况确认指标的上限与下限，将相关指标进行标准化处理之后，通过逐级计算即可获得不同阶段评价指数与综合发展指数（见表9－42）。

表9－42   宁乡经开区资源流转综合发展指数结果

指标层（三级指标）	指标值	理想值	评价值	三级指标相对权重	各级指标评价	二级指标权重	一级指标评价
单位国内生产总值能耗	1.231	0.865	0.91	0.275			
非化石能源在一次能源消费结构中比例	25.2	11.4	0.93	0.247			
非石化能源占一次能源消费比重	12.8	12.1	0.85	0.158			
可再生能源所占比例	11.42	15.3	0.97	0.196	0.8239	0.4000	
二氧化硫排放量	1.5	1	0.78	0.067			
化学需氧量排放量	1	0.0065	0.91	0.057			0.8912
氨氮排放量	1.2	1	0.70	0.498			
煤气利用率	0.98	1	0.92	0.333			
单位地区生产总值二氧化碳排放量	0.9	0.8	0.95	0.169			
余热利用率	0.95	31	0.81	0.395	0.9192	0.3220	
工业固体废物处置量	0.98	1.2	0.97	0.189			
工业废水排放量	1	0	0.98	0.0951			

续　表

指标层（三级指标）	指标值	理想值	评价值	三级指标相对权重	各级指标评价	二级指标权重	一级指标评价
矿石资源产出率	0.89	0.95	0.93	0.219			
能源产出率	0.96	1.18	0.94	0.198	0.9192	0.3220	
土地产出率	0.99	1.2	0.72	0.401			
水资源产出率	1.1	1.9	1.00	0.168			
单位产出外部损害价值	43	35	0.93	0.213			
产业链关联度	0.95	1	1.00	0.332			0.8912
循环经济关联企业工业总产值	119	150	0.91	0.127			
循环经济关联企业工业工商税收	18	20	0.63	0.147	0.8082	0.278	
工业固体废物综合利用率	0.95	0.98	0.98	0.152			
工业用水重复利用率	0.995	1	0.32	0.112			
废旧资源综合处理量（含进口）	30	40	0.98	0.243			
单位国内生产总值能耗	0.851	0.865	0.82	0.124			

9.4.4　宁乡经开区价值流评价结果分析

从上文可知，计算该园区 2010 年资源流转综合发展评价指数为 0.8912（H），与理想值进行相对应的比较，此园区资源流转大体处在一个良性循环的状态；此外，资源输入指数（A）、资源流转循环指数（B）及资源输出指数（C）分别为 0.8239、0.9162 及 0.8082，和理想值相比，资源输入指数在一个比较高的循环阶段；资源流转循环指数相对最高，位于可循环阶段，和理想值最为接近；资源输出指数在一个相对比较好的水准。在这其中资源循环利用状况最为良好，但是资源输出指数相对比较低，这说明了在资源输出和废弃物处理方面与理想值相比较具有较大差距。协调指数结果见表 9 - 43。

表 9 - 43 　　　　　　园区资源流转协调指数结果

A	B	C	标准差 Si	协调系数 Hi
0.8239	0.9162	0.8082	0.0412	0.9611
A	B	C	平均值 Fi	循环系数 Ci
0.8239	0.9162	0.8082	0.8871	0.8875

由表 9 - 43 可得出结论，协调指数为 0.9611。数值较高，资源输入、资源循环利用和资源废弃物产出指标之间的协调比较好，指标间关系较为均衡。在确定好园区 2010 年的资源流转发展系数及协调系数后，通过对 2005—2010 年的数据计算就可对其发展趋势、速度和协调性进行综合评价。综合评价结果可见表 9 - 44 及图 9 - 13。

表 9 - 44 　　　　　园区 2005—2010 年协调指数结果汇总

年份 系数	2005	2006	2007	2008	2009	2010
协调系数	0.8668	0.8675	0.8321	0.9012	0.9391	0.9611
循环系数	0.8232	0.8421	0.81	0.8232	0.8675	0.8875

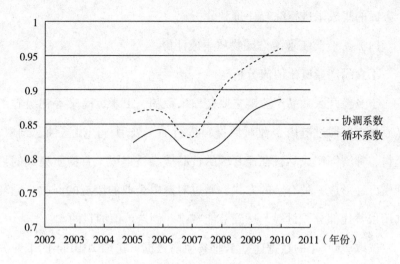

图 9 - 13　园区资源价值流综合评价

如图 9 - 13 所示，通过计算，2005 年到 2010 年该园区在实施资源管理与环境保护措施后，成果显而易见。2005—2007 年两年间系数值虽然有波动但是还是在一个比较高的水平，但 2008—2010 年的循环系数与协调系数增速较快。从资源流转发展指数未来趋势来看，评价指标体系中的指标值和目标值逐年接近，说明其整体发展水准步入良性发展的状态；从协调系数发展来看，资源流转循环、资源输入、资源输出等指数越来越接近，步入协调发展的状态。

9.5　宁乡经开区资源价值流决策与优化

9.5.1　基于流转方程式的决策评价

宁乡经开区基于流转方程式的评价主要由物质、能源和水集成三个方面的集成来进行综合评价和分析。

（1）综合类工业生态园物质集成评价。

①食品产业链价值流分析。

宁乡经开区食品产业链主要是输入豆粕、玉米、高粱等初级农产品原材料，通过链内企业对原材料进行加工处理，产出酱油、饲料、肥料、啤酒等产成品，在经开区的食品链物质集成上，物质集成的再利用已经形成一种有效的方式，通过对链内企业的废渣的回收、循环利用来替代部分原材料，达到节能减排、创造价值的目的。

选取 2006 年的数据建立工业共生前数据，选取 2010 年的工业共生数据作为对比，分别从物质、能源和水集成几个方面进行分析。食品链物质集成资源投入量主要包括物质的投入量。产值 = 产品产量 × 2004 年产品单价 = 5373959.91 吨 × 0.3931 万元/吨 = 2112503.64 万元，2010 年计算方法相同。

通过数据整理和加工，可求得数据见表 9 – 45。

表 9 – 45　　宁乡经开区食品链建立前后物质资源流程方程式

项目	单位	2006 年	2010 年
物质资源投入量	万元	650001.12	701213.3
产值	万元	2112503.64	2208821.895
工业增加值	万元	866126.492	839, 352.3201
物质废弃物排放量	吨	10878548.7	10, 878, 006.07

由此，可以对物质流集成建立前后的资源流程方程式进行对比分析（见表 9 – 46）。

表 9 – 46　　　　　宁乡经开区食品链物质集成前后评价

项目	单位	食品链物质集成层面	
		2006 年	2010 年
资源生产率	万元/吨	3. 25	3. 15
增加值产出率	元/元	0. 41	0. 38
环境效率	吨/万元	12. 56	12. 96
单位产值的环境负荷比率	吨/万元	5. 15	4. 92
单位资源的环境负荷比率	吨/万元	16. 74	15. 51

②热电、建材链物质集成价值流分析。

现阶段长沙天宁工业水厂供给工业用水给热电厂与园区企业使用，热电厂又为园区企业集中提供蒸汽，热电厂生产排出的废水、灰渣等还是天宁建材厂所需要的原料，天宁建材厂所生产的产品如加气煤灰混凝土砖还是园区企业远大住工、江盛建材所需要的原料，最后由污水处理厂进行统一处理，把废水转化成为工业用水，最终实现往园区各企业集中供热、供冷，并且供应阶梯用水的综合效应。宁乡经开区的热电、建材链物质集成价值流主要包括了天宁热电和天宁建材两个企业。由此可计算其物质集成评价分析。

表 9 – 47　　　　　宁乡经开区热电、建材链物质集成前后评价

项目	单位	热电、建材物质集成层面	
		2006 年	2010 年
资源生产率	万元/吨	2. 35	2. 85
增加值产出率	元/元	0. 34	0. 35

续 表

项目	单位	热电、建材物质集成层面	
		2006 年	2010 年
环境效率	吨/万元	11.56	11.98
单位产值的环境负荷比率	吨/万元	4.63	4.87
单位资源的环境负荷比率	吨/万元	15.21	15.31

③协力液压的固体废弃物再制造链。

近年来宁乡经开区整个园区的产业链年产值达 76 亿元，通过再制造过程来延长产品的生命周期，最大限度地挖掘了制造产业的潜在价值。由此，可计算这一固体废弃物再制造链的物质集成评价。

表 9-48　　　宁乡经开区固体废弃物再制造物质集成前后评价

项目	单位	固体废弃物物质集成层面	
		2006 年	2010 年
资源生产率	万元/吨	1.85	1.98
增加值产出率	元/元	0.21	0.25
环境效率	吨/万元	10.05	11.11
单位产值的环境负荷比率	吨/万元	3.52	3.58
单位资源的环境负荷比率	吨/万元	11.05	11.45

计算可知宁乡经开区三大物质集成链 2006 年单位产值的环境负荷比率和单位资源的环境负荷比率中，具体来说，在食品链的单位产值的环境负荷以及单位资源的环境负荷比率都较高，是首先需要进行

改造完善的部分，其次是热电建材链，最后是固体废弃物链。

（2）能源集成工业共生链评价。

综合类工业生态园能源集成资源投入量主要包括煤气、电、蒸汽等气态物质的投入量。宁乡经开区分为两条能源链，因此，分别来进行评价分析。具体计算方法与物质集成相同，在此省略。

①建材工业能源集成链。

表9－49　　　　　　　　建材工业能源集成前后评价

项目	单位	建材工业能源集成层面	
		2006 年	2010 年
资源生产率	万元/吨	2.35	2.43
增加值产出率	元/元	0.52	0.61
环境效率	吨/万元	10.2	11.1
单位产值的环境负荷比率	吨/万元	4.5	4.6
单位资源的环境负荷比率	吨/万元	9.22	8.98

②"猪—沼—林—蔬"四位一体能源集成链。

表9－50　　"猪—沼—林—蔬"四位一体能源集成链能源集成前后评价

项目	单位	"猪—沼—林—蔬"四位一体能源集成层面	
		2006 年	2010 年
资源生产率	万元/吨	1.45	1.49
增加值产出率	元/元	0.21	0.28

项目	单位	"猪—沼—林—蔬"四位一体能源集成层面	
		2006 年	2010 年
环境效率	吨/万元	8.8	9.1
单位产值的环境负荷比率	吨/万元	4.0	4.5
单位资源的环境负荷比率	吨/万元	7.33	7.5

③两大能源集成链比较分析。

对于 2010 年的数据，将两大能源集成链的单位产值的环境负荷比率与单位资源的环境负荷比率进行比较分析可得：建材工业能源链的具体数据比四位一体单位产值的环境负荷比率和单位资源的环境负荷比率都要大，因此，在具体的决策过程中，需要对建材工业链的能源集成进行重点分析改善。

（3）水集成工业共生链评价。

综合类工业生态园水集成资源投入量主要包括水的投入量。通过数据分析可知，随着循环经济的深入开展，综合类工业生态园产业共生链的建立，方程式因子表现值呈现了越来越好的趋势，经济效益提高的同时资源消耗和环境负荷都有所降低，三者产生的共生效益都很显著，并且两两之间的关联更加协调。依据不同的年份，2006 年因子指标值的指数较低，经济效益与环保效果不够理想，2010 年，各项因子值都有了显著效果，体现了综合类工业生态园建立的环境和经济效果，进一步推动了综合类工业生态园产业共生链循环经济的发展。

9.5.2　基于 PDCA 循环的决策分析

（1）计划与安排阶段。根据宁乡经开区循环经济园区建设要求，按照循环经济发展模式，调整优化产业结构，建立符合循环经济要求的产业体系，根据园区特点，重点抓好两条循环经济产业链的建设：一是"酒渣、酱渣、薯渣—生物肥料、饲料—农副产品深加工"农业产业化循环经济产业链；二是建材产业链、园区热电。通过建立园区产业共生研究发现，对于能源没有很好地综合利用，因此园区在进行决策时可以考虑此方面。

（2）计算与分析阶段。随着工业生态园区与产业集聚区不断扩大，大规模的新增耗能用热企业将逐步进入园区，增强集中供热的发展速度，进一步关停和淘汰分散供热的锅炉，有益于供热管理的规范和产业进行转型升级；有益于更进一步提升利用能源的效率，大大降低了排放的大气污染物，改善了工业园区的空气质量，达到了节能减排目的。

（3）诊断与决策阶段。开始淘汰一批小锅炉，节能减排效果显著，热负荷需求大的珠三角工业生态园集中供热项目的建设，进一步推进工业生态园区与产业集聚区集中供热项目的前期准备工作。到2015 年年底，珠三角地区具有一定规模用热需求的工业生态园基本实现集中供热，集中供热范围内的分散供热锅炉全部淘汰或者部分改造为应急调峰备用热源，不再新建分散供热锅炉，力争全省集中供热量占供热总规模的30%左右；继之，具有一定规模用热需求的工业生态园和珠三角产业集聚区实现集中供热，集中供热范围内的分散供热锅炉全部淘汰或者部分改造为应急调峰备用热源。

此外，对于个别企业的大型燃煤、燃油自备热电联产项目，建议在近、远期内逐步关停，将企业的热负荷转由集中热源供应，或者将自备热电联产热源改造成小型高效、环保的燃气—蒸汽联合环热电联产热源，并将其供热管道与公用热网连接。

（4）评价与持续改善。对热电、建材链物质集成设计之后，通过资源流转方程式对其环境效率、资源生产率进行再计算，确定与目标之间的差距，为缩小差距，可指定决策措施进行改善，包括开拓新的市场，将设备进行整改等，对于一些经过实践证明了的并且确实有效的措施可进行标准化处理，可成为今后工作的标准，对今后的持续推行和推广反馈有利。总结还存在的遗留问题，找出效果不理想或没有效果的原因所在，对方案效果不是特别明显的问题，以及在实施过程中新发现的问题，在评估阶段进行总结，便于在下一次 PDCA 循环中进行推动。

表 9 –51　　宁乡经开区热电、建材链物质集成决策前后评价

项目	单位	热电、建材物质集成层面	
		2010 年	2012 年
资源生产率	万元/吨	2.85	2.89
增加值产出率	元/元	0.35	0.40
环境效率	吨/万元	11.98	12.11
单位产值的环境负荷比率	吨/万元	4.87	4.98
单位资源的环境负荷比率	吨/万元	15.31	15.12

由表 9 –51 可知，宁乡经开区为达到加快构建循环经济产业体系建设的目标，到 2012 年，节约型园区建设成效显著，工业生产生态化水平明显提高，资源利用效率大大提升，对环境的负面影响大幅度

降低；重点领域的资源再生利用技术得到重大突破；发展循环经济的机制、框架和链条得到初步建立，大大转变了园区的经济增长方式，并且大大提高了社会可持续发展能力。对建材链物质集成、热电进行了集中改造，改造方式为改分散供热为集中供热，将热电厂的废渣加入建材链，资源生产率、增加值产出率、环境效率、单位产值的环境负荷比率、单位资源的环境负荷比率等都有了不同程度的变化。

9.5.3　资源价值流整体决策优化战略

（1）总体思路。

未来五年，宁乡经开区发展循环经济将沿着园区经济社会发展的总体目标，遵照发展循环经济的内在规律，以转变经济增长方式、调整产业结构为根本，以资源节约与再生利用为突破口，促进资源的高效利用和循环利用，加快生产、消费和保障三大体系建设，通过提升产业生态化水平、积极培育再生资源产业，构筑"循环生产体系"；通过技术创新和制度创新，完善法规标准、强化执行监督、倡导节约风尚，构筑"综合保障体系"，打造生态工业园区、创新园区和特色园区，打造高度开放、竞争力强、生态优美、环境和谐、经济发展、科技创新的现代化工业园区。到"十二五"末，总产值将达到1200亿元，财政收入达到50亿元，力争实现进入国家级经济开发区五十强的战略目标。

（2）原则措施。

第一，加快构建循环经济产业体系建设。

按照循环经济发展模式，调整优化产业结构，建立符合循环经济要求的产业体系，根据园区特点，重点抓好两条循环经济产业链的建设：一是"酒渣、酱渣、薯渣—生物肥料、饲料—农副产品深加工"

农业产业化循环经济产业链；二是工业园区内的热电厂废水、废渣等资源再利用产业链。

第二，狠抓节能、节水、节电、节材，推进节约型园区建设。

加快资源节约型工业园区建设，着力节水、节地、节能、节材，提升资源利用的效率，加强节约用水，有效并且高效利用土地资源，严格管控资源利用总量。

（3）战略重点。

第一，建立和完善发展循环经济的政策保障体系。

①贯彻落实国家、省、市发展循环经济的相关政策，把发展循环经济纳入园区决策和管理体系中，融入经济发展、社会进步及环境建设各领域，在园区规划建设及重大项目安排上充分体现循环经济理念。

②每年园区财政安排一定额度的专项资金对循环经济项目给予扶持，充分发挥此专项资金的放大作用和引导作用，循环经济项目就可以吸引更多的社会资金，拓宽园区中循环经济企业融资渠道，对循环经济项目考虑给予财政贴息；加大对循环经济技术的开发、应用和推广扶持，加强人才培养，建立和完善循环经济科技支撑体系。

第二，推进产业生态化，全面推行清洁生产。

①努力构建生态产业链，加快产业结构优化。重点发展高科技企业、先进制造业和现代服务业，积极筹划设立现代服务业聚集区，推动国际服务业外包业务及物流、商业、信息、金融、咨询和研发等服务业的发展。

②积极推行清洁生产。鼓励和推进清洁生产，大力度增强清洁生产培训；加强清洁生产审计力度，提升进行清洁生产工作的企业数量，提高清洁生产质量。持续不断地改进设计，合理利用清洁能源和

清洁原材料，运用先进的工业技术以及设备，减少源头废弃物排放，高效利用资源。

第三，推进再生资源综合利用和水的循环利用。

①完成园区生活垃圾分类回收系统的规划和综合利用实施方案的制订工作；重点做好生活垃圾分类宣传和生活垃圾分类回收的试点工作。

②扶持有实力的物资回收企业发展，在用地等方面予以一定的支持，建立健全资源回收利用体系，提高资源循环利用水平。

③推行中水回用。建设污水处理厂，加强水的循环利用。

第四，引进和提高循环经济技术。

加大对科技投入的力度，国内外先进的循环经济技术要更加积极引进和消化吸收，进一步组织开发关于废物综合利用技术、能源节约和替代技术、循环经济发展中延长产业链和相关产业链接技术、"零排放"技术、可回收利用材料和回收处理技术以及新能源和可再生能源开发利用技术等各种技术，提升工业循环经济技术支撑能力与创新能力。

第五，加大资金投入，按照比例配套财政资金。

加强财政的投资力度，将发展循环经济纳入园区投资的重点领域，加大对循环经济投入。工业园区内的企业循环经济项目被选定为国家、省、市示范项目的，按照一定比例配套财政资金。

参考文献

[1] 卞有生：《生态农业中废弃物的处理与再生利用》，化学工业出版社 2000 年版。

[2] 曹琳媚、张海燕：《资源价值流转会计在石化企业的应用》，《财会月刊》2015 年第 13 期。

[3] 曹昱亮、周亚菁：《物料流量成本会计应用探讨——以船用设备制造公司为例》，《财会通讯》（综合）2015 年第 8 期。

[4] 陈德敏：《资源循环利用论——中国资源循环利用的技术经济分析》，博士学位论文，重庆大学，2004 年。

[5] 陈定江：《工业生态系统分析集成与复杂性研究》，博士学位论文，清华大学，2003 年。

[6] 陈慧杰：《价值链理论的研究综述》，《大众商务》2010 年第 5 期。

[7] 陈伟：《基于资源循环理论的造纸行业会计确认、计量与信息披露问题研究》，硕士学位论文，沈阳理工大学，2015 年。

[8] 陈翔、肖序：《中国工业产业循环经济效率区域差异动态演化研究与影响因素分析——来自造纸及纸制品业的实证研究》，《中

国软科学》2015 年第 1 期。

[9] 陈毓圭：《环境会计和报告的第一份国际指南——联合国国际会计和报告标准政府间专家工作组第 15 次会议记述》，《会计研究》1998 年第 5 期。

[10] 崔洪铭、赵国俊：《信息资源产业链的价值流动研究——兼论信息资源产品的价值束》，《情报杂志》2013 年第 8 期。

[11] 崔静：《基于 MFCA 的企业环境成本核算研究——以 JM 稀土企业为例》，硕士学位论文，内蒙古科技大学，2015 年。

[12] 戴立新、李美叶：《外部环境成本内部化的经济学透视》，《中国管理信息化》（会计版）2007 年第 2 期。

[13] 邓超、王丽琴、吴军：《生命周期评价与生命周期成本集成方法研究》，《中国机械工程》2007 年第 15 期。

[14] 邓明君、罗文兵：《日本环境管理会计研究新进展——物质流成本会计指南内容及其启示》，《华东经济管理》2010 年第 2 期。

[15] 邓明君：《国外物质流成本会计研究与实践及其启示》，《湖南科技大学学报》（社会科学版）2009 第 12 卷第 2 期。

[16] 丁清旭：《我国煤化工工业生态园循环经济发展路径及对策》，《商业时代》2015 年第 17 期。

[17] 丁伟：《基于循环经济框架的环境财务报告研究》，《现代管理科学》2007 年第 2 期。

[18] 杜宇：《基于系统动力学的公司治理模型的仿真研究》，硕士学位论文，太原理工大学，2015 年。

[19] 封琬茹：《银洲湖纸业的循环经济模式》，《乡镇企业导报》2011 年第 4 期。

[20] 冯江涛：《物质流成本会计模式下废品损失的核算》，《财会月

刊》2013 年第 5 期。

[21] 冯巧根:《基于环境经营的物料流量成本会计及应用》,《会计研究》2008 年第 12 期。

[22] 冯之浚:《循环经济导论》,人民出版社 2004 年版。

[23] 付丽娜:《工业园的生态化转型及生态效率研究》,博士学位论文,中南大学,2014 年。

[24] 付浦君:《基于信息化的供应链协同物流管理研究》,硕士学位论文,北京林业大学,2013 年。

[25] 傅元略:《价值管理的新方法:基于价值流的战略管理会计》,《会计研究》2004 年第 6 期。

[26] 傅泽强、潘晨、智静:《我国循环经济主体界定及推进机制选择》,《生态经济》2010 年第 11 期。

[27] 干胜道、钟朝宏:《国外环境管理会计发展综述》,《会计研究》2004 年第 10 期。

[28] 高挺:《基于物质流分析的河北省循环经济发展评价研究》,硕士学位论文,河北大学,2014 年。

[29] 葛建华、葛劲松:《基于物质流分析法的柴达木循环经济试验区环境绩效评价研究》,《青海社会科学》2013 年第 2 期。

[30] 葛晓梅、王京芳、孙万佛:《基于生命周期的产品环境成本分析模型研究》,《环境科学与技术》2006 年第 5 期。

[31] 耿建新、房巧玲:《环境会计研究视角的国际比较》,《会计研究》2004 年第 1 期。

[32] 龚凤祥、王国顺、郑准:《园区要素服务、资源配置与企业绩效的关系》,《系统工程》2013 年第 9 期。

[33] 郭道扬:《绿色成本控制初探》,《财会月刊》1997 年第

5 期。

[34] 郭权：《造纸工业循环经济评价模型构建研究》，硕士学位论文，华东理工大学，2012 年。

[35] 郭晓梅：《环境管理会计——将环境因素纳入管理决策中》，博士学位论文，厦门大学，2001 年。

[36] ［日］国部克彦、伊坪德宏、水口刚：《环境经营会计》，葛建华、吴绮译，中国政法大学出版社 2014 年版。

[37] 国务院国发〔2013〕5 号，《循环经济发展战略与近期行动计划》，2013 年 1 月。

[38] 韩静、陈良华：《价值链理论下的成本管理模式研究》，《价值工程》2005 年第 11 期。

[39] ［日］河野正男：『生態会計への招待－サステナビリティ社会のための会計－』，東京：森山書店 2010 年版。

[40] 胡科：《企业产品生命周期环境成本研究》，博士学位论文，中南大学，2006 年。

[41] 环境保护部：《国家生态工业示范园区标准（征求意见稿）》，2014 年。

[42] 黄贤金、钟太洋：《循环经济学：学科特征与趋势展望》，《中国人口·资源与环境》2005 年第 4 期。

[43] 黄颖、徐曼：《太阳纸业：以循环经济打造纸业发展生态链》，《环境保护》2007 年第 9A 期。

[44] 黄宇：《企业环境成本与效益评价研究——以海尔为例》，硕士学位论文，中原工学院，2014 年。

[45] 蒋和平：《广西工业生态园循环经济建设路径研究》，《学术论坛》2015 年第 38 卷第 1 期。

［46］金涌、（荷兰）阿伦斯（Jakob de Swaan Arons）：《资源·能源·环境·社会——循环经济科学工程原理》，化学工业出版社2008年版。

［47］金友良：《资源价值在企业循环经济中的计量研究——以氧化铝生产为例》，《财经理论与实践》2012年第2期。

［48］靳丽晓：《多项目管理理论在循环经济产业园建设中的应用研究》，硕士学位论文，华南理工大学，2015年。

［49］［日］井上寿枝、西山久美子：《环境会计的结构》，贾昕、孙丽艳译，中国财政经济出版社2003年版。

［50］赖玢洁、田金平、刘巍：《中国生态工业园发展的环境绩效指数构建方法》，《生态学报》2014年第22期。

［51］雷瑾宁：《基于循环经济下的生态工业园发展模式分析》，《知识经济》2015年第19期。

［52］雷新途、石道金：《生态产权会计：一个理论分析框架》，《财经论丛》2007年第3期。

［53］黎永亮：《基于可持续发展理论的能源资源价值研究》，博士学位论文，哈尔滨工业大学，2006年。

［54］李刚：《基于可持续发展的国家物质流分析》，《中国工业经济》2004年第11期。

［55］李卉玉：《基于循环经济的造纸企业价值链优化》，硕士学位论文，复旦大学，2014年。

［56］李慧明、王军锋：《加强物质流分析和调控是发展循环经济的关键》，《经济纵横》2006年第2期。

［57］李健、尹姣姣：《面向生态工业园的环境资源外包运行模式研究》，《科技进步与对策》2013年第30卷第3期。

［58］李金华：《中国环境经济核算体系范式的设计与阐释》，《中国社会科学》2009 年第 1 期。

［59］李金平、戴铁军：《钢铁工业物质流与价值流动态耦合协调发展研究》，《工业技术经济》2014 年第 2 期。

［60］李金平、戴铁军：《基于情景分析的钢铁工业物质流与价值流协调性研究》，《环境与可持续发展》2014 年第 3 期。

［61］李景录：《山东华泰纸业：巧打"转调"牌念好"绿色"经》，《中国经济信息》2014 年第 24 期。

［62］李克国：《环境经济学》，中国环境科学出版社 2007 年版。

［63］李双艳：《装配型制造企业库存协同优化理论与方法研究》，博士学位论文，中南大学，2012 年。

［64］李晓青：《资源流成本会计探讨》，《财会月刊》（理论版）2008 年第 4 期。

［65］李兴庭：《基于物质流的造纸生态工业园评价研究——以富阳造纸生态工业园为例》，硕士学位论文，陕西科技大学，2014 年。

［66］李雨薇：《造纸企业循环经济资源价值流研究》，硕士学位论文，中南大学，2015 年。

［67］联合国贸易与发展委员会（UNCTAD）：《生态效率指标编制者和使用者手册》，赵兰芳、高轶文译，中国财政经济出版社 2005 年版。

［68］林万祥、肖序：《环境成本管理论》，中国财政经济出版社 2006 年版。

［69］刘恩林、万宁：《天津滨海新区减排须强化可再生资源利用》，《环境保护》2013 年第 41 卷第 15 期。

［70］刘江：《基于灰色关联分析和回归分析的政府投资项目竣工结算

超支因素研究》，硕士学位论文，西南交通大学，2015 年。

[71] 刘明辉、樊子君：《日本环境会计研究》，《会计研究》2002 年第 3 期。

[72] 刘曙光、杨华：《关于全球价值链与区域产业升级的研究综述》，《中国海洋大学学报》（社会科学版）2004 年第 5 期。

[73] 刘文英、陆根法、毕军等：《我国造纸业发展循环经济构想》，《中国人口·资源与环境》2004 年第 5 期。

[74] 刘娴：《水泥行业循环经济价值流管理研究》，硕士学位论文，中南大学，2012 年。

[75] 刘仲文、张琳琳：《日本〈环境会计指南 2005〉借鉴与思考》，《经济与管理研究》2007 年第 12 期。

[76] 陆学、陈兴鹏：《循环经济理论研究综述》，《中国人口·资源与环境》2014 年第 S2 期。

[77] 陆钟武：《物质流分析的跟踪观察法》，《中国工程科学》2006 年第 1 期。

[78] 罗丽艳：《循环经济：物质循环与价值循环的耦合》，《天津社会科学》2005 年第 2 期。

[79] 罗喜英、高瑜琴：《资源价值流分析在循环经济"3R"原则中的运用》，《生态经济》2015 年第 31 卷第 9 期。

[80] 罗喜英、肖序：《物质流成本会计国际标准应用述评》，《湖南科技大学学报》（社会科学版）2012 年第 3 期。

[81] 罗喜英、肖序：《物质流成本会计理论及其应用研究》，《华东经济管理》2011 年第 7 期。

[82] 马传栋：《工业生态经济学与循环经济》，中国社会科学出版社 2007 年版。

[83] 马仁杰、王荣科、左雪梅:《管理学原理》,人民邮电出版社 2013 年版。

[84] [美] 迈克尔·波特:《竞争优势》,陈小悦译,华夏出版社 1997 年版。

[85] 毛建素、陆钟武:《物质循环流动与价值流动》,《材料与冶金学报》2003 年第 6 期。

[86] 孟凡利:《环境会计研究》,中国财政经济出版社 1999 年版。

[87] 缪周、徐克林、李振飞:《基于价值流图的生产线再设计:案例研究》,《工业工程》2009 年第 5 期。

[88] 牛文元、金涌、冯之浚:《发展循环经济的六大抓手》,《中国经济周刊》2010 年第 Z1 期。

[89] 牛文元:《"绿色 GDP"与中国环境会计制度》,《会计研究》2002 年第 1 期。

[90] 裴潇、郑艳娇、蒲志仲:《基于灰色关联模型的资源税对产业结构影响分析》,《统计与决策》2014 年第 10 期。

[91] 钱吴永、李晓钟、王育红:《灰色关联动态多指标评价模型及其应用》,《统计与决策》2014 年第 24 期。

[92] 任丙强、王俊景:《新兴工业生态园环境冲突与政府治理对策》,《北京行政学院学报》2014 年第 6 期。

[93] 商华:《工业园生态效率测度与评价》,博士学位论文,大连理工大学,2007 年。

[94] 申俊喜、刘志彪:《新经济时代的价值链管理模式:虚拟垂直一体化》,《南京社会科学》2002 年第 11 期。

[95] 沈洪涛:《公司社会责任和环境会计的目标与理论基础——国外研究综述》,《会计研究》2010 年第 3 期。

［96］沈家耀、张玲玲、王宗志：《基于系统动力学——投入产出分析整合方法的江苏省产业用水综合效用分析》，《长江流域资源与环境》2016 年第 1 期。

［97］沈镭、刘晓洁：《资源流研究的理论与方法探析》，《资源科学》2006 年第 3 期。

［98］［德］史迪芬·肖特嘉、罗杰·布里特：《现代环境会计问题、概念与实务》，肖华、李建发译，东北财经大学出版社 2004 年版。

［99］宋京津：《循环经济下企业可持续发展报告问题的探讨》，《审计与经济研究》2008 年第 4 期。

［100］宋叙言、沈江：《基于主成分分析和集对分析的生态工业生态园生态绩效评价研究——以山东省生态工业生态园为例》，《资源科学》2015 年第 37 卷第 3 期。

［101］孙启宏、段宁：《循环经济的主要科学研究问题》，《科学学研究》2005 年第 4 期。

［102］孙媛：《循环经济条件下的企业环境成本及控制》，硕士学位论文，天津科技大学，2011 年。

［103］孙曰瑶、邵一丹、袁文华：《工业企业循环经济有效运行的三循环模型与应用》，《北京理工大学学报》（社会科学版）2014 年第 1 期。

［104］［美］泰瑞·安德森、堂纳德·利尔：《从相克到相生——经济与环保的共生策略》，萧代甚译，改革出版社 1997 年版。

［105］唐作均：《林纸一体化原料林生产企业"围墙管理"模式研究》，博士学位论文，中国林业科技研究院，2014 年。

［106］田金平、刘巍、李星等：《中国生态工业生态园发展模式研

究》,《人口·资源与环境》2012 年第 7 期。

[107] 万林葳:《基于蚁群算法的生态工业生态园环境效益评价》,《统计与决策》2012 年第 17 期。

[108] 汪骏、梁斌、张劲松等:《宜宾纸业搬迁工程加快推进清洁生产》,《中华纸业》2014 年第 22 期。

[109] 王冬东:《林纸一体化对造纸企业绩效影响研究》,博士学位论文,南京林业大学,2014 年。

[110] 王海刚、黄伟丽、程旭:《造纸生态工业园发展研究综述》,《中国造纸学报》2014 年第 4 期。

[111] 王海刚、周一瑄、邬鹏:《基于循环经济的造纸产业集群发展探析》,《中华纸业》2011 年第 13 期。

[112] 王晶:《循环经济条件下企业行为最优化的经济学分析》,《经济经纬》2010 年第 1 期。

[113] 王军锋、李慧明、孟祥怡:《代谢视角的物质经济代谢通量分析框架之构建》,《现代财经》2009 年第 6 期。

[114] 王琳、肖序:《生态工业园循环经济价值链测度与优化研究》,《求索》2013 年第 1 期。

[115] 王敏、王普查、邓建高:《基于循环经济的资源价值流成本核算方法研究——以钢铁制造企业为例》,《科技管理研究》2015 年第 12 期。

[116] 王念新、葛世伦、周园:《价值链—价值流分析在企业建模中的应用》,《价值工程》2005 年第 2 期。

[117] 王普查、陈华燕、刘朵:《循环经济下资源价值流成本会计方法应用研究》,《科技管理研究》2013 年第 17 期。

[118] 王普查、李斌:《基于循环经济的资源价值流成本会计创新研

究》，《生态经济》2014年第30卷第4期。

[119] 王普查、李斌：《循环经济下企业价值流成本控制创新研究》，《华东经济管理》2011年第11期。

[120] 王青：《跨国林业企业在华本土化策略研究》，中国林业科学研究院2013年版。

[121] 王伟、马忠玉：《基于循环经济规划的物质流分析——以宁夏为例》，《学术论坛》2015年第38卷第3期。

[122] 王宜强、赵媛：《资源流动研究现状及其主要研究领域》，《资源科学》2013年第35卷第1期。

[123] 王元亮：《基于循环经济的工业生态园区共生网络形成机理》，《南阳师范学院学报》2015年第5期。

[124] 王跃堂、赵子夜：《环境成本管理：事前规划法及其对我国的启示》，《会计研究》2002年第1期。

[125] 王兆华、尹建华：《工业生态学与循环经济理论：一个研究综述》，《科学管理研究》2007年第25卷第1期。

[126] 魏文侠、程言君、王洁等：《造纸工业资源环境承载力评价指标体系探析》，《中国人口·资源与环境》2010年第S1期。

[127] 吴季松：《略论新循环经济学》，《人民论坛》2005年第9期。

[128] 吴雯雯：《我国稀土行业物质流成本会计的应用研究》，《江西理工大学学报》2015年第6期。

[129] 郗永勤、周雄勇：《循环经济产业链视角下我国农业废弃物资源化体系研究》，《华北电力大学学报》（社会科学版）2015年第3期。

[130] 夏冰：《以循环经济理念改造工业生态园》，《中国特色社会主义研究》2004年第1期。

[131] 夏颖：《价值链理论初探》，《理论观察》2006 年第 4 期。

[132] 肖劲松、王东升：《区域循环经济发展的机理与对策》，《生态经济》2009 年第 7 期。

[133] 肖立军、刘鸿渊：《基于集聚效应的工业生态园产业发展策略研究——以攀枝花钒钛工业生态园机械制造产业为例》，《西南民族大学学报》（人文社会科学版）2014 年第 3 期。

[134] 肖序、陈宝玉：《基于资源效率的"元素流—价值流"分析方法研究》，《环境污染与防治》2015 年第 12 期。

[135] 肖序、金友良：《论资源价值流会计的构建——以流程制造企业循环经济为例》，《财经研究》2008 年第 10 期。

[136] 肖序、刘三红：《基于"元素流—价值流"分析的环境管理会计研究》，《会计研究》2014 年第 3 期。

[137] 肖序、舒小宁、周志方：《日本企业环境管理会计评价指标研究——以东芝集团为例》，《财会学习》2010 年第 8 期。

[138] 肖序、谢志明、易玄：《循环经济资源价值流研究》，《科技进步与对策》2009 年第 26 卷第 22 期。

[139] 肖序、熊菲、周志方：《流程制造企业碳排放成本核算研究》，《中国人口·资源与环境》2013 年第 23 卷第 5 期。

[140] 肖序、熊菲：《环境管理会计的 PDCA 循环研究》，《会计研究》2015 年第 4 期。

[141] 肖序、张倩：《氨醇联产企业的资源价值流分析》，《化工进展》2014 年第 2 期。

[142] 肖序、郑玲：《低碳经济下企业碳会计体系构建研究》，《中国人口·资源与环境》2011 年第 21 卷第 8 期。

[143] 肖序、熊菲：《循环经济价值流分析的理论和方法体系》，《系

统工程》2010 年第 12 期。

[144] 肖序:《环境成本论》,中国财政经济出版社 2002 年版。

[145] 肖序:《建立环境会计的探讨》,《会计研究》2003 年第 11 期。

[146] 肖序:《物料流量成本会计——环境管理会计概念的深化》,《财会学习》2009 年第 9 期。

[147] 谢德仁:《企业绿色经营系统与环境会计》,《会计研究》2002 年第 1 期。

[148] 谢雄军:《系统论视角下的园区循环经济物质流模型与实证研究》,博士学位论文,中南大学,2013 年。

[149] 谢志明、易玄:《循环经济价值流研究综述》,《山东社会科学》2008 年第 9 期。

[150] 谢志明:《燃煤发电企业循环经济资源价值流研究》,经济科学出版社 2013 年版。

[151] 熊菲、肖序:《基于价值流的钢铁企业循环经济绩效测量研究》,《环境污染与防治》2014 年第 5 期。

[152] 熊菲、周志方、肖序:《钢铁企业价值链网管理研究》,《财务与金融》2013 年第 6 期。

[153] 徐应文:《基于循环经济视角的企业环境成本控制研究》,硕士学位论文,辽宁工程技术大学,2011 年。

[154] 许家林、王昌锐等:《资源会计学的基本理论问题研究》,立信会计出版社 2008 年版。

[155] 许家林:《环境会计:理论与实务的发展与创新》,《会计研究》2009 年第 10 期。

[156] 许家林:《环境会计》,上海财经大学出版社 2004 年版。

[157] 许家林:《资源会计研究》,东北财经大学出版社 2000 年版。

［158］ 薛念涛、张国臣、陈坚等：《层次分析—灰色关联分析法评价黄姜皂素生产工艺》，《环境科学研究》2014 年第 1 期。

［159］ 炎焱：《再生资源园区：中国循环经济建设最佳突破口》，《资源再生》2015 年第 7 期。

［160］ 燕凌羽：《中国铁资源物质流和价值流综合分析》，博士学位论文，中国地质大学，2013 年。

［161］ 杨才伟：《生态工业园循环经济产业体系构建框架研究》，《生物技术世界》2015 年第 9 期。

［162］ 杨海洪：《西部省份工业生态园投融资体系建设研究》，《经济问题探索》2013 年第 7 期。

［163］ 杨晓雷：《林浆纸一体化发展典型——亚太森博强练内功，争当行业转型升级国际标杆》，《中华纸业》2015 年第 21 期。

［164］ 杨雪锋、张卫东：《循环经济产业链的价值基础和稳定性研究》，《中国环境科学学会学术年会优秀论文集》2006 年第 10 期。

［165］ 杨雪锋：《循环经济的运行机制研究》，博士学位论文，华中科技大学，2008 年。

［166］ 杨志：《循环经济可持续发展的经济学基础》，石油工业出版社 2009 年版。

［167］ 叶文虎、甘晖：《循环经济研究现状与展望》，《中国人口·资源与环境》2009 年第 3 期。

［168］ 于敏：《环境成本存量与流量的会计分析——兼论（外部）隐形环境成本和（内部）显性环境成本》，《财会通讯》2010 年第 19 期。

［169］ 余伟萍、崔苗：《经济全球化下基于企业能力的价值链优化分

析》,《中国工业经济》2003 年第 5 期。

[170] 袁丽静:《价值链视角下的循环经济技术创新机制及其政策研究》,《宏观经济研究》2013 年第 9 期。

[171] 詹怀宇:《循环经济与广东造纸工业的可持续发展》,《造纸科学与技术》2006 年第 6 期。

[172] 张白玲:《环境核算体系研究》,中国财政经济出版社 2003 年版。

[173] 张宝强:《企业集团财务协同治理研究》,博士学位论文,武汉理工大学,2013 年。

[174] 张本越、宫赫阳:《日本 MFCA 的新进展及对我国的启示》,《会计之友》2014 年第 12 期。

[175] 张炳江:《层次分析法及其应用案例》,电子工业出版社 2014 年版。

[176] 张雷、李娜娜、赵会茹等:《基于全排列多边形图示指标法的火电企业节能减排绩效综合评价》,《中国电力》2014 年第 6 期。

[177] 张录强、范跃进:《循环经济原理及其发展要点》,《东北财经大学学报》2006 年第 2 期。

[178] 张蕊:《循环经济下的企业战略经营业绩评价问题研究》,《会计研究》2007 年第 10 期。

[179] 张霜、周凤娇、张金龙:《"势"作用下的生态工业生态园企业合作模型研究》,《经济体制改革》2015 年第 3 期。

[180] 张象枢:《可持续发展经济学基本假设与可持续经济系统特征》,《中国地质大学学报》(社会科学版)2007 年第 2 期。

[181] 张银华:《试析循环经济下企业环境成本控制的实施》,《科技

创新导报》2007 年第 11 期。

[182] 张泽峰：《重化工业生态园构建循环经济支撑体系研究》，《河北大学学报》（哲学社会科学版）2011 年第 5 期。

[183] 张长江、赵成国：《生态—经济互动视角下的企业生态经济效益会计核算理论与测度方法——文献综览与研究框架》，《生态经济》2014 年第 4 期。

[184] 张治国：《山西林纸造纸有限公司生态型多元化战略研究》，硕士学位论文，太原理工大学，2014 年。

[185] 章洁：《标准化推进造纸企业节能减排》，《科技视界》2014 年第 9 期。

[186] 赵平：《协同控制理论在电力系统稳定控制中的应用研究》，博士学位论文，华中科技大学，2013 年。

[187] 赵文平、周达培：《基于贝叶斯网络的循环经济产业链稳定性预测与诊断》，《统计与决策》2015 年第 5 期。

[188] 赵允良：《铅锌冶炼业循环经济的资源价值流分析研究》，硕士学位论文，中南大学，2012 年。

[189] 甄国红：《基于材料流动成本核算的企业环境成本分析》，《财会月刊》（理论版）2007 年第 4 期。

[190] 郑玲、肖序：《资源流成本会计控制决策模式研究——以日本田边公司为例》，《财经理论与实践》2010 年第 1 期。

[191] 郑玲、周志方：《产品全生命周期资源价值流转因子分析模型构建》，《财会月刊》2012 年第 36 期。

[192] 郑玲、肖序：《非物质化理念：循环经济的理论基础和逻辑起点》，《求索》2008 年第 5 期。

[193] 郑玲：《基于生态设计的资源价值流转会计研究》，经济科学

出版社 2013 年版。

[194] 郑玲：《基于生态设计的资源价值流转会计研究》，博士学位论文，中南大学，2012 年。

[195] 郑玲：《资源流成本会计发展进程评述》，《会计之友》2011 年第 3 期。

[196] 郑玲：《资源流转成本会计的评价分析与控制决策研究》，《经济问题》2009 年第 10 期。

[197] 郑淑英：《环境资源会计理论体系构建探讨》，《财会通讯》（上）2015 年第 11 期。

[198] ［日］中嶌道靖、冈照二、吴绮：《日本 MFCA 的开发与普及：兼评 MFCA 在中国的展望》，中国会计学会环境资源会计专业委员会 2014 学术年会，南京，2014 年 10 月。

[199] 钟朝宏、干胜道：《日本企业环境报告迅速发展的原因解析》，《亚太经济》2006 年第 3 期。

[200] 周国兰、季凯文、龙强：《生态文明视域下江西生态产业建设成效与对策研究》，《价格月刊》2016 年第 2 期。

[201] 周国梅：《循环经济和工业生态效率指标体系》，《城市环境与城市生态》2003 年第 6 期。

[202] 周红春、刘燕华等：《循环经济学》，中国发展出版社 2005 年版。

[203] 周志方、蔡严斐：《基于价值流分析的汽车回收企业逆向物流成本优化研究》，《软科学》2016 年第 1 期。

[204] 周志方、肖序、李晓青：《基于 AHP&MLR 的流程制造企业循环经济综合评价与实证分析———一项铝加工企业的案例研究》，《广州环境科学》2009 年第 4 期。

[205] 周志方、肖序：《流程制造型企业的资源价值流转模型构建研究》，《中国地质大学学报》（社会科学版）2009 年第 5 期。

[206] 周志方、郑玲：《生态设计背景下产品资源价值流转因子评价分析模型研究——基于全生命周期视角》，中国工业经济学会 2012 年学术年会，2012 年 10 月。

[207] 周志方、肖序：《国外环境财务会计发展评述》，《会计研究》2010 年第 1 期。

[208] 周志方、肖序：《流程制造型企业的资源价值流转模型构建研究》，《中国地质大学学报》（社会科学版）2009 年第 5 期。

[209] 周志方、肖序：《两型社会背景下企业资源价值流转会计研究》，经济科学出版社 2013 年版。

[210] 周志方：《流程制造型企业的资源价值流转模型构建研究》，《中国地质大学学报》（社会科学版）2009 年第 9 期。

[211] 周志方：《资源价值流转会计研究》，博士学位论文，中南大学，2010 年。

[212] 周志方：《资源价值流转评价与分析模型的构建与应用》，《环境科学与管理》2009 年第 12 期。

[213] 朱红伟、廖筠：《循环经济中生态规律与经济规律的关系辨析》，《中央财经大学学报》2010 年第 5 期。

[214] 朱丽、崔兆杰：《制浆造纸工业循环经济评价指标体系研究》，2008 年全国循环经济与生态工业学术研讨会论文摘要集，2008 年 10 月。

[215] 朱明峰、梁樑：《循环经济的物质与非物质循环实现途径研究》，《华东经济管理》2007 年第 1 期。

[216] 朱鹏：《基于时间嵌入视角的物料流成本会计优化研究——以

日本丰田公司为例》，《湖南社会科学》2015 年第 3 期。

[217] 朱庆华、王一雷、田一辉：《基于系统动力学的地方政府与制造企业碳减排演化博弈分析》，《运筹与管理》2014 年第 3 期。

[218] 朱卫东、程品龙：《基于 MFCA 的环境设备投资项目优选方法研究》，《财会通讯》2010 年第 11 期。

[219] 朱谊辉、滕剑仑：《试论循环经济中的成本控制》，《湖南财经高等专科学校学报》2007 年第 2 期。

[220] 诸大建、臧漫丹、朱远：《中国发展循环经济的战略模式选择》，《中国人口·资源与环境》2005 年第 15 卷第 6 期。

[221] 诸大建、邱寿峰：《生态效率是循环经济的合适测度》，《中国人口·资源与环境》2006 年第 5 期。

[222] Amid A. , Zolfaghari S. , Siyahpoush M. , *A Fuzzy Multi – Objective Model with MFCA Approach for Selecting Products Variety in a Textile Supply Chain*, Toward Sustainable Operations of Supply Chain and Logistics Systems, Springer International Publishing, 2015.

[223] Bai L. , Qiao Q. , Yao Y. , et al. , "Insights on the development progress of National Demonstration eco – industrial parks in China", *Journal of Cleaner Production*, Vol. 70, No. 5, May 2014.

[224] Beijia Huang, Ping Jiang, Shaoping Wang, Juan Zhao, Luchao Wu, "Low carbon innovation and practice in Cao hejing High – Tech Industrial Park of Shanghai", *International Journal of Production Economics*, Vol. 181, November 2016.

[225] Boix M. , Montastruc L. , Azzaro – Pantel C. , et al. , "Optimization methods applied to the design of eco – industrial parks: a literature review", *Journal of Cleaner Production*, Vol. 87, Jan-

uary 2014.

[226] Chaib A. E. , Bouchekara H. , Mehasni R. , et al. , "Optimal power flow with emission and non – smooth cost functions using backtracking search optimization algorithm", *International Journal of Electrical Power & Energy Systems*, Vol. 81, October 2016.

[227] Chang Yu, Martin de Jong, Gerard P. J. Dijkema, "Process analysis of eco – industrial park development – the case of Tianjin, China", *Journal of Cleaner Production*, Vol. 64, No. 2, February 2014.

[228] Chompu – Inwai R. , Jaimjit B. , Premsuriyanunt P. , "A combination of Material Flow Cost Accounting and design of experiments techniques in an SME: the case of a wood products manufacturing company in northern Thailand", *Journal of Cleaner Production*, Vol. 108, No. 2, December 2014.

[229] Christ K. L. , Burritt R. L. , "ISO 14051: A new era for MFCA implementation and research", *Revista De Contabilidad*, Vol. 19, No. 1, January – June 2016.

[230] Christine Jasch, *Environmental and Material Flow Cost Accounting*, Springer Netherlands, Vol. 18, No. 13, 2009.

[231] Correa C. , "Engagement research in social and environmental accounting", *Sustainability Accounting Management & Policy Journal*, Vol. 6, No. 1, March 2015.

[232] Dames C. , "Cost optimization of thermoelectric materials for power generation: The case for ZT at (almost) any cost", *Scripta Materialia*, Vol. 111, January 2016.

[233] Disomma M., Yan B., Bianco N., et al., "Operation optimization of a distributed energy system considering energy costs and exergy efficiency", *Energy Conversion and Management*, Vol. 103, October 2015.

[234] Fakoya M. B., Poll H. M. V. D., "Integrating ERP and MFCA systems for improved waste – reduction decisions in a brewery in South Africa", *Journal of Cleaner Production*, Vol. 40, No. 2, February 2013.

[235] Gao T., Shen L., Shen M., et al., "Analysis of material flow and consumption in cement production process", *Journal of Cleaner Production*, Vol. 112, January 2016.

[236] Geng Y., Fujita T., Park H. S., et al., "Recent progress on innovative eco – industrial development", *Journal of Cleaner Production*, Vol. 114, February 2015.

[237] Guenther E., Jasch C., Schmidt M, et al., "Material Flow Cost Accounting – looking back and ahead", *Journal of Cleaner Production*, Vol. 108, December 2015.

[238] Hank C. Alewine, Dan N. Stone, "How does environmental accounting information influence attention and investment?", *International Journal of Accounting & Information Management*, Vol. 21, No. 1, 2013.

[239] Hertwich E. G, "Consumption and the rebound effect: An industrial ecology Perspective", *Journal of Industrial Ecology*, Vol. 9, No. 12, January 2005.

[240] Hwang G. H., Sang K. J., Yong U. B., "Causal relationship of

eco – industrial park development factors: A structural equation a-nalysis", *Journal of Cleaner Production*, Vol. 114, February 2016.

[241] Hyršlová J., Vágner M., Palásek J., "Material Flow Cost Ac-counting (MFCA). Tool for the Optimization of Corporate Produc-tion Processes", *Acta Ophthalmologica*, Vol. 9, No. 1, June 2011.

[242] UNCTAD, *A Manual for the Preparers and Users of Eco – Efficiency Indicators*, United Nations Publications, Vol. 3, 2004.

[243] Jakrawatana N., Pingmuangleka P., Gheewala S. H., "Material Flow Management and Cleaner Production of Cassava Processing for Future Food, Feed and Fuel in Thailand", *Journal of Cleaner Pro-duction*, Vol. 134, October 2016.

[244] Jing DAI, Bin CHEN, "Materials Flows Analysis of Fossil Fuels in China during 2000 – 2007", *Procedia Environmental Sciences*, Vol. 2, October 2010.

[245] Chompoonoot Kasemset, Suchon Sasiopars, Sugun Suwiphat, *The Application of MFCA Analysis in Process Improvement: A Case Study of Plastics Packaging Factory in Thailand*, Proceedings of the Insti-tute of Industrial Engineers Asian Conference 2013, Springer Sin-gapore, July 2013.

[246] Chompoonoot Kasemset, Jintana Chernsupornchai, WannisaPala-ud, "Application of MFCA in waste reduction: case study on a small textile factory in Thailand", *Journal of Cleaner Production*, Vol. 108, December 2015.

[247] Kokubu K., Kitada H., "Material flow cost accounting and exist-ing management perspectives", *Journal of Cleaner Production*,

Vol. 108, December 2015.

[248] Li Wenbo, "Comprehensive evaluation research on circular economic performance of eco – industrial parks", *Energy Procedia*, Vol. 5, 2011.

[249] Litifu Z. , "Applicable Indices to Connecting Industrial Park Load and Renewable Sources to a Local Power System", *Energy Procedia*, Vol. 61, 2014.

[250] Wei Liu, Jinping Tian, Lujun Chen, Wanying Lu and Yang Gao, "Environmental Performance Analysis of Eco – industrial Parks in China: A Data Envelopment Analysis Approach", *Journal of Industrial Ecology*, Vol. 19, No. 6, February 2015.

[251] Liu Z. , Geng Y. , Ulgiati S. , et al. , "Uncovering key factors influencing one industrial park's sustainability: a combined evaluation method of energy analysis and index decomposition analysis", *Journal of Cleaner Production*, Vol. 114, February 2016.

[252] Liu Z. , Geng Y. , Wang F. , et al. , "Energy – Ecological Footprint Hybrid Method Analysis of Industrial Parks Using a Geographical and Regional Perspective", *Environmental Engineering Science*, Vol. 32, No. 3, November 2014.

[253] Luo X. Y. , Xiao X. , "Study on Material Flow Cost Accounting's Theory and its Application", *East China Economic Management*, Vol. 7, August 2011.

[254] Nakajima M. , Kimura A. , Wagner B. , "Introduction of material flow cost accounting (MFCA) to the supply chain: a questionnaire study on the challenges of constructing alow – carbon supply chain

to promote resource efficiency", *Journal of Cleaner Production*, Vol. 108, December 2015.

[255] Ohnishi S. , Fujii M. , Fujita T. , et al. , "Comparative analysis of recycling industry development in Japan following the Eco – Town program for eco – industrial development", *Journal of Cleaner Production*, Vol. 114, February 2016.

[256] Oliver Goulda, Alessandro Simeone, James Colwill, Roy Willey, Shahin Rahimifard, "A material flow modelling tool for resource efficient production planning in multi – product manufacturing systems", *Procedia CIRP*, Vol. 41, February 2016.

[257] Pennec X. , Joshi S. , Nielsen M. , et al. , *Proceedings of the fifth international workshop on Mathematical Foundations of Computational Anatomy (MFCA 2015)*, Mathematical Foundations of Computational Anatomy (MFCA 2015), August 2015.

[258] Piadeh F. , Moghaddam M. R. A. , Mardan S. , "Present situation of wastewater treatment in the Iranian industrial estates: Recycle and reuse as a solution for achieving goals of eco – industrial parks", *Resources Conservation & Recycling*, Vol. 92, November 2014.

[259] Prox M. , "Material Flow Cost Accounting Extended to the Supply Chain – Challenges, Benefits and Links to Life Cycle Engineering", *Procedia Cirp*, Vol. 29, May 2015.

[260] Reich M. C. , "Economic Assessment of Municipal Waste Management Systems—case Studies Using a Combination of Life Cycle Assessment (LCA) and Life CycleCosting (LCC)", *Cleaner Production*, Vol. 13, No. 3, February 2005.

[261] Rivero A. J., Sathre R., Navarro J. G., "Life cycle energy and material flow implications of gypsum plasterboard recycling in the European Union", *Resources Conservation & Recycling*, Vol. 108, March 2016.

[262] Roberts R. W., Wallace D. M., "Sustaining diversity in social and environmental accounting research", *Critical Perspectives on Accounting*, Vol. 32, November 2015.

[263] Rossi F., Manenti F., Pirola C., et al., "A robust sustainable optimization & control strategy (RSOCS) for (fed –) batch processes towards the low – cost reduction of utilities consumption", *Journal of Cleaner Production*, Vol. 111, January 2016.

[264] Royce D. Burnett, Don R. Hansen, "Ecoefficiency: Defining a role for environmental cost management", *Accounting, Organizations and Society*, Vol. 33, No. 6, August 2008.

[265] Schaltegger S., Zvezdov D., "Expanding material flow cost accounting. Framework, review and potentials", *Journal of Cleaner Production*, Vol. 108, December 2014.

[266] Schmidt A., Götze U., Sygulla R., "Extending the scope of Material Flow Cost Accounting – methodical refinements and use case", *Journal of Cleaner Production*, Vol. 108, December 2014.

[267] Schmidt M., "The interpretation and extension of Material Flow Cost Accounting (MFCA) in the context of environmental material flow analysis", *Journal of Cleaner Production*, Vol. 108, No. 2, December 2014.

[268] Schmidt, M., "The Sankey diagram in energy and material flow

management", *Journal of Industrial Ecology*, Vol. 12, No. 1, February 2008.

[269] Song T. , Yang Z. , Chahine T. , "Efficiency evaluation of material and energy flows, a case study of Chinese cities", *Journal of Cleaner Production*, Vol. 33, No. 3, January 2015.

[270] Sulong F. , Sulaiman M. , Norhayati M. A. , "Material Flow Cost Accounting (MFCA) enablers and barriers: the case of a Malaysian small and medium – sized enterprise (SME)", *Journal of Cleaner Production*, Vol. 108, No. 2, December 2014.

[271] Taulo J. L. , Sebitosi A. B. , Kazmerski L. , "Material and energy flow analysis of the Malawian tea industry", *Renewable & Sustainable Energy Reviews*, Vol. 56, April 2016.

[272] Tian J. P. , "Study on the Performance of Eco – Industrial Park Development in China", *China Population Resources & Environment*, Vol. 64, No. 2, August 2012.

[273] Tokarik M. S. , Richman R. C. , "Life cycle cost optimization of passive energy efficiency improvements in a Toronto house", *Energy and Buildings*, Vol. 118, April 2016.

[274] Wan Y. K. , Ng R. T. L. , Ng D. K. S. , et al. , "Material flow cost accounting (MFCA) – based approach for prioritization of waste recovery", *Journal of Cleaner Production*, Vol. 107, November 2015.

[275] Wang W. , Jiang D. , Chen D. , et al. , "A Material Flow Analysis (MFA) – based potential analysis of eco – efficiency indicators of China's cement and cement – based materials industry", *Journal*

of Cleaner Production, Vol. 112, January 2016.

[276] Yannick Saleman, Luke Jordan, "The Implementation of Industrial Parks: Some Lessons Learned in India", *Journal of International Commerce, Economics and Policy*, Vol. 6, No. 1 February 2015.

[277] Ying Q. , Liu Y. , Nayak R. R. , et al. , "Sustainable development of eco – industrial parks in China: effects of managers′ environmental awareness on the relationships between practice and performance", *Journal of Cleaner Production*, Vol. 87, January 2015.

[278] Yong G. , Pan Z. , Côté R. P. , et al. , "Assessment of the National Eco – Industrial Park Standard for Promoting Industrial Symbiosis in China", *Journal of Industrial Ecology*, Vol. 13, No. 1, February 2009.

[279] Yu F. , Han F. , Cui Z. , "Evolution of industrial symbiosis in an eco – industrial park in China", *Journal of Cleaner Production*, Vol. 87, January 2015.

[280] Zhu Q. , Geng Y. , Sarkis J. , et al. , "Barriers to Promoting Eco – Industrial Parks Development in China", *Journal of Industrial Ecology*, Vol. 19, No. 3, June 2014.

后　记

　　光阴似箭，岁月如梭。本书前后历经五年，在众多学者、专家以及同事的勉励与悉心指导下，最终得以出版。本书受中南大学哲学社会科学学术专著文库资助，特别表示感谢！本书是在财政部、发改委节能减排综合示范项目（长财采计〔2013D〕0012 号 - 1）研究成果的基础上提炼而成，同时也离不开国家社科基金重大项目（11&ZD166）、国家自然科学基金青年项目（71303263）、湖南省自然科学基金青年项目（2017JJ3399）、湖南省社科基金基地项目（16JD67）及湖南省社科成果评审委员会一般课题（湘财教指 2016/176 号）等多个项目的资助与支持！经过近年在环境会计、循环经济领域特别是资源价值流转方面的分析研究，让笔者看到了该领域在促进园区、产业及企业可持续发展方面的积极作用，因此希望向相关领域的专家、学者推介信息，加强学术科研交流并推动园区资源价值流的研究与发展。故此，虽然自知本书有诸多不足之处，但还是希望能借此机会向各位前辈和同人学习，以期得到更多的指导，进而勉励笔者在该领域做更深入的研究。

　　在本书撰写期间，得到了众多前辈、专家与学者的帮助。正是他们的谆谆教导与殷切关怀，让笔者能在资源价值流这一学术殿堂自由翱翔，所得到的财富受益终身。他们以博学炼识的深厚功底、厚德载物的高尚人格、严谨无瑕的治学风范、忘我无境的学识态度、诲人不倦的崇高师德，给笔者留下了深刻的印象。在此，对各位专家学者的关心和帮助致以深深的谢意！

本书数据收集及案例研究的顺利完成，离不开长沙市能源局等部门的大力支持，以及宁乡经开区、长沙经开区、铜官循环经济工业基地等管委会及相关企业的支持与帮助！衷心感谢宁乡经开区吴国梁博士对本书的特别贡献，以及李震、熊菲、陈翔、曾辉祥等博士，许蒙蒙、欧楠、童晓姣、王鄂湘、樊琦、全瑶、钱艳萍、庞彦、蔡严斐、肖艺璇、赵凌楚、陈芷汀、曾玉、张凯欣、甄婧茹、李洋、梁鹰、蒋韬、林勇、周宏、刘烈梅、胡琦策等硕士的悉心撰写与有力支持，让笔者有充足的素材去学习去借鉴和研究！特别感谢张凌燕、李祎、李瑾瑾、尹哲彧、郭娜娜、刘玉霞、欧阳梦洁、宫启、杨青月、唐潇潇、刘芸、南晨、祝诗羽等硕士的文本校对和文献整理工作！研究过程中，得到了众多同人和同学们的无私帮助。在此，对他们的辛勤劳动和关心致以诚挚的谢意！

本书的出版离不开中南大学及商学院众多领导、同事的无私帮助，特别是中南大学科研部彭忠益副部长的鼎力支持与帮助！感谢所有关心和帮助笔者的领导、同事、同学和朋友们，你们的支持和帮助是我无比宝贵的财富！最后，在本书即将出版之际，感谢中国社会科学出版社的郭晓鸿主任及各位编辑，感谢你们为本书出版所付出的辛勤劳动！